Interviewen

Ben Emans

Interviewen

Theorie, techniek en training

Derde, herziene druk

Wolters-Noordhoff Groningen

Praktische gedragswetenschap

Redacteuren:
Prof. Dr. L.J.Th. van der Kamp
Dr. J.P. van Oudenhoven
Drs. J.P. van de Sande
Prof. Dr. T.H.A. van der Voort

Gedragsobservatie

1 J.P. van de Sande **Gedragsobservatie**
Een inleiding tot systematisch observeren

2 B. Emans **Interviewen**
Theorie, techniek en training

3 J.P. van Oudenhoven **De groep onder de loep**
Een inleiding in de groepsdynamica

4 A.J.J. Slotboom **Statistiek in woorden**
De meest voorkomende termen en technieken

5 G.J. Kok, R.W. Meertens en H.A.M. Wilke
Voorlichting en verandering

CIP-gegevens Koninklijke Bibliotheek, Den Haag

Emans, Ben

Interviewen: theorie, techniek en training / Ben Emans.
Groningen: Wolters-Noordhoff. – (Praktische gedragswetenschappen; 2)
1e dr.: 1985. – Met lit. opg., reg.
ISBN 90-01-30191-6

SISO 300.6 UDC 303.62 SVS 8.37.3 NUGI 727
Trefw.: interviewen.

Omslagillustratie Marjolijn Brouwer

1 2 3 4 5 / 94 93 92 91

ISBN 90 01 30191 6

Inhoud

Deel 4 Leren interviewen

Uit het voorwoord bij de eerste druk

Dit boek heeft zijn wortels in de interviewpractica die ik in de zeventiger jaren verzorgde voor psychologiestudenten. Tijdens die practica namen de deelnemers om de beurt korte interviews bij elkaar af. Mijn bijdrage bestond voornamelijk uit het geven van commentaar daarop. Al naar het uitkwam, bracht ik daarbij de meest uiteenlopende onderwerpen naar voren, van uiterst praktische tot uiterst fundamentele. Aldus kwam er in de loop van zo'n practicum altijd een bonte, om niet te zeggen chaotische verzameling van onderwerpen aan de orde. Bij mij leidde dat na afloop altijd tot het vaste voornemen al die onderwerpen eens goed in kaart te brengen en systematisch op te schrijven. Het heeft even geduurd, maar met het schrijven van dit boek heb ik uiteindelijk dat voornemen ook uitgevoerd.

Zoals dat gaat met voornemens, was er voor die uitvoering een prikkel van buitenaf nodig. In dit geval kwam die prikkel voort uit de nieuwe wet op het wetenschappelijk onderwijs. Voor de onderwijsinstelling waar ik werk, de subfaculteit Psychologie van de Groningse Universiteit, impliceerde die wet een drastische inkrimping van het studieprogramma. Als gevolg daarvan ontstond er behoefte aan een korte, strak geroosterde en efficiënte interviewcursus voor alle eerstejaarsstudenten. Het was mijn taak daaraan vorm te geven. De oude opzet, met interviews en nabesprekingen uit de losse pols, schoot nu te kort: er was meer systematiek nodig. Ik stelde daarom een tekst samen met een overzicht van alle inzichten en vaardigheden die mijns inziens in een interviewcursus thuishoorden, en tevens een serie bijbehorende oefeningen. Met die tekst als handleiding hebben inmiddels zo'n 35 groepen studenten een cursus gevolgd. Op grond van de ervaringen, die ik daarbij heb opgedaan, heb ik de tekst een aantal malen herzien en uiteindelijk omgewerkt tot dit boek.

Met deze ontstaansgeschiedenis zijn ook de door mij nagestreefde gebruiksmogelijkheden van dit boek gegeven. Het is geschreven voor iedereen die in kort bestek inzicht wil krijgen in wat er zich tijdens een interview afspeelt, en wat er allemaal komt kijken bij de voorbereiding van een interview. Ook biedt het modellen en materiaal om interviewtrainingen op te zetten. Het is weliswaar ontstaan in het kader van een psychologieopleiding, maar dat betekent niet dat het beperkt is tot psychologische interviews (wat daaronder ook mag worden verstaan). Het gaat over interviews in het algemeen, in welke maatschappelijke en/of wetenschappelijke context dan ook. Het is voorts gericht op studenten in de aanvang van hun studie, en vereist dan ook geen speciale voorkennis.

Groningen, december 1984
Ben Emans

Voorwoord bij de derde druk

Sinds de uitgave van de eerste druk zijn er twee ontwikkelingen geweest die de praktijk van het interviewen een enigszins ander aanzien hebben gegeven. De ene is het toenemende gebruik van de telefoon voor het afnemen van interviews, de andere is de opkomst van de automatisering, vooral bij de afname van gestructureerde interviews. De telefoon en de computer hebben daarom in deze druk een prominentere plaats gekregen dan ze hadden. Voor het overige zijn er redactionele verbeteringen aangebracht, en zijn er enige nieuwe onderzoeksresultaten verwerkt bij de behandeling van verschillende onderwerpen. De hoofdlijnen van het boek zijn echter gebleven zoals ze waren.

Groningen, december 1989
Ben Emans

N.B.

Sinds kort is er naast het boek een pakket met cursusmateriaal beschikbaar. Het bestaat uit
– een gedetailleerd draaiboek voor een practicum van 24 uur waarin de stof en de oefeningen van de hoofdstukken 1-8 aan bod komen,
– een lijst met standaardantwoorden op de vragen uit de discussiestof bij de hoofdstukken 1-8,
– een lijst met standaardoplossingen voor de schriftelijke oefeningen in Bijlage 1,
– een videoband waarop de vaardigheden die worden behandeld in de hoofdstukken 3-7, gedemonstreerd worden in contrast met de fouten die men kan maken,
– en een uitgeschreven tekst van deze videoband.

Men kan dit geheel aanvragen bij het Beheer van de vakgroep Psychologie van de Rijksuniversiteit Groningen.

Inleiding

Dit boek bestaat uit vier delen. Te zamen bevatten deze een theoretische en een praktische uiteenzetting van het verschijnsel interview. *Deel 1* is oriënterend. Een reeks kenmerken van interviews komt daarin aan de orde. Aldus wordt de lezer* vertrouwd gemaakt met allerlei centrale begrippen en thema's, en wordt er een ondergrond gelegd voor de bestudering van de rest van het boek.

De kern van het geheel wordt gevormd door *deel 2.* In dat deel wordt uiteengezet wat er zich allemaal afspeelt tijdens een interview en wat dat betekent voor de handelwijze van de interviewer. Daarbij wordt uitgegaan van de situatie dat de interviewer beschikt over een zogenaamd interviewschema, dat is een handleiding voor de afname van een bepaald interview. In de bijlagen achter in het boek is een vijftal van zulke schema's te vinden. Hoe zo'n interviewschema tot stand komt blijft in deel 2 nog buiten beschouwing; daaraan is *deel 3* geheel gewijd.

Deel 4 ten slotte gaat over interviewtrainingen. Alle thema's uit de voorgaande delen komen daarin terug, nu in de gedaante van onderwerpen voor opleidingsprogramma's. Algemene trainingsmodellen worden uiteengezet, in combinatie met concrete leermiddelen en concrete oefenstof.

Deze indeling maakt twee verschillende leesroutes mogelijk. De ene route is geschikt voor de lezer voor wie het vooral om het verwerven van kennis en inzichten te doen is, en niet zozeer om het opdoen van vaardigheden. Deze lezer werkt deel 1 tot en met 3 door en kijkt verder niet naar het laatste deel, dat over vaardigheidstrainingen gaat. De andere route is aan te bevelen als men de tekst wil gebruiken als een handleiding bij een vaardigheidstraining. In dat geval kan men het beste de delen 2 en 3 in combinatie met deel 4 bestuderen: in deel 2 komt een reeks handelwijzen van de interviewer aan de orde, en bij elk daarvan levert deel 4 trainingsstof; in deel 3 staan voorts de

* *Voor het gemak, en om geen enkele andere reden, is het hele boek in de mannelijke vorm geschreven. Overal waar sprake is van 'hij', 'hem', 'diens', 'lezer', 'respondent', 'interviewer', of van welk ander mannelijk voornaamwoord of zelfstandig naamwoord dan ook, kan men dus ook de vrouwelijke vorm lezen.*

stappen beschreven die men moet zetten om tot een interviewschema te komen, en deel 4 biedt weer bijbehorende oefeningen.

Er kunnen zich situaties voordoen dat de stof uit deel 3 minder belangrijk is. Zo'n situatie heeft men bijvoorbeeld als men als interviewer op pad moet met een kant en klaar interviewschema, dat door anderen gemaakt is. In zo'n geval kan men deel 3 overslaan. Wat resteert blijft dan een op zichzelf staand geheel. Zo kan het ook voorkomen dat men – omgekeerd – alléén maar geïnteresseerd is in de constructie van een interviewschema of vragenlijst. In dat geval kan men deel 3 als een op zichzelf staande tekst (behoudens enige terugverwijzingen) hanteren. De gehanteerde opsplitsing in delen maakt het geheel aldus hanteerbaar voor lezers met verschillende, en meer of minder uitgebreide interesses.

Deel 1
Oriëntatie

1 Kenmerken van interviews

Uit het dagelijks leven heeft iedereen wel een idee van wat een interview is. Alleen al via de radio, tv en tijdschriften lopen we er haast dagelijks tegen aan. Bovendien kunnen we in talloze andere contexten met interviews te maken krijgen: bij personeelsbeoordeling, hulpverlening, consumentenonderzoek, sociaal-wetenschappelijk onderzoek etcetera. Weinig mensen zullen dan ook moeite hebben met een antwoord op de vraag wat een interview is. Het antwoord zal bijvoorbeeld luiden: een vraaggesprek. Na enig doorvragen blijkt men dan zoiets te bedoelen als: een gesprek tussen twee personen, waarbij de één vragen stelt en de ander daar antwoorden op geeft, terwijl de eerste, de vragensteller, er ook nog voor zorgt dat die antwoorden op een of andere manier worden vastgelegd. Hiermee hebben we een definitie van een interview, waar niets op aan te merken valt. Alleen, het is een nogal abstracte, nogal kale definitie. Over het verschijnsel interview valt meer te zeggen.

In dit eerste hoofdstuk wordt er aan het begrip interview nader inhoud gegeven. Een reeks kenmerken van interviews wordt uiteengezet. In het tweede hoofdstuk worden vervolgens twee varianten van het interview besproken, het telefonische interview en het oog-in-oog interview. Met het beeld, dat aldus wordt opgetrokken, verkrijgt de lezer de nodige inzichten en achtergrondinformatie voor de bestudering van de rest van het boek.

1.1 Het doel

Het meest wezenlijke kenmerk van een interview is gelegen in het doel ervan. Dit is als volgt te omschrijven:
- het verzamelen van informatie
- uit mededelingen van de ondervraagde persoon of personen
- ter beantwoording van een of meer vooraf bedachte vraagstellingen.

Door deze doelstelling onderscheidt het interview zich van andere vormen van gesprek. Elk gesprek dat gevoerd wordt bevat weliswaar een element van gegevensverzameling, maar dat gaat niet altijd gepaard met de planmatigheid die kenmerkend is voor interviews. Bovendien dienen andere gespreksvormen vaak nog andere doelen. Een voorlichtingsgesprek is primair gericht op geplande informatieverschaffing. Een twistgesprek voert men om zijn hart te luchten, of om gelijk te krijgen. Borrelpraat is er voor de gezelligheid. In een therapeutisch gesprek is bewustwording van de cliënt belangrijker dan beantwoording van vragen van de therapeut. Zo kunnen we van alle mogelijke soorten gesprekken doelstellingen opsommen. De verzameling van gegevens kan daar één van zijn naast allerlei andere.

Het interview mist dit soort nevendoelstellingen. Dat wil niet zeggen dat het ook zonder bij-effecten is. In de meeste gevallen laat het namelijk wel sporen na zowel bij de interviewer, als bij de geïnterviewde; daarvan zijn treffende illustraties bekend. Mensen die eens in het kader van een groot onderzoek ondervraagd werden over hun gezondheidstoestand, bleken zich bijvoorbeeld na afloop van het interview veel meer zorgen te maken over ziektes dan daarvoor.[1] De vragen hadden kennelijk een bewustmakende werking. Bij een ander onderzoek, in het kader van naderende verkiezingen, bleek de groep van ondervraagde personen tot een hoger stempercentage te komen dan een gelijksoortige groep van niet-ondervraagden.[2] De interviews hadden hier blijkbaar gedragsbeïnvloedend gewerkt. Een bekend verschijnsel is ook het zogenaamde bevriezen van opinies: wie een keer als geïnterviewde een bepaalde opinie uitgesproken heeft, raakt op een of andere wijze vaak sterker overtuigd van die opinie. Dergelijke bij-effecten kunnen soms zeer nastrevenswaardig zijn. In het kader van het interview worden ze evenwel niet expliciet nagestreefd, en gaat het louter en alleen om informatieverzameling.

Het interview is hierdoor in zeker opzicht een eenvoudig soort gesprek te noemen, gericht als het is op slechts één enkel doel. Daar staat echter tegenover dat er wel uiterst hoge eisen gesteld worden aangaande de realisering van dat ene doel, dat wil zeggen aan de objectiviteit van de te verzamelen informatie. Wat dat betekent en wat daarvan de consequenties zijn, vormt het onderwerp van de volgende paragraaf.

1.2 Objectiviteit

In het algemeen verstaan we onder objectiviteit de tegenhanger van subjectiviteit, dat is het verschijnsel dat gegevens door tussenkomst van mensen vertekend worden. In interviews kunnen verschillende factoren tot vertekening leiden. De vraag is welke factoren dat zijn. Om daar zicht op te krijgen zullen we eerst de meer fundamentele vraag bekijken hoe resultaten van interviews in het algemeen tot stand komen.

Met behulp van interviews kan men een diversiteit aan gegevens verzamelen: opinies van de geïnterviewde, plannen die hij heeft, zijn

Soort cognitie	Illustratie
Opinie	Opvatting over het *nut van eigen risico bij verzekeringen*
Attitude	Houding ten opzichte van het *koningshuis*
Behoefte	Behoefte aan *psychotherapie*
Wens	Wensen aangaande *het soort werk* dat men wil gaan doen
Evaluatie	Mate van tevredenheid over *werkzaamheden*
Gevoel	Mate van angst
Kennis	Wat men weet van het *bestemmingsplan* voor de eigen woonomgeving
Eigenschap	Of men alleenstaand is of niet
Motief	Reden om te willen scheiden
Gedragsweergave	Hoe vaak men ter kerke gaat (heden)
Gedragsweergave	Waar men zich bevond op het moment van de moord (verleden)
Voornemen	Studieplannen
Weergave van een feit	Weergave van *wat er in de ondernemingsraad wordt besproken*
Verwachting	Geschatte *kans op een derde wereldoorlog*

Schema 1.1 Soorten van cognities in interviews. Gecursiveerd zijn de objecten waar de cognities betrekking op hebben. Waar niets gecursiveerd is, is de geïnterviewde zelf het object.

eigenschappen, de omstandigheden waaronder hij leeft, en nog veel meer. Welbeschouwd verzamelt de interviewer echter niet echt opinies, plannen, eigenschappen (etcetera) maar slechts uitspraken van de geïnterviewde daarover. Antwoorden op interviewvragen zijn altijd *verwoordingen van cognities*, dat wil zeggen van keninhouden van personen. Schema 1.1 bevat allerlei soorten van cognities die in interviews aan de orde kunnen komen. Ook wanneer er vragen gesteld worden naar feiten en gedragingen gaat het in wezen om cognities, omdat niet het feit of gedrag zelf, maar het idee van de geïnterviewde daarover verwoord wordt. Na de verwoording door de geïnterviewde legt de interviewer het antwoord nog op een of andere wijze vast. Daarmee is een interviewresultaat tot stand gekomen (zie schema 1.2).

De twee stappen in de totstandkoming van interviewresultaten kunnen beide de oorzaak vormen van vertekening van de cognities, zoals die in de resultaten tot uitdrukking komen. Hiermee zijn twee momenten gegeven, waarop afbreuk kan worden gedaan aan de objectiviteit. Allereerst kan de geïnterviewde bij de verwoording fouten maken of onvolledig zijn, terwijl het tweede mogelijke vertekeningsmoment bij de vastlegging van antwoorden door de interviewer ligt. Deze

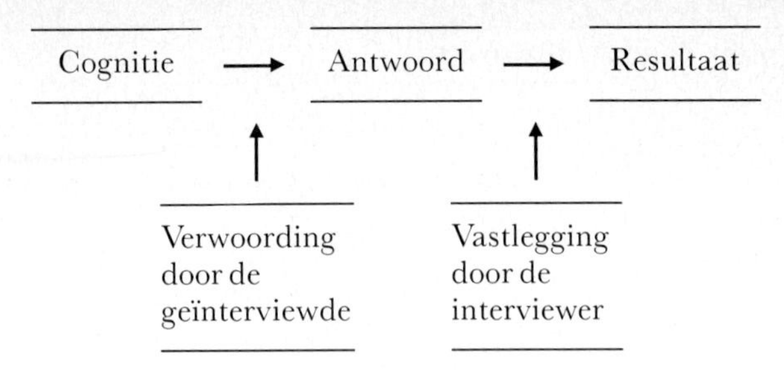

Schema 1.2 Totstandkoming van een interviewresultaat.

tweede vertekening komt overeen met wat we in het kader van gedragsobservatie 'observatiebias' noemen.[3] Deze komt voort uit eigenzinnige interpretaties die observatoren aan hun waarnemingen koppelen. Bij interviews dient de interviewer zich van zulke interpretaties te onthouden. Een complicerende factor bij dit alles is nog, dat een cognitie niet louter een eigenschap is van een *persoon*, maar voor een deel ook een produkt van de *situatie* waarin deze zich bevindt.

De laatste uitspraak leidt tot consequenties waar we in het dagelijks leven meestal niet zo bij stilstaan. De uiterste consequentie is dat we eigenlijk niet meer kunnen spreken van *de* mening (of verwachting, behoefte, kortom cognitie) van een persoon. Mensen kunnen er in een bepaalde situatie cognities op nahouden die anders zijn dan, ja zelfs strijdig zijn met cognities die ze in andere situaties hebben. Cognities staan dus niet in alle gevallen vast. Hetzelfde geldt bijgevolg voor antwoorden op interviewvragen.[4] Wat iemand in de ene situatie als antwoord geeft, kan verschillen van wat hij in een andere situatie zegt. En dat hoeft er niet op te duiden dat hij het niet zo nauw neemt met de manier waarop hij zijn cognities verwoordt. Het kan evengoed het gevolg zijn van het feit dat er inderdaad verschillende cognities in het spel zijn.

Wat betekent dit voor de objectiviteit van uitkomsten uit interviews? Een interview biedt één situatie met zeer specifieke kenmerken. Zo'n kenmerk is bijvoorbeeld het gezelschap van de interviewer, het feit dat deze de gegeven antwoorden noteert etcetera. Deze en andere kenmerken kleuren de situatie. Een wijziging van één zo'n kenmerk kan een wijziging van cognities – en dus van antwoorden – tot gevolg hebben. Blijkbaar is de totstandkoming van een interviewresultaat nog wat ingewikkelder dan weergegeven in schema 1.2. Schema 1.3 laat dat zien.

Het zou nu mooi zijn als we alle situatie-invloeden konden uitschakelen. We zouden dan in staat zijn de 'pure' cognities van geïnterviewden aan de weet te komen. Maar zoals gezegd, situatie-invloeden zijn niet uit te schakelen. Ze vormen een wezenlijk bestanddeel van elke cognitie: pure cognities bestaan niet. Het heeft daarom geen zin te streven naar uitschakeling van situatie-invloeden. Het enige wat we kunnen nastreven is deze invloeden zoveel mogelijk in de hand te hou-

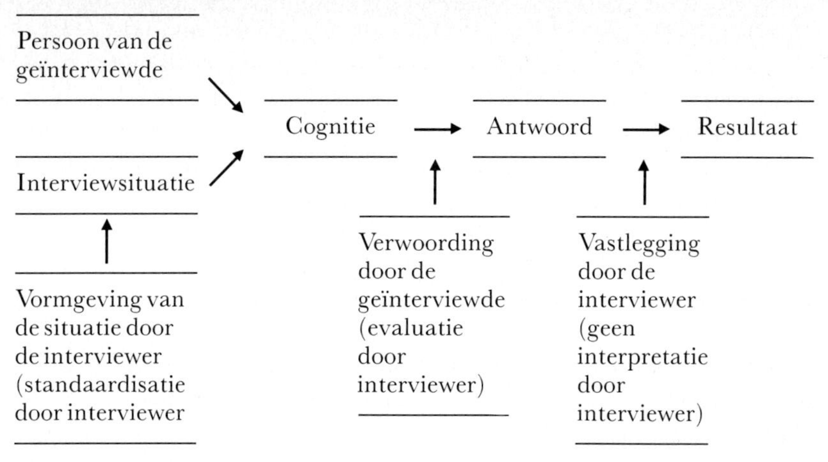

Schema 1.3 Totstandkoming van een interviewresultaat (schema 1.2 uitgebreid).

den. Negatief geformuleerd: ze niet aan het toeval over te laten. Daartoe dienen we voorafgaand aan een interview te bepalen hoe we ons de situatie voorstellen waarin de afname plaatsvindt. Zo'n vooraf uitgetekende situatie wordt de standaardsituatie genoemd. Vervolgens zorgen we ervoor dat de feitelijke situatie tijdens de afname zoveel mogelijk overeenkomt met die standaardsituatie. Dit wordt situatiestandaardisatie genoemd. Hiermee voorkomen we dat toevallige, ongecontroleerde situatie-invloeden effect hebben op de uitkomsten uit het interview.

Objectiviteit in dit verband betekent dus: afwezigheid van ongecontroleerde situatie-invloeden.

Standaardisatie kan natuurlijk nooit alle aspecten van de situatie omvatten. Men kan de omstandigheden niet voor honderd procent vastleggen en dat is ook niet nodig. Het gaat alleen om die aspecten die bepalend kunnen zijn voor de cognities van de geïnterviewde. Dat kan van alles zijn.[5] Het kan gaan om de manier waarop of de volgorde waarin de interviewer de vragen stelt. Het kan ook gaan om de manier, waarop hij zich presenteert, of om zijn leeftijd, geslacht of ras. De plaats van handeling kan eveneens een belangrijk aspect van de situatie zijn, en ook de aan- of afwezigheid van andere personen aldaar. Dit soort kenmerken van de situatie drukken veel meer een stempel op de cognities van de geïnterviewde dan de manier waarop de interviewer zijn koffie drinkt of andere irrelevante zaken. Daarop hoeft de standaardisatie dan ook niet gericht te zijn.

Samengevat leert het bovenstaande dat er tijdens de totstandkoming van een interviewresultaat drie momenten zijn waarop de objectiviteit wordt bedreigd: bij de vormgeving van de situatie, bij de verwoording van de cognities, en bij het vastleggen van de antwoorden. Hiermee overeen komen drie taken voor de interviewer als bewaker van de objectiviteit (zie ook schema 1.3). De eerste houdt in dat hij de reeds genoemde situatiestandaardisatie verzorgt en controleert. De tweede taak bestaat uit de evaluatie van elk gegeven antwoord. Dat is een moeilijke taak die erop neerkomt dat hij voortdurend met gepaste achterdocht nagaat of de geïnterviewde volledig en correct zijn antwoorden formuleert. De derde betreft niet zozeer een taak als wel een verbod: de interviewer dient zich van inhoudelijke interpretaties van antwoorden te onthouden.

1.3 Interviewschema's

Standaardisatie van de situatie, zoals behandeld in de vorige paragraaf, wordt in de praktijk bewerkstelligd door middel van een nauwkeurige handleiding voor de interviewer. Zo'n handleiding wordt een 'interviewschema' genoemd.[6] Daarin staat voorgeschreven wat de interviewer allemaal moet doen en zeggen. Zo kan het instructies bevatten voor de introductie en de afsluiting van het gesprek, voor de plaats van handeling en de inrichting ervan, voor het gebruik van geluidsapparatuur, en ook en vooral voor de wijze van vragen stellen (formulering en volgorde van vragen), alsmede voor de wijze van noteren van antwoorden. Voor dit laatste biedt een interviewschema doorgaans ruimte. Voorbeelden van interviewschema's zijn elders in dit boek te vinden (zie pagina 136-138, 177-189).

Er zijn verschillende typen interviewschema's te onderscheiden. Belangrijk is het onderscheid tussen *gestructureerde* en *ongestructureerde* schema's. Dit onderscheid slaat zowel op de te stellen vragen als op de antwoordmogelijkheden. De vragen worden gestructureerd genoemd, als ze volledig in het interviewschema zijn vastgelegd, zowel qua formulering als qua volgorde. De vragen zijn ongestructureerd als de interviewer zelf de woorden mag kiezen die hij geschikt acht. En gaat het om meer vragen dan mag hij bij een ongestructureerd schema ook zelf de volgorde bepalen, desnoods zelfs heen en weer springen tussen de onderwerpen, als hij er maar voor zorgt dat ze allemaal aan de orde komen.

Er is ook een tussenvorm, die in de praktijk zeer veel voorkomt. Per onderwerp staat er dan wel een geformuleerde beginvraag vast, maar in aansluiting daarop moet de interviewer nog naar eigen inzicht aanvullende vragen stellen of aanwijzingen geven, om aldus de geïnterviewde te helpen en te stimuleren bij diens antwoordpogingen. Deze activiteiten na de beginvraag worden met de term *doorvragen* aangeduid. Het schema bevat hiertoe zonodig instructies.

Ook antwoorden kunnen meer of minder voorgestructureerd zijn. Men spreekt van (antwoorden op) *gesloten vragen*, als de geïnterviewde slechts uit een beperkt aantal alternatieven mag kiezen. Bekend is het voorbeeld 'ja-nee-geen mening'. Bij de beantwoording van zogenaamde *open vragen*[7] mag de geïnterviewde daarentegen zeggen wat hij wil. Ook hier bestaat weer een mengvorm. Deze houdt in dat de geïnterviewde – als betrof het een open vraag – volledig vrij is in zijn antwoorden. De registratie van de antwoorden gebeurt echter op de wijze van gesloten vragen. De interviewer heeft dan namelijk een lijst van mogelijke antwoorden voor zich. Daarin kruist hij dat antwoord aan dat het best de woorden van de geïnterviewde weergeeft. Deze vraag- en antwoordvorm staat bekend onder de Engelse term *field coding*. Voor de interviewer heeft hij de gedaante van een gesloten vraag, maar voor de geïnterviewde onderscheidt hij zich in geen enkel opzicht van open vragen.

1.4 Neutrale opstelling van de interviewer

Interviewschema's, hoe gestructureerd ook, kunnen onmogelijk alles regelen. Interviewers moeten dan ook allerlei facetten van hun optreden zelf bepalen: de wijze van praten, zitten, kijken, van inspringen op onvoorziene incidenten etcetera. Op veel manieren kan de interviewer deze gedragsaspecten zo vorm geven, dat hij zijn gesprekspartner in een bepaalde richting duwt, bijvoorbeeld doordat hij zijn eigen meningen laat doorschemeren. Er is dan geen sprake meer van een gestandaardiseerde situatie. Men spreekt in dit verband van *interviewereffecten* of *interviewervariantie*. Grote interviewervariantie betekent dat een groot deel van de verschillen tussen antwoorden, gegeven door verschillende geïnterviewden, toe te schrijven is aan de manier van doen van interviewers. Dit kan zowel betrekking hebben op de inhoud[8] als op de uitgebreidheid[9] van de antwoorden.

Het ideaal is altijd een interviewervariantie van nul. Het maakt dan niet meer uit wie er als interviewer optreedt. De persoon van de interviewer met zijn eigen meningen en houdingen blijft dan op de achtergrond. Zijn optreden wordt gekenmerkt door een neutrale opstelling tegenover de onderwerpen waarover gesproken wordt.

Bij sommige interviewers roept de eis tot neutrale opstelling weerstanden op, omdat zij deze ervaren als een onnatuurlijke rem op hun functioneren als deelnemer aan het gesprek. In die visie zou het interview te veel het karakter krijgen van een toneelstuk met alle elementen van trucage en misleiding die daarbij horen. Daar lijkt het misschien ook op, maar toch moeten we dit een misvatting noemen. Een interview is op te vatten als een gemeenschappelijke taak voor interviewer en geïnterviewde. De taak is te omschrijven als het vergaren van antwoorden van de geïnterviewde op vragen van de interviewer. In het kader van deze taak doet de mening van de interviewer er niet toe. Diens mening kan de taakuitvoering slechts verstoren. Als de interviewer dit aan zijn gesprekspartner duidelijk kan maken wordt zijn neutrale opstelling iets heel vanzelfsprekends en natuurlijks.

1.5 Aan- of afwezigheid van derden

Bij interviews op tv of radio luisteren kijkers en luisteraars mee. Bij andere interviews heeft men veelal niet met dergelijke meeluisterende personen te maken. Maar ze kunnen soms toch aanwezig zijn, al of niet uitgenodigd. Hun aan- of afwezigheid vormt een belangrijk element van de interviewsituatie. Een voorbeeld maakt dit duidelijk.

Eind jaren '50 werden ruim driehonderd bejaarde inwoners van enkele plattelandsgemeenten in het oosten van het land geïnterviewd over de voor- en nadelen van het zogenaamde familiehuishouden, dat is een samenlevingsvorm van drie generaties (grootouders, ouders, kinderen) te zamen.[10] Bij een deel van de interviews was behalve de interviewer en de geïnterviewde nog een derde persoon aanwezig die verder niet aan het gesprek deelnam. Soms was dat de echtgenoot of echtgenote van de geïnterviewde. In dit geval lieten de interviewresultaten gemiddeld genomen slechts een matig enthousiasme zien voor het familiehuishouden. Soms ook was die derde persoon een van de kinderen en uit die interviews kwamen veel positievere geluiden naar voren. Bij afwezigheid van derden werden (gemiddeld) tussenliggende oordelen over het familiehuishouden geregistreerd.

Deze gegevens illustreren, afgezien van enige zwakten van het onderzoek[11], hoe gevoelig interviewresultaten kunnen zijn voor de aan- of afwezigheid van andere personen. In aanwezigheid van hun kinderen leken de bejaarden zich niet graag negatief uit te laten over een familiehuishouden. De aanwezigheid van hun echtgenoot of echtgenote daarentegen leek hen daartoe juist te stimuleren. Men kan zich voorstellen dat dit samenhing met gevoeligheden en meningen van die aanwezige andere personen. Op de een of andere manier pasten de ondervraagde bejaarden hun antwoorden daaraan aan.

Als er derden aanwezig zijn kan dit verschijnsel zich altijd voordoen, met als gevolg dat de interviewresultaten vertekend worden. Ook kan het gevolg van die aanwezigheid zijn dat geïnterviewden zich ongemakkelijk en onvrij voelen.[12] Het hoeft overigens niet alleen om reële, fysieke, aanwezigheid te gaan. In een Amerikaans onderzoek bleek dat schoolkinderen zich op school in vergelijking met thuis minder omzichtig en ook minder positief uitlieten over de school.[13] Alle interviews werden in afwezigheid van derden afgenomen. Maar thuis werd op de achtergrond toch iets als de aanwezigheid van de ouders ervaren. Deze voorbeelden kunnen overigens niet representatief genoemd worden voor alle interviewafnames. In verscheidene onderzoeken[14] bleek aan- of afwezigheid van derden nauwelijks gevolgen te hebben voor beantwoording van vragen. Toch moet men er rekening mee houden, vooral als het om onderwerpen gaat die gevoelig liggen, en waar de aanwezige anderen uitgesproken ideeën over hebben.

Om deze reden laat men vaak interviews, die in het kader van onderzoek worden afgenomen, afgeschermd van de buitenwereld plaatsvinden. Men weet dan zeker dat er geen invloed van derden in het spel is. Dit is echter niet een maatregel die men altijd blindelings moet toepassen. Er zijn ook bezwaren tegen aan te voeren, om te beginnen bezwaren van praktische aard. Als men interviewers erop uitstuurt om mensen op hun werk of bij hen thuis te interviewen, kost het de grootst mogelijke moeite om de aanwezigheid van derden daadwerkelijk uit te sluiten. Bij telefonische interviews is het helemaal onbegonnen werk. De moeite die dat zou kosten is het vaak niet waard, gegeven de eerder genoemde onderzoeksresultaten, die niet wezen op al te grote gevaren van aanwezigheid van derden. Bovendien zijn er ook andere methoden ter beteugeling van de invloed van eventueel aanwezige derden. Zo kan men vragen die gevoelig liggen semi-schriftelijk afhandelen. Ze worden dan op kaartjes geschreven en aan de geïnterviewde overhandigd. Deze geeft dan antwoorden die weinig informatief zijn voor de meeluisterende aanwezigen, omdat deze de inhoud van de vraag niet kennen.[15] Hetzelfde effect wordt enigszins met telefonische interviews bereikt.

Er zijn ook meer principiële bezwaren aan te voeren tegen de uitsluiting van aanwezige derden. In veel gevallen is het een uiterst kunstmatige ingreep in de omstandigheden, waarin de geïnterviewden dagelijks verkeren. Interviewresultaten krijgen daardoor dienovereenkomstig iets kunstmatigs. Ze zeggen dan nog weinig over de wijze waarop geïnterviewden zich onder natuurlijke omstandigheden gedragen. Dit kan een reden zijn om een en ander maar aan het toeval over te laten, omdat dat de kans vergroot op een gesprekssfeer waarin de geïnterviewde zich thuisvoelt, en bijgevolg op antwoorden die diens alledaagse cognities weerspiegelen.[16] Het nadeel is dan wel dat de standaardisering van de situatie op die manier op onduidelijke wijze plaatsvindt. De afwezigheid van derden is eenduidig te standaardiseren, de aanwezigheid van derden is dat niet of nauwelijks.

1.6 Wel of geen anonimiteit

Anonimiteit van de interviewsituatie is een aspect dat enigszins verwant is aan de hierboven behandelde aan- of afwezigheid van derden. Het is niet altijd noodzakelijk dat er vastgelegd wordt wie de geïnterviewde persoon is. Niet altijd is het van belang te weten van wie de antwoorden precies afkomstig zijn. Bij een kranten-interview ligt dat natuurlijk anders. Maar bij andere interviews kan de identiteit van de geïnterviewde vaak op de achtergrond blijven. Informatie daarover kunnen we uitwissen.

Men spreekt in dit verband van anonieme verwerking van interviewresultaten. Deze leidt ertoe dat achteraf niet meer te reconstrueren is wie wat gezegd heeft. Alleen al op grond van ethische overwegingen (van privacybescherming) is hier veel voor te zeggen. Ook andere overwegingen kunnen evenwel een rol spelen.

Het idee is dat geïnterviewden gemakkelijker vrijuit spreken wanneer ze niet bang hoeven te zijn dat iemand anders ooit te weten zal komen wat ze zeggen. De belofte van anonieme verwerking kan daardoor de kwaliteit van de interviewresultaten bevorderen. Onderzoek op dit gebied[17] laat overigens zien dat die effecten niet altijd zo sterk zijn. Er kunnen zelfs averechtse effecten optreden. Door bij de introductie van het gesprek nadruk te leggen op de anonimiteit van het gebeuren, snijdt men een probleem aan dat misschien nog helemaal niet bestond voor de geïnterviewde. Men stelt hem dan niet gerust, maar bevordert slechts dat hij zich zorgen gaat maken. Hij wordt op het idee gebracht van gevaren die uit zijn uitspraken zouden kunnen voortkomen. Ook een ander averechts effect is mogelijk. Een garantie van anonimiteit kan de motivatie van de geïnterviewde aantasten. Hij kan eruit begrijpen dat zijn persoon er niet toe doet. Daardoor daalt in zijn ogen het belang van zijn medewerking, omdat hij blijkbaar uitwisselbaar is met anderen. Dat prikkelt hem niet tot een actieve inzet.

Hoe dit alles ook zij, in de praktijk vormt de belofte tot anonieme verwerking een karakteristiek element van veel interviewsituaties. Het is een klassiek element van situatiestandaardisatie. Door er bij het begin van het gesprek op in te gaan zorgt men in elk geval voor duidelijkheid. Mits niet te nadrukkelijk gebracht kan het de gesprekssituatie ten goede komen.

1.7 Wel of geen geluidsopname

De bandrecorder is een veel gebruikt hulpmiddel bij interviews. De aanwezigheid van zo'n apparaat vormt een element van de interviewsituatie, te vergelijken met de aanwezigheid van derden: de bandrecorder luistert in zekere zin mee. De psychologische betekenis hiervan hangt af van het gebruik dat er van de opname gemaakt gaat worden. Van belang is wie er allemaal toegang hebben tot de band of tot een uitgetikte versie daarvan, voorts in hoeverre daarbij nog na te gaan is wie aan het woord is, alsook hoe en hoelang de band bewaard blijft. De geïnterviewde heeft er recht op dit te weten. Bij de introductie van het gesprek dient hierover dan ook duidelijkheid te worden verschaft. Ook uit het oogpunt van standaardisatie van de situatie is dit noodzakelijk, want geïnterviewden kunnen de meest uiteenlopende voorstellingen hebben over de lotgevallen van de geluidsband. Audio-opnames moeten dus zorgvuldig worden aangekondigd. Er moet ook ruimte zijn voor bedenkingen van de kant van de geïnterviewden. In de praktijk maken zij overigens zelden bezwaren.

Het voordeel[18] van geluidsopnames is dat er niets verloren gaat van de verbale bijdragen van de gespreksdeelnemers. Een voordeel is ook dat de interviewer iets minder aandacht hoeft te besteden aan het noteren van antwoorden. Dat levert tijdwinst op, zeker bij veel open vragen (zie 1.3) die anders een intensieve noteerarbeid zouden vergen. Een bijkomend voordeel is ten slotte nog gelegen in een heel ander potentieel doel van geluidsopnames: controle op het werk van de interviewer. Deze kan er een tastbaar bewijs van zijn inspanningen mee leveren.

Ondanks deze voordelen zijn er ook enige waarschuwingen te plaatsen. Om te beginnen kost een bandrecorder aandacht. Soms staat hij in de weg. Men heeft er dan last van. Bij kleine snoerloze apparaten met ingebouwde microfoon en voorzien van een mechaniek voor signalen als de band ten einde loopt, valt dit overigens wel mee. Bij telefonische interviews is er helemaal geen probleem.

Een waarschuwing is zeker ook op zijn plaats in verband met het noteren van antwoorden. Met een bandrecorder naast zich heeft de interviewer al gauw de neiging het noteren erbij te laten zitten. Noteren moet echter hoe dan ook toch gebeuren, alleen al om bij te houden of de antwoorden volledig gegeven zijn. Door niet te noteren loopt men het gevaar pas thuis bij het afluisteren te merken dat er iets mankeerde. Dan is het te laat. Indirect is de geluidsopname dan de oorzaak van slechte interviewresultaten.

Tot slot kan er nog gewezen worden op de hoeveelheid tijd die gemoeid is met het afluisteren van een band en het maken van notities daarbij. Tweemaal de duur van het interview is heel normaal. Interviewen wordt daardoor nog arbeidsintensiever en duurder dan het al is.

1.8 Informanten of respondenten

Tot hiertoe hebben we het steeds gehad over 'de geïnterviewde' of 'de ondervraagde persoon'. In deze paragraaf gaan we nader in op de functie van de aldus aangeduide persoon. Het zal blijken dat er sprake is van twee mogelijke functies, zodat er ook twee typen van interviews te onderscheiden zijn. Interviews met 'informanten' en interviews met 'respondenten'.

De informatie uit interviews betreft, zoals uiteengezet in 1.2, altijd cognities (zie ook schema 1.1). Cognities kennen een subject en een object. Het subject is degene die de cognitie erop nahoudt. In het kader van interviews is dat altijd de geïnterviewde met zijn ideeën, plannen, herinneringen etcetera. Het object is degene of datgene waarover de cognitie een uitspraak bevat. Dat kan weer de geïnterviewde zijn (vgl. de cognitie '*ik* ben gezond') maar het kan ook een persoon of zaak buiten de geïnterviewde betreffen (vgl. de cognitie '*bruin brood* is gezond').

De cognitie 'bruin brood is gezond' zegt zowel iets over bruin brood als over die geïnterviewde. Deze cognitie kan dus naar voren komen in interviews in het kader van onderzoek naar de *kwaliteiten van* bruin brood, maar evenzeer in het kader van onderzoek naar *meningen over* bruin brood. In beide gevallen zou men misschien dezelfde interviewvraag stellen ('Is bruin brood volgens u gezond?'). De verkregen informatie wordt echter op twee verschillende wijzen opgevat. Het onderscheid tussen informanten en respondenten[19] heeft hiermee te maken.

Respondenten ondervraagt men om iets van henzelf te weten te komen. Informanten daarentegen worden ondervraagd om informatie over zaken of personen buiten henzelf te verschaffen.

Bij informanten is men altijd in de objectzijde van de cognities geïnteresseerd en niet in de subjectzijde. Bij respondenten is men alleen in de objectzijde geïnteresseerd als de respondent zelf object van de cognitie is. In andere gevallen gaat het bij respondenten altijd om die subjectzijde. Informanten worden geselecteerd vanwege hun deskundigheid op een bepaald gebied en zijn dus vervangbaar door andere deskundigen. Respondenten worden niet vanwege hun deskundigheid geselecteerd, maar omdat men om de een of andere reden belang stelt in hun persoon.

Er is dus een groot verschil tussen een respondenteninterview en een informanteninterview, ook al is dat aan de vragen en antwoorden vaak niet te zien. Voor het handelen van de interviewer heeft het niettemin consequenties. Neem als voorbeeld weer de cognitie 'bruin brood is gezond'. Of dit nu uit de mond van een informant of van een respondent wordt opgetekend, in beide gevallen zal de interviewer misschien willen doorvragen. Bij een informant zal dat doorvragen erop gericht zijn te achterhalen of het echt waar is wat er over bruin brood beweerd wordt (de objectzijde van de cognitie). Bij een respondent heeft het doorvragen een heel andere inhoud. Dan gaat het erom of deze serieus meent wat hij zegt (de subjectzijde).

1.9 Verschillen met schriftelijke enquêtes

Het interview is, zoals gezegd, een instrument om informatie van personen te weten te komen. Het is niet de enige methode om tot dat doel te geraken. Andere methoden zijn metingen van prestaties, observaties van gedrag en schriftelijk afgenomen tests en vragenlijsten. Met deze laatste vertoont het interview veel overeenkomsten, maar ook de nodige verschillen.[20] Deze verschillen maken een aantal karakteristieke kenmerken van het interview duidelijk. We zullen daar daarom kort bij stilstaan, te beginnen met de verschillen die in het voordeel van interviews uitvallen:

- Schriftelijke enquêtes zijn niet geschikt als de vragen veel toelichting nodig zouden kunnen hebben, of als men de manier van vragen stellen moeilijk precies vooraf kan vaststellen. Het interview met de mogelijkheid van doorvragen en van half- of ongestructureerde vragen is in die gevallen geschikter.
- Schriftelijke enquêtes zijn nogal onhandig als men veel open vragen

wil stellen (zie 1.3), omdat daarmee erg veel schrijfwerk voor de respondent gemoeid zou zijn. Bij interviews wordt de ondervraagde persoon minder belast.
- Interviews vergen minder van de taalvaardigheid en gedisciplineerdheid van de ondervraagden.
- Interviews leiden tot beter ingevulde lijsten en tot minder ontbrekende gegevens. Als er toch gegevens gemist worden is er vaak meer duidelijkheid over de reden daarvan.
- Standaardisatie van de situatie is bij schriftelijke enquêtes veel moeilijker. Men kan bijvoorbeeld geen toezicht houden op de volgorde waarin vragen worden afgewerkt.

Tegenover deze onmiskenbare voordelen van het interview staan ook enkele nadelen:
- Interviews zijn voor de interviewende/enquêterende instantie veel arbeidsintensiever en dus ook duurder dan schriftelijke enquêtes.
- Ook van de ondervraagde persoon eisen interviews meer dan enquêtes. Het invullen van schriftelijke lijsten kan men in de eigen tijd doen, wanneer het het beste uitkomt. Voor een interview moet men ruimte in de agenda vrijmaken.
- De situatie is wezenlijk anders bij interviews, dan bij schriftelijke enquêtes. Of deze nu klassikaal (een zaal vol invullende personen) of individueel (privé, over de post) afgenomen worden, in beide gevallen verloopt de afname veel anoniemer dan bij het interview, waar de aanwezigheid van de interviewer er een sociaal gebeuren van maakt. Bij schriftelijke enquêtes heeft men daardoor nooit last van interviewereffecten (zie 1.4), terwijl ook de kans op sociaal-wenselijke antwoorden (zie 2.1) geringer is.

In het algemeen kiest men op grond van deze verschillen voor enquêtes, als men erg veel respondenten wil ondervragen, en als men op eenvoudige wijze vorm kan geven aan de vragen plus antwoordalternatieven. Interviews kiest men als het gaat om moeilijk te standaardiseren materie. Vaak past men een soort synthese toe: eerst neemt men interviews af bij een selecte groep van respondenten met een ruwe versie van de vragenlijst. Op grond van ervaringen, die men aldus opdoet, verbetert men de lijst vervolgens zodanig, dat schriftelijke afname bij een grote groep respondenten mogelijk wordt.

1.10 Discussiestof

1 Wat zouden bij-effecten kunnen zijn van een interview over de wijze, waarop de geïnterviewde met ondergeschikten omgaat?
2 Bij diepte-interviews – dat zijn interviews gericht op diepliggende gevoelens en motieven van de geïnterviewde – komt het erop aan het vertrouwen van de geïnterviewde te winnen. Daarbij kan het helpen, als men zich qua kleding, spraak en manier van doen aanpast aan de

geïnterviewde. Wat heeft dit voor implicaties voor de objectiviteit van de verzamelde informatie? Ga uit van de objectiviteitsdefinitie van 1.2.

3 Naar de mening van een bekende seksuoloog[21] is het aan te bevelen interviews die over seksuele zaken gaan, af te nemen in geluiddichte ruimtes. Wat heeft dit met objectiviteit te maken?

4 Is er in de volgende voorbeelden sprake van een informant of van een respondent?
- Aan een bedrijfspsycholooog wordt gevraagd wat er naar zijn mening voor gezonde en ongezonde kanten zitten aan lopende-bandwerk.
- Dezelfde vraag aan iemand die aan een lopende band werkt.
- Dezelfde vraag aan de directeur van een fabriek, waar gewerkt wordt met lopende banden.

5 Interviews kan men ook met zijn tweeën afnemen. Als de een vragen stelt kan de ander zich volledig met het noteren bezighouden. Wat zijn hiervan voor- en nadelen in vergelijking met de voor- en nadelen van het gebruik van een bandrecorder?

6 Ga na wat voor cognitiebepalende (1.2) elementen kunnen zitten in je eigen voorkomen (kleding, uiterlijk, manier van doen):
- in een interview over voorkeuren voor auto, fiets en openbaar vervoer,
- in een ander (zelf te bedenken) interview.

7 Zou men kunnen interviewen zonder interviewschema? Of is er zoiets als een minimumschema, dat altijd nodig is? Wat omvat dat minimum dan?

8 Situatie: een interview over vrouwenemancipatie met een huisvrouw. Wat zouden consequenties kunnen zijn van de af- of aanwezigheid van de echtgenoot bij het gesprek? Wat voor maatregelen zou je willen treffen in verband met die mogelijke consequenties?

9 Neem een willekeurig interviewschema uit het boek (pagina 177-189). Zou het zich lenen voor een schriftelijke afname? Wat voor aanpassingen zouden er nodig zijn?

2 Twee varianten: telefonisch en oog-in-oog interviewen

Wanneer we op de uiterlijke gedaante van interviews letten, springen ons twee verschillende varianten in het oog: het telefonische interview, en het interview met een lijfelijk aanwezige geïnterviewde, ofwel het oog-in-oog interview.[1] Beide varianten vinden op ruime schaal toepassing, zowel in korte eenvoudige, als in grootschalige onderzoeken.

Een gesprekstechnisch gezien niet zo essentieel, maar niettemin nogal belangrijk verschil tussen beide zit in de interview-kosten, uitgedrukt in tijd of geld. Deze liggen om begrijpelijke redenen bij telefonische interviews beduidend lager dan bij oog-in-oog interviews. De keuze voor het telefonische interview berust dan ook vaak op kostenoverwegingen.

Behalve de kosten zijn er nog meer punten van verschil. Deze liggen op het gesprekstechnische vlak. Zoals hieronder uiteengezet zal worden, blijken die verschillen in de praktijk klein te zijn, in ieder geval dermate klein, dat ze op zichzelf zelden een reden vormen om voor de ene of de andere variant te kiezen.

2.1 Kwaliteit van de antwoorden

De kwaliteit van de antwoorden uit telefonische interviews en uit oog-in-oog interviews ontlopen elkaar niet veel. Dit in tegenstelling met wat de meeste mensen intuïtief verwachten. Intuïtief denkt men al gauw dat telefonische interviews minder volwaardige antwoorden opleveren dan oog-in-oog interviews, omdat ze minder intensief contact tussen interviewers en geïnterviewden mogelijk zouden maken. Geïnterviewden zouden daardoor minder mededeelzaam en openhartig zijn.

In zeer lichte mate blijkt dit ook wel het geval te zijn, maar daar is ook alles mee gezegd. Een belangrijk aspect van de kwaliteit van antwoorden is de mate waarin ze gevrijwaard zijn van sociaal-wenselijk antwoordgedrag. Daaronder verstaat men zoiets als conformisme: aanpassing van de antwoorden die men als geïnterviewde geeft, aan wat men denkt dat de interviewer mooi en passend vindt. Het komt dus neer op een verdraaiing van de cognities van de geïnterviewde zelf. Het streven van de interviewer is altijd gericht op antwoorden waarin niets van sociale wenselijkheid doorklinkt. Naar dit kwaliteitsaspect van antwoorden zowel in telefonische als in oog-in-oog interviews is veel onderzoek gedaan.

Uit die onderzoeken komt de ene keer naar voren dat het de telefonische variant is die de minste last heeft van sociaal-wenselijke antwoordtendenties, en de andere keer, dat dat de oog-in-oog variant is.[2] Het geheel van onderzoeksresultaten, met nu eens het telefonische en dan weer het oog-in-oog interview als het beste van de twee, wordt begrijpelijk als men meer fundamentele verschillen tussen de twee varianten voor ogen houdt.

Via de telefoon hebben de interviewer en de geïnterviewde minder compleet contact met elkaar, dan in de oog-in-oog situatie. Daardoor heeft de geïnterviewde minder de neiging om zich aantrekkelijker voor te doen dan hij is. Veel sociale winst valt er voor hem in het contact met die verre gesprekspartner niet te boeken, veel te verliezen heeft hij evenmin. Door de telefoon zal hij zich dus makkelijker blootgeven, dan oog-in-oog met de interviewer. Zo is te verklaren dat geïnterviewden in een Amerikaans onderzoek[3] over de telefoon mededeelzamer waren dan in een oog-in-oog situatie, als het ging om bedreigende, gevoelig liggende vragen, bijvoorbeeld over onderwerpen als eigen gezondheid, seksualiteit en criminaliteit.

Hier ligt dus een technisch voordeel van het telefonische interview. Daar zit echter tegelijk een nadeel aan vast. Vergeleken met een oog-in-oog situatie is het in een opbel-situatie lastig bij de respondent op een antwoord aan te dringen, wanneer deze om een of andere reden geen antwoord, of geen bevredigend antwoord wil geven op een bepaalde vraag. Voor dat aandringen bestaat de technische term 'doorvragen'. Het is over de telefoon, in vergelijking met de oog-in-oog situatie, lastiger sociale wenselijkheid door middel van doorvragen te bestrijden.

Op deze wijze bekeken is de relatieve afstandelijkheid van het telefonische interview dus een nadeel. Dat nadeel treft ook andere kwaliteitsaspecten dan de sociale wenselijkheid. Het heeft ook gevolgen voor de item-nonrespons. Dat is de kans dat geïnterviewden een bepaalde vraag in het geheel niet beantwoorden. Deze kans kan, als gevolg van de enigszins beperkte mogelijkheden van doorvragen, soms bij telefonische interviews wat ongunstiger uitvallen dan bij oog-in-oog interviews.[4] Een hiermee samenhangend gegeven is dat oog-in-oog interviews, wanneer er open vragen (zie 1.3) gesteld worden, iets uitgebreidere antwoorden blijken op te leveren.[5]

Een ander kwaliteitsaspect van antwoorden in interviews wordt gevormd door zogenaamde interviewereffecten. Daaronder verstaat men alle mogelijke vormen van invloed die de interviewer heeft op de *inhoud* van antwoorden die de geïnterviewde geeft. Die invloed kan op allerlei subtiele manieren tot stand komen. De interviewer kan bijvoorbeeld op een bepaalde uitnodigende of bemoedigende manier kijken; of hij kan verbazing laten blijken bij een bepaald antwoord. Het zal duidelijk zijn dat dit soort beïnvloeding via de telefoon minder snel plaatsvindt dan in oog-in-oog situaties, simpelweg omdat de interviewer onzichtbaar is voor de geïnterviewde. Gevolg is dan ook een geringe kans op storende interviewereffecten bij telefonische interviews.[6]

Wat men uit het bovenstaande vooral moet onthouden is dat de kwaliteitsverschillen tussen de twee interview-varianten in het algemeen niet groot zijn. Als men in een concrete situatie moet kiezen tussen beide varianten, en men wil daarbij niettemin kwaliteitsoverwegingen mee laten spelen, dan heeft het ook weinig zin uit te gaan van de (minieme) verschillen die er zijn aangetoond. Verstandiger is het uit te gaan van de hierboven naar voren gekomen kwaliteitsbepalende factoren: sociale wenselijkheid, doorvraagmogelijkheden en interviewereffecten. Als er in een concrete situatie redenen zijn om aan te nemen dat een van deze factoren veel gewicht in de schaal legt, dan is er misschien reden om de ene variant boven de andere te verkiezen.

Een andere kwestie die van belang is voor de keuze voor het telefonische interview of het oog-in-oog interview, wordt gevormd door de mogelijkheden en beperktheden die aan de beide varianten vastzitten. Daar gaan we nu naar kijken.

2.2 Mogelijkheden en beperkingen

Bij een telefonisch interview bevinden de interviewer en geïnterviewde zich op twee verschillende plaatsen. Dit brengt beperkingen met zich mee. De interviewer heeft geen zicht op de situatie waarin de geïnterviewde zich bevindt. Daardoor heeft hij minder mogelijkheden om een goede gespreksambiance te creëren. Anders gezegd: standaardisatie van de situatie is minder eenvoudig. De keerzijde van deze medaille is echter de directe ondersteuning, die de telefonische interviewer tijdens zijn werk kan ontvangen. Bij onvoorziene problemen kan hij terugvallen op anderen. Als hij fouten maakt, kan hij gecorrigeerd worden door ter plaatse aanwezige en meeluisterende supervisoren. Bij telefonische interviews heeft men dus minder greep op de situatie van de geïnterviewde maar meer greep op het gedrag van de interviewer. Bij sommige onderzoeksinstellingen is het niet ongebruikelijk dat een supervisor met behulp van meeluisterapparatuur de verrichtingen van de interviewer volgt, al of niet steekproefsgewijs.

Een grote handicap voor de telefonische interviewer is gelegen in wat eerder – paradoxaal genoeg – als een voordeel werd genoemd: de onzichtbaarheid van de gespreksdeelnemers voor elkaar. Op het eerder genoemde voordeel (minder interviewereffecten) valt niets af te dingen, maar tegelijkertijd moeten we constateren dat door dezelfde onzichtbaarheid een groot deel van de communicatie tussen de interviewer en geïnterviewde wegvalt. Het gaat om wat genoemd wordt de non-verbale communicatie, die besloten ligt in gebaren, houdingen, gelaatsuitdrukkingen en manier van kijken van de gespreksdeelnemers. Daarmee kunnen zij in oog-in-oog situaties van alles aan elkaar duidelijk maken. We kunnen daarbij denken aan uitingen van vermoeidheid, tekenen van onbegrip, irritaties en andere gevoelens, en ook aan gevoelsmatige nuances die de geïnterviewde in zijn antwoorden legt. Ook wensen en verwachtingen die gesprekspartners over en weer hebben worden in oog-in-oog situaties voor een groot deel nonverbaal meegedeeld: als men wil dat de ander even zijn mond houdt, of dat hij juist het woord neemt maakt men dat vaak met gebaren en blikken duidelijk. Bij telefonische gesprekken heeft men al deze mogelijkheden niet en is men aangewezen op extra verbale activiteiten.

Ook het gebruik van visuele hulpmiddelen bij de vragen is bij het gebruik van de telefoon onmogelijk.[7] Vooral bij gecompliceerde vragen kan dat een gemis zijn. Laten we als voorbeeld een gesloten vraag nemen met zeer veel – zeg dertig – antwoordmogelijkheden. In een oog-in-oog interview zou men die mogelijkheden op een groot blad papier kunnen zetten en zo aan de geïnterviewde presenteren. De telefonische interviewer zou in plaats daarvan gedwongen zijn een lange uiteenzetting te geven met herhalingen en samenvattingen,[8] of hij zou iets moeten bedenken om de vraag te versimpelen.[9] Onmogelijk is dit alles niet, maar wel lastig. Voor de geïnterviewde betekent het ontbreken van vraagvisualisaties een extra beroep op geheugenactiviteit, waardoor het telefonische interview iets vermoeiends kan krijgen.

In verband met bovenstaande handicaps heeft men lange tijd gedacht dat de telefoon zich slechts voor korte interviews leende.[10] Gaandeweg begint het echter duidelijk te worden dat dit nogal meevalt. De ervaring leert dat de lengte van een interview er niet zoveel meer toe doet, als men een geïnterviewde eenmaal aan de lijn heeft.[11]

Een heel ander type handicap heeft te maken met de bereikbaarheid van geïnterviewden: als zij niet over een telefoon beschikken, of als het nummer niet bekend is, gaat het hele interview niet door. In de Nederlandse situatie vormt dit echter zelden een probleem.[12]

2.3 Automatiseringsmogelijkheden

Wanneer er grote aantallen respondenten moeten worden geïnterviewd, is het zinnig gebruik te maken van automatiseringsmogelijkheden. In het marktonderzoek maar ook bij wetenschappelijk onderzoek gebeurt dat op grote schaal. Het vergt een grote investering, niet alleen van geld maar ook van leertijd. Heeft men echter eenmaal de routine in huis, dan is de winst groot: winst qua benodigde mankracht en qua snelheid en accuratesse van werken, winst ook op andere terreinen, zoals hieronder zal worden uiteengezet. De voornaamste toepassingsmogelijkheden van automatisering in de context van interviews zullen worden genoemd.[13] Daarna zal een vergelijking gemaakt worden tussen het telefonische en het oog-in-oog interview voor wat betreft die mogelijkheden.

2.3.1 Noteren met een toetsenbord

Een essentieel element van het werk van de interviewer is het vastleggen van de antwoorden van de geïnterviewde (zie ook 1.7). Dat kan bestaan uit het aankruisen van antwoord-alternatieven in een lijst die hij voor zich heeft (zie 1.3: gesloten vragen), of in het schriftelijk weergeven van complete antwoorden (1.3: open vragen). Vóór de intrede van de automatisering was het potlood met papier dan ook altijd een belangrijk attribuut van de interviewer.

Bij geautomatiseerd interviewen is dat voorbij. Het noteren van antwoorden gebeurt dan met behulp van een toetsenbord, van waaruit de informatie rechtsreeks naar een computergeheugen wordt gevoerd, terwijl de interviewer een beeldscherm voor zich heeft waarop hij kan zien wat hij ingetikt heeft. Wat zijn nu precies de voordelen hiervan?

Een voor de hand liggend voordeel is dat de informatie wordt opgeslagen op een manier die onmiddellijk geautomatiseerde verwerking mogelijk maakt. Daardoor kan men bijvoorbeeld na een middag interviewen in een handomdraai allerlei overzichten van onderzoeksresultaten uit de computer laten rollen. Schriftelijk genoteerde antwoorden moeten altijd eerst nog overgebracht worden op andere informatiedragers, en dat kost tijd, is vervelend werk, en er kunnen fouten bij gemaakt worden. Meer dan een praktisch voordeel kunnen we het echter niet noemen. Voor de interviewer zelf zijn er eigenlijk helemaal geen substantiële voordelen; de een typt liever, de ander schrijft liever. Het wezenlijke voordeel van het werken met een toetsenbord is dan ook gelegen in iets anders. Het beperkt zich tot het noteren van antwoorden op gesloten vragen.

Bij gesloten vragen heeft de interviewer een lijst voor zich waarin hij het gegeven antwoord moet aankruisen. Het unieke van een computer is nu dat deze een grote complexiteit van zulke lijsten mogelijk maakt. Een computer heeft met name onbeperkt de mogelijkheid de lijsten met antwoord-alternatieven aan te passen aan elke concrete respondent. Een voorbeeld biedt de vraag naar het type van de genoten opleiding en het jaar van afsluiting daarvan, gevolgd door de vraag uit welke vakken het eindexamenpakket destijds bestond. Bij respondent X, die op de eerste vraag geantwoord heeft 'MAVO in 1971', produceert de computer meteen de lijst van eindexamenvakken die er in dat jaar bij dat type onderwijs mogelijk waren. Dat haalt de computer ergens uit het geheugen, zodra het antwoord op de eerste vraag ingetypt is. Die lijst verschijnt dan stante pede op het scherm als aankruis-lijst voor de volgende vraag. Met een schriftelijk interviewschema zou dat nooit kunnen. Met een computer kan het nog veel complexer als het moet.

Een ander uniek voordeel van het werken met een toetsenbord is dat de computer zo geprogrammeerd kan zijn, dat hij 'verdachte' antwoorden meteen onder de aandacht van de interviewer brengt, zodra ze zijn ingetypt. Een verdacht antwoord is bijvoorbeeld het bovengenoemde 'MAVO in 1971', van een respondent die eerder op een vraag naar zijn geboortejaar '1959' heeft opgegeven. De computer kan zo geprogrammeerd zijn dat hij dit als een onwaarschijnlijke antwoordcombinatie aanmerkt. Op een of andere manier maakt hij daar melding van op het scherm. De interviewer leest dat en kan dan vervolgens kijken of er misschien een vergissing in het spel is.

2.3.2 Het interviewschema via een beeldscherm

Elders in het boek staan enkele interviewschema's afgebeeld (zie pagina 136-138, 177-189). Het zijn schriftelijke lijsten met vragen die een interviewer moet stellen, en met instructies voor wat hij nog meer moet doen (zie 1.3). In de praktijk kunnen interviewschema's heel wat meer bladzijden omvatten dan de in dit boek afgebeelde. De interviewer heeft dan een heel pak papier bij zich dat hij moet doorwerken.

Bij geautomatiseerd interviewen komt geen papier meer te pas. De interviewer heeft dan een beeldscherm voor zich waarop successievelijk de aanwijzingen verschijnen voor alles wat hij moet doen, met name voor de vragen die hij moet stellen. Hij hoeft niet zelf door zijn lijst te bladeren op zoek naar de volgende vraag die hij moet stellen. Per ongeluk een instructie over het hoofd zien, of een vraag vergeten, is er niet meer bij. De computer is zo geprogrammeerd dat automatisch steeds het juiste deel van het interviewschema vertoond wordt. Dit is allemaal al een groot pluspunt van geautomatiseerd interviewen, maar er is méér. Geautomatiseerde interviewschema's kunnen veel meer complexiteit omvatten dan de papieren schema's die een interviewer in handen gegeven worden:

- Het formuleren van de vragen kan aan de persoon van de geïnterviewde worden aangepast.

In de vorige paragraaf werd beschreven hoe men bij gesloten vragen de antwoordmogelijkheden flexibel kon aanpassen aan de respondent op grond van eerder door hem verschafte informatie. Een soortgelijke flexibiliteit is mogelijk bij het formuleren van de vragen. Een triviaal maar illustratief voorbeeld is dat volgens een bepaald interviewschema bij respondenten die bij een der eerste vragen hebben aangegeven dat ze pakweg jonger dan 20 zijn, automatisch alle volgende vragen in de je- en jij-vorm gesteld worden in plaats van in de u-vorm. Een ander voorbeeld: namen van personen die in eerdere vragen naar voren gekomen zijn, kunnen in de formulering van vragen worden opgenomen ('Kunt u goed opschieten met de heer Peters?', als bij een eerdere vraag geantwoord was dat de heer Peters de baas van de geïnterviewde is). Die respondent-specifieke informatie hoeft trouwens niet altijd uit antwoorden op eerdere vragen te komen. Het kan ook zijn dat de computer de informatie elders vandaan haalt, bijvoorbeeld uit een interview dat een jaar eerder met dezelfde persoon gehouden is ('Vorig jaar vertelde u dat u op een drie-kamerflat woonde, is dat nog steeds zo?').

- De selectie van de te stellen vragen kan aan de persoon van de geïnterviewde worden aangepast.

  Niet altijd zijn alle vragen uit een interviewschema voor alle respondenten bestemd. De meeste interviewschema's hebben dan ook zogenaamde filtervragen. Dat zijn vragen waarvan het antwoord verwijzend is voor de volgende te stellen vraag. ('Bent u gehuwd?'; 'Zo nee, ga door naar vraag 35'). Een gecomputeriseerd interviewschema kan ook zulke filtervragen bevatten (na het antwoord 'nee' op bovengenoemde vraag verschijnt dan automatisch nummer 35 als de volgende vraag op het scherm). Het voordeel van de computer is daarbij dat de filterconstructies onbeperkt complex mogen zijn. Vervolgroutes kunnen bijvoorbeeld afhankelijk gemaakt worden van het patroon van antwoorden op meer vragen, in plaats van het ene antwoord op slechts één vraag zoals in het voorbeeld.

- De volgorde van de te stellen vragen kan systematisch gevarieerd worden.

  Omdat het uit het oogpunt van reproduktie ondoenlijk is voor elke respondent een apart interviewschema te drukken (en nog afgezien van de administratieve rompslomp), krijgen hele groepen respondenten altijd een uniform schema. Vaak is daar ook vanwege het onderzoek veel voor te zeggen (zie 1.2: situatiestandaardisatie). Soms is het echter wenselijk wanneer er gevarieerd wordt, bijvoorbeeld wanneer men wil checken of de volgorde van de vragen invloed heeft op de antwoorden die erop gegeven worden. Dan kan men die volgorde door de computer laten variëren. Alles is mogelijk.

De drie bovenstaande punten behelzen de voornaamste mogelijkheden van het gecomputeriseerde interviewschema. Samen met de mogelijkheden van het gecomputeriseerde noteren verschaffen ze aan onderzoekers, kort gezegd, flexibiliteit. Dat is de meest wezenlijke verandering die automatisering in deze sector teweegbrengt. De sprongen voorwaarts op het gebied van snelheid, nauwkeurigheid en efficiëntie zijn evenmin te veronachtzamen, maar zijn toch van een andere, meer praktische orde.

2.3.3 Automatisering van het telefonische interview en het oog-in-oog interview

Geautomatiseerd interviewen wordt weleens geassocieerd met het gebruik van de telefoon. Dat heeft een historische verklaring. Historisch gezien is automatisering typisch iets wat bij het telefonische interview hoort. De software-paketten voor de bovengenoemde toepassingen zijn in eerste instantie ook voor telefonisch gebruik ontwikkeld. Er bestaat ook een ingeburgerde soortnaam voor deze software: CATI, dat staat voor *Computer Assisted Telephone Interviewing*. Behalve de in 2.3.1 en 2.3.2 genoemde faciliteiten bevatten CATI-systemen ook voorzieningen voor de aanleg en het beheer van een steekproef van telefoonnummers, met bijbehorende namen, die gebeld moeten worden. Er moet dan een pool van telefoonnummers en namen in de computer worden ingevoerd, waarna deze zorgt voor een opbel-rooster. Met eenvoudige extra apparatuur kan ook het opbellen zelf automatisch geschieden. De interviewer, met een koptelefoon en microfoontje op zijn hoofd, wacht dan rustig af, en krijgt op een beeldscherm voor zich te zien wie de volgende respondent is die hij aan de lijn krijgt. Reacties van het type 'belt u morgen maar terug', worden ook ingevoerd in de computer, die dit feilloos onthoudt. Er is dus een geheel van hard- en software ontstaan dat geheel toegesneden is op het telefonische interview.

Voor de eerste CATI-systemen (eind jaren '70 in Amerika, begin jaren '80 in Nederland) waren nog relatief grote mini-computers nodig. De interviewers waren met een terminal daarop aangesloten. Door dit technische gegeven viel er in de begintijd praktisch niet te denken aan geautomatiseerd oog-in-oog interviewen. Men kon immers niet met het hele systeem op stap gaan, en respondenten naar de computer laten komen is meestal ondoenlijk. Met de komst van de draagbare micro-computers, met een capaciteit als die van de vroegere grote computers, kon op een gegeven moment echter de CATI-ontwikkeling getransplanteerd worden naar het oog-in-oog interview. De daartoe ontwikkelde software ('CAPI', ofwel *Computer Assisted Personal Interviewing*) mist uiteraard de hele opbel-module, maar voor het overige verschilt hij niet wezenlijk van de CATI-software. Met zijn draagbare micro-computer gaat de interviewer als vanouds de respondenten langs, en neemt dan met computer-ondersteuning zijn interviews af, niet anders dan zijn collega's aan de telefoon.

Voor zowel het telefonische interview als het oog-in-oog interview zijn er aldus redelijk volwassen automatiseringspakketten beschikbaar. Aangenomen dat men voor beide over de vereiste hard- en software beschikt, zijn er uit automatiserings-oogpunt dus geen redenen (meer) om voor de ene of de andere variant te kiezen. Er zijn natuurlijk wel redenen waarom het geautomatiseerde telefonische interview verkieslijker is dan het oog-in-oog interview, of andersom, maar daarvoor kunnen we naar de voorgaande paragrafen verwijzen: die redenen verschillen namelijk niet van de redenen die meespelen bij de keuze voor de ene of de andere variant zonder computer.

2.4 Discussiestof

1 Waarom zou men niet gauw naar de telefonische variant grijpen voor een
- sollicitatiegesprek;
- politieverhoor?

2 Wat zijn de 'begrijpelijke redenen' waarom het telefonische interview goedkoper is dan het oog-in-oog interview? In wat voor situaties is het oog-in-oog interview om begrijpelijke redenen het goedkoopst?

3 Hoe zit het met de invloed van ongenode aanwezige derden (zie 1.5) bij telefonische interviews, vergeleken met oog-in-oog interviews?

4 Wat lijkt je leuker werk: het afnemen van een telefonisch interview of het afnemen van een oog-in-oog interview?

5 Tot hoe laat vind je dat je mensen thuis nog kunt opbellen voor een telefonisch interview? Zie je nog andere beperkingen voor tijdstippen waarop je kunt bellen?

6 Kun je een diepte-interview (zie 1.10) telefonisch afnemen?

2.4 Discussiestof

1 Waarom zou men niet gauw naar de telefonische variant grijpen voor een
– sollicitatiegesprek;
– politieverhoor?

2 Wat zijn de 'begrijpelijke redenen' waarom het telefonische interview goedkoper is dan het oog-in-oog interview? In wat voor situaties is het oog-in-oog interview om begrijpelijke redenen het goedkoopst?

3 Hoe zit het met de invloed van ongenode aanwezige derden (zie 1.5) bij telefonische interviews, vergeleken met oog-in-oog interviews?

4 Wat lijkt je leuker werk: het afnemen van een telefonisch interview of het afnemen van een oog-in-oog interview?

5 Tot hoe laat vind je dat je mensen thuis nog kunt opbellen voor een telefonisch interview? Zie je nog andere beperkingen voor tijdstippen waarop je kunt bellen?

6 Kun je een diepte-interview (zie 1.10) telefonisch afnemen?

Deel 2

De afname van het interview

3 Taken van de interviewer

De kern van dit hoofdstuk ligt besloten in het eerste woord van de titel: taken. Niet taak, maar het meervoud, *taken*. Een van de lastige kanten van het interviewvak is dat het zoveel uiteenlopende taken omvat. We onderscheiden de volgende: de introductie van het gesprek, het stellen van de vragen, het evalueren van de gegeven antwoorden op hun bruikbaarheid, het dóórvragen om de geïnterviewde te stimuleren tot het geven van meer en betere antwoorden, het noteren van alle antwoorden, en – van een heel andere orde dan de voorgaande – het leiding geven aan het gesprek. Op de een of andere manier moet de interviewer al deze taken in goede onderlinge harmonie tot hun recht laten komen. Daarover gaat dit hoofdstuk. In de volgende hoofdstukken worden de afzonderlijke taken onder de loep genomen.

3.1 Het combineren en coördineren van interviewertaken

Al de bovengenoemde taken moeten tijdens een interview de volle aandacht krijgen. Eigenlijk zou het daarom aanbevelenswaardig zijn de afzonderlijke taken te verdelen over meerdere personen. Dan zouden ze gegarandeerd allemaal aan bod komen. Er zou dan een interviewteam ontstaan met een inleider, een gespreksleider, een vragensteller, een notulist etcetera. Dergelijke taakverdelingen komen in de praktijk ook wel voor. Zo ziet men bij sollicitatiegesprekken wel eens een personeelsfunctionaris in de rol van gespreksleider en procedurebewaker, terwijl de vragen voornamelijk gesteld worden door personen, die het meest te maken zullen krijgen met de aan te stellen man of vrouw.[1] De meest gangbare praktijk is echter dat er één interviewer optreedt, die alle genoemde taken in zich verenigt.

De veelheid en ongelijksoortigheid van deze taken maken coördinatie noodzakelijk. Als er door een team wordt geïnterviewd is die noodzaak zonneklaar. Maar als er slechts één interviewer in het spel is, valt er eveneens veel af te stemmen. Afstemming moet er zijn tussen alle taken van de interviewer en bovendien dienen ook de bijdragen van de geïnterviewde erbij betrokken te worden. De taak van de geïnterviewde is overigens, vergeleken met die van de interviewer, niet zo gecompliceerd. Hij hoeft slechts antwoorden aan te dragen.

Afstemming tussen verschillende taken vereist in het algemeen een of andere vorm van leiding. Hieraan worden twee componenten onderscheiden: taakgerichte leiding en sociaal-emotionele leiding.[2] Voor interviews impliceert dit een tweetal vormen van gespreksleiding.

Taakgerichte gespreksleiding houdt in:
- Zorgen voor de materiële condities (tijd, middelen, omgeving), die nodig zijn voor de uitvoering van de taken door de beide gespreksdeelnemers.
- Zorgen voor duidelijkheid, zodat beide gespreksdeelnemers voortdurend voor ogen hebben wat er van henzelf en hun gespreksgenoot wordt verwacht. Taken toewijzen en uitleggen wat de bedoeling is.
- Corrigerend optreden, als een der gespreksdeelnemers dysfunctioneel bezig is.

Sociaal-emotionele gespreksleiding houdt in:
- Maatregelen treffen, opdat beide deelnemers gemotiveerd en ontspannen aan het interview meewerken.
- Ervoor zorgen dat geen van beide deelnemers met onvervulde wensen en behoeften blijft zitten, waardoor hun gerichtheid op het interview wordt geblokkeerd.

Deze leidinggevende activiteiten reguleren de andere activiteiten, die tijdens het gesprek ontplooid worden. Ze staan als het ware op een hoger niveau dan die andere activiteiten. In schema 3.1 is dit tot uitdruk-

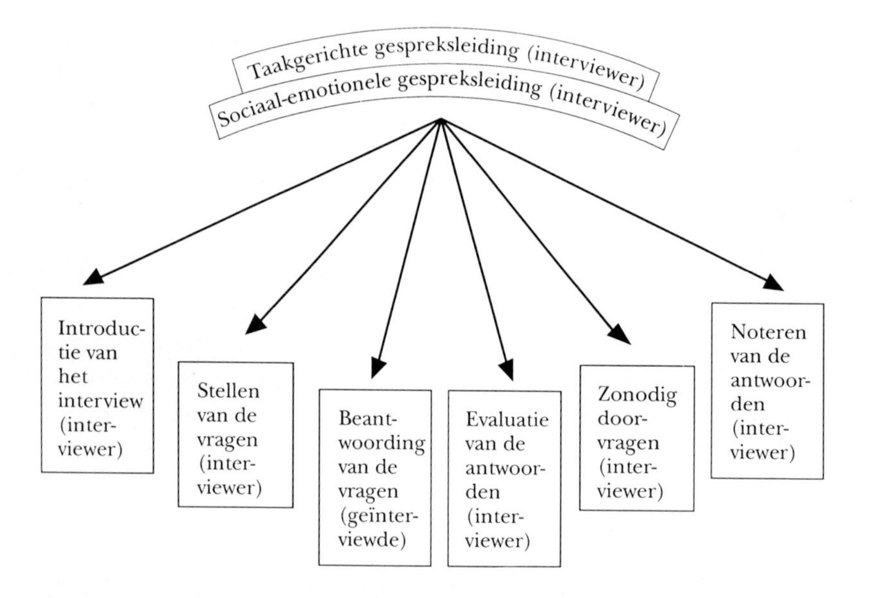

Schema 3.1 Taken en taakverdeling bij interviews.

king gebracht. In totaal staan daar zeven taken voor de interviewer afgebeeld in gezelschap van één taak voor de geïnterviewde. Te zamen vullen deze taken het gehele interview. Er zij op gewezen dat de leidinggevende activiteiten bovenin het schema een regulerende functie hebben voor álle uitvoerende activiteiten onderin, dus inclusief het hele pakket van de interviewer. Deze geeft dus ook leiding aan zichzelf.

De kunst van het interviewen komt kort gezegd neer op de combinatie van alle zeven taken die voor de interviewer zijn weggelegd. Alle zeven stellen deze hun eigen eisen. Soms botsen die eisen, waardoor de interviewer de neiging krijgt zichzelf voor de voeten te gaan lopen: dan loopt hij vast. De oorzaak daarvan is dat hij zijn diverse taken onvoldoende uit elkaar hield. Moeilijkheden ontstaan, doordat de interviewer – zonder het zelf in de gaten te hebben misschien – in één gesprekshandeling verschillende taken tegelijk tracht uit te voeren. Door daarentegen voor elke taak die aan de orde komt rustig afzonderlijk de tijd te nemen, kan hij deze moeilijkheden altijd voorkomen.

Om de essentie van het bovenstaande goed te zien zou men zich een voorstelling van het interview voor de geest kunnen halen, waarin de acht taken uit schema 3.1 aan acht verschillende personen worden toebedeeld, en niet aan twee, zoals gebruikelijk is. Er ontstaat dan een soort allegorische uitbeelding van het interview, waarin de acht taken in pure vorm verbeeld worden door acht personages. Een fragment uit het script van zo'n allegorie zou er als volgt uit kunnen zien:

Taakgericht leider:	(tot inleider) *'Wilt u het interview inleiden?'*
Inleider:	*'Dat zal ik doen...'* (houdt inleiding).
Taakgericht leider:	*'Dank u wel.'* (tot vragensteller) *'Stelt u maar de eerste vraag.'*
Vragensteller:	(tot antwoordgever) *'Hebt u ook hobby's?'*
Antwoordgever:	*'Eh..., van de week heb ik nog foto's gemaakt, maar dat rolletje zat er al een half jaar in, dus eh...'*
Taakgericht leider:	(tot evaluator) *'Acht u dit antwoord voldoende bruikbaar?'*
Evaluator:	*'Ik twijfel of het wel volledig is.'*
Taakgericht leider:	(tot doorvrager) *'Probeert u eens de antwoordgever tot een vollediger antwoord te bewegen.'*
Doorvrager:	(tot antwoordgever) *'Hebt u behalve de fotografie nog meer hobby's of liefhebberijen? Waar vult u uw vrije tijd bijvoorbeeld zoal mee?'*
Antwoordgever:	*'Tja, eh ..., ik kom graag in het café, maar verder ..., ik kan u verder niets melden, ... u zult wel denken.'*
Sociaal-emotioneel leider:	*'Maakt u zich daar maar geen zorgen over.'*
Taakgericht leider:	(tot evaluator) *'Voldoet het nieuwe antwoord?'*
Evaluator:	*'Ja.'*
Taakgericht leider:	(tot noteerder) *'Hebt u het antwoord?'*
Etcetera	

Het merendeel van de tekst uit dit script wordt in een normaal interview natuurlijk niet hardop gezegd. Het meeste zegt de interviewer tegen zichzelf. Aan die inwendige acties dient hij echter net zo goed aandacht te besteden als aan de zichtbare kanten van zijn werk. Voor zichzelf dient hij de verschillende aspecten van zijn optreden net zo uiteen te rafelen als in de hiervoor gegeven weergave. Aldus houdt hij zicht op zijn afzonderlijke taken, en komt hij er eerder toe voor elk daarvan de nodige tijd uit te trekken.

In de volgende hoofdstukken worden de verschillende taken van de interviewer gedetailleerder beschreven.[3] Hieronder gaan we nog eenmaal op de totaliteit van het interviewen in en wel in de vorm van een illustratie.

3.2 Een illustratie

Een onderwijzer wordt geïnterviewd over het functioneren van het team waarvan hij deel uitmaakt. De interviewer is toegekomen aan de volgende vraag: *'Wat voor machtsmiddelen hebt u om iets van het schoolhoofd gedaan te krijgen'?* De formulering staat in het interviewschema precies zo voorgeschreven. Het is een open vraag. De interviewer heeft goede redenen om te vermoeden dat de geïnterviewde deze vraag ridicuul of zelfs schandelijk zal vinden. De goede gespreksssfeer zou dus wel eens een deuk kunnen krijgen. Hoe redt hij zich hieruit?

Fout:	Interviewer:	*'U hebt vast wel eens dat er iets is, dat u van het schoolhoofd gedaan wilt krijgen. Kunt u ook zeggen, wat u dan zoal pleegt te doen?'*
Goed:	Interviewer:	*'De volgende vraag luidt: 'Wat voor machtsmiddelen hebt u om iets van het schoolhoofd gedaan te krijgen?'*

De eerste reactie van de interviewer, een wat afgezwakte formulering, is misschien begrijpelijk en voor een deel ook terecht, in zoverre hij rekening houdt met potentiële gevoelens van de geïnterviewde. Dit is een element van sociaal-emotioneel leiding geven. Toch is zijn reactie inadequaat. Als vragensteller schiet hij te kort, omdat hij nogal drastisch van het interviewschema afwijkt. Daar komt bij dat hij zich op verboden terrein begeeft, door inhoudelijke suggesties te geven *('U hebt vast wel...')*. Dat is het terrein van de geïnterviewde. De manier, waarop hij maatregelen treft in de sociaal-emotionele sfeer, ten slotte, is erg impliciet en weinig doortastend.

De interviewer trachtte met deze reactie twee vliegen in één klap te slaan: de vraag stellen en de sfeer redden. Hij had deze zaken echter beter gescheiden kunnen houden, bijvoorbeeld door eerst maar eens gewoon de vraag te stellen (zie de tweede, goede reactie). Als de geïnterviewde daarop geshockeerd reageert, kan hij altijd nog sociaal-emotioneel tussenbeiden komen, zoals het onderstaande vervolg van het gesprek illustreert. De geïnterviewde steekt inderdaad zijn verbazing niet onder stoelen of banken.

	Geïnterviewde:	*'Wat krijgen we nou?'*
Fout:	Interviewer:	*'Wat voor machtsmiddelen u hebt om iets gedaan te krijgen van het schoolhoofd.'*
Goed:	Interviewer:	*'Die vraag overvalt u?'*

In de eerste reactie, een letterlijke en vermoedelijk overbodige herhaling van wat hij al gezegd had, gaat de interviewer voorbij aan de emotionele ondertoon van de woorden van de geïnterviewde. Hij verzuimt zodoende als sociaal-emotioneel leider in te grijpen op een moment dat daar alle aanleiding toe bestaat. Hij doet alleen zijn werk als vragensteller dunnetjes over. In de tweede reactie hanteert de interviewer de uitroep van de geïnterviewde als een signaal en een aanknopingspunt om sociaal-emotioneel leiding te geven. Hij geeft de geïnterviewde gelegenheid zijn gevoelens te uiten. Dat is meestal genoeg. De gesprekspartners kunnen elkaar weer recht in de ogen zien, en als taakgericht leider kan de interviewer vervolgens de lijn van het gesprek weer opnemen, door de ander op zijn beantwoordingstaak te wijzen. Hij zegt dan zoiets als: *'Zoudt u nu toch eens willen proberen tot een antwoord op deze vraag te komen?'*, waarna het gesprek zijn gewone gang herneemt.

3.3 Discussiestof

Situatie: interview met een bejaarde over bejaardenvoorzieningen. De interviewer heeft zojuist de vraag gesteld: *'Vindt u dat de gemeente voldoende doet voor de bejaarden?'* De geïnterviewde bejaarde antwoordde hierop met: *'Dat zal wel.'*

Hieronder staat een aantal mogelijke reacties van de interviewer, op de woorden *'Dat zal wel'* van de geïnterviewde. Bespreek elke reactie:

- Geef daarbij aan welke taak of taken de interviewer ermee vervulde, bedoeld of niet. Gebruik daarbij schema 3.1.
- Bespreek ook steeds of er van een adequate reactie sprake is.
- Welke reactie is de beste?
- Zijn er nog betere reacties te bedenken?

a *'Nu gaat u alweer niet in op de eigenlijke vraag.'*
b *'Wilt u tussen haakjes nog een kopje koffie?'*
c *'Toch hoor ik ook wel eens andere geluiden.'*
d *'Kunt u misschien uitgebreider antwoorden?'*
e *'Ik geloof dat u mijn vraag niet helemaal goed begrepen hebt.'*
f Interviewer noteert *'geen mening'*.
g *'Ik geloof dat ik de vraag niet duidelijk genoeg gesteld heb.'*
h *'U bent dus wel positief gestemd?'*
i *'Het is misschien een lastige vraag?'*
j Interviewer knikt goedkeurend.

k *'De vraag was: "Vindt* (nadruk) *u* (nadruk) *dat de gemeente voldoende doet voor de bejaarden?"'*

l Interviewer noteert als antwoord: *'Ja'*.

m *'Zojuist uitte u toch enige kritiek?'*

n *'Hoe bedoelt u?'*

4 De introductie van het gesprek

Het Nederlands kent de beeldende uitdrukking 'met de deur in huis vallen'. Aan het gedrag, dat daarmee aangeduid wordt, plegen onervaren interviewers zich nog wel eens schuldig te maken. Ze overvallen de geïnterviewde dan met hun vragenbatterij, zonder hem eerst de gelegenheid te geven zich op het komende gesprek in te stellen. Nog minder dan bij andere gesprekken kan men zich zoiets bij interviews permitteren. In dit hoofdstuk wordt uitgelegd waarom dat zo is. Voor de interviewer betekent dat dat hij serieus werk moet maken van een goede introductie van het gesprek. Wat men zich daarbij moet voorstellen wordt eveneens in dit hoofdstuk uiteengezet.

4.1 De functie van de gespreksintroductie

Een interview is een kwestie van samenwerking tussen de gesprekspartners. Deze samenwerking heeft alleen kans van slagen, aldus een sociaal-psychologische wet van de eerste orde, als beiden precies weten waar ze aan toe zijn. Elk van beiden moet voor ogen hebben wat hij van de ander aan bijdragen aan de gemeenschappelijke taak mag verwachten, en wat er – omgekeerd – van hemzelf wordt verwacht. Daarover mag tijdens het gesprek geen misverstand meer bestaan. Het mag geen punt van onenigheid of onderhandeling meer vormen. Vandaar de noodzaak van een introductie op het gesprek waarin de verwachtingen expliciet uiteengezet worden, om te worden vastgelegd in een bindende afspraak tussen interviewer en geïnterviewde. De term 'afspraak' kan niet letterlijk genoeg worden opgevat. Men spreekt zelfs wel van een contract.[1] Beide partijen moeten tijdens het gesprek goed doordrongen zijn van de inhoud daarvan. Ze kunnen zich dan conform de gemaakte afspraken gedragen. Ze kunnen er zich, als ze willen, ook op beroepen en ze weten dat ze eraan herinnerd kunnen worden.

De introductie is er dus om deze duidelijkheid te verschaffen, en de interviewer is hiervoor verantwoordelijk. Meestal is er al vóór het eigenlijke interview contact met de te interviewen persoon geweest. Er kan een aankondigingsbrief gestuurd zijn. Er kan een telefonische afspraak zijn gemaakt. Bij dat contact is doorgaans al het nodige duidelijk gemaakt. Veiligheidshalve kan men er echter het beste van uitgaan dat een en ander al weer weggezakt is. In de introductie moet men daarom, hooguit onder verwijzing naar eerdere contacten, over de volle breedte een beeld van het af te nemen interview geven. Wat dat behelst vormt het onderwerp van de volgende paragraaf.

4.2 De inhoud van de gespreksintroductie

Het voornaamste is dat er een beeld gegeven wordt van het te verwachten gespreksverloop, met de bijdragen daarin van de interviewer en de geïnterviewde. Het gaat, kortom, om de te verrichten *taken.* Om te kunnen begrijpen waartoe de diverse bijdragen dienen krijgt de geïnterviewde bij de introductie ook nog *achtergrondinformatie* over het interview. Los van die achtergrond zit er nog meer vast aan de meeste interviews: *opbrengsten* voor de geïnterviewde en evenzo *kosten.* Dat zijn ook elementen uit het samenwerkingscontract, waarover geen foute voorstellingen mogen bestaan. Aldus zijn er vier rubrieken van introductieonderwerpen te onderscheiden. Een inhoudsoverzicht volgt hieronder.

1 Rubriek *achtergrondinformatie*
- Doel van het interview.
- De voor het interview verantwoordelijke instantie.
- De reden waarom *deze* geïnterviewde gevraagd wordt mee te doen.
- Hoe men aan de naam van de geïnterviewde is gekomen.
- De reden waarom er op *dit* tijdstip, of in *deze* periode afname plaatsvindt.
- (Eventueel) de reden van de bandopname.

2 Rubriek *opbrengsten*
- De vorm, waarin rapportage zal plaatsvinden over de interviewresultaten.
- Invloed van de interviewresultaten op besluitvorming.
- Ook opbrengsten die *niet* uit het interview zullen volgen, maar waarop de geïnterviewde misschien stilzwijgend toch rekent. Dat kan van alles zijn:
  - therapeutsiche effecten;
  - spoedige maatregelen naar aanleiding van naar voren gebrachte klachten en wensen;
  - informatie, te verstrekken door de interviewer.

3 Rubriek *kosten*
- De soort informatie die de geïnterviewde zal moeten prijsgeven.
- De tijd die met de afname gemoeid is.

- Wat er allemaal gaat gebeuren met de mededelingen die de geïnterviewde gaat verstrekken. Op dit punt komt de anonimiteit (zie 1.6) aan de orde.
- (Eventueel) iets over de geluidsbanden: wie hebben er toegang toe, hoe worden ze bewaard?

4 Rubriek *taken*
- Structuur van het interviewschema, globale inhoudsopgave.
- Rolinstructie:[2] de geïnterviewde moet alleen maar antwoorden op gestelde vragen.
- Rolinstructie: de interviewer is er voor verantwoordelijk dat het interviewschema wordt afgewerkt.

De inhoud van deze rubrieken te zamen vormt een heel verhaal, zodat interviewers soms de neiging hebben nogal haastig, met het inslikken van een of meer onderdelen, de introductie te presenteren. Door oefening moet men een vorm vinden, waardoor tóch, in alle rust, alle onderdelen aan de orde komen, zonder dat er echter een ingewikkelde voordracht uitrolt. Een voorbeeld, gekoppeld aan een interviewschema elders in dit boek (zie pagina 178), volgt hieronder.

4.3 Een illustratie

Situatie: interviewer en geïnterviewde zitten klaar voor de start voor interview over jeugdsituatie (zie schema pagina 178). Oog-in-oog interview.

Interviewer: *'Ik wilde beginnen met nog even de hele bedoeling van dit interview uiteen te zetten. Het is dus voor een onderzoek dat door de universiteit in X uitgevoerd wordt, en dat gegevens moet opleveren over de achtergrond van de huidige studenten, vergeleken met die van andere jongeren. Ik ga u straks dus allerlei vragen stellen over uw jeugd, over de situatie thuis, over de manier waarop u uw vrije tijd doorbracht, om de voornaamste onderwerpen te noemen. Voorlopig gaat het nog om een zuiver wetenschappelijke opzet, de gegevens zijn dus niet bedoeld voor instanties buiten de universitaire wereld. Dan een ander punt: we hebben in totaal 150 ingeschreven studenten verzocht om mee te doen aan deze interviews. Die groep van 150 is zo samengesteld dat we mogen aannemen dat ze een goede afspiegeling biedt van alle studenten. Door toeval bent u in die groep beland. Het is de bedoeling al die 150 interviews nog deze maand af te ronden, zodat we op tijd aan het verwerken van alle gegevens kunnen beginnen. Het idee was daarmee over een jaar klaar te zijn, waarna we van plan zijn een onderzoeksverslag te publiceren. Dus daar kan ik u naar verwijzen als u nog meer van het onderzoek wilt vernemen. Dan nog iets heel anders. Voor alle duidelijkheid: ik ga straks allerlei antwoorden van u opschrijven. Die worden later op zo'n manier verwerkt dat niemand ooit nog zal kunnen achterhalen dat ze van u afkomstig zijn. Het is dus allemaal volstrekt vertrouwelijk. Dat geldt ook voor deze band-*

	recorder (haalt apparaat uit tas) *die ik zou willen gebruiken om na afloop van dit gesprek nog even na te lopen of ik wel alles goed opgeschreven heb wat u gezegd hebt. Maar daarna wis ik het bandje uit, niemand behalve ik zal het dus ooit beluisteren. Nou, tot slot nog dit: ik heb hier de vragenlijst* (haalt interviewschema uit tas), *waarop alle vragen staan die ik u moet gaan stellen. U hoeft dus niets anders te doen dan daarop zo goed, accuraat en volledig mogelijk te antwoorden. Alles bij elkaar zullen we zo'n anderhalf uur nodig hebben. Dat was, wat ik u wilde zeggen, was ik duidelijk?'*
Geïnterviewde:	*'Ik zou eigenlijk wel eens wat meer van dat hele onderzoek willen horen, hoe komen jullie erbij om zoiets op te zetten, en wie betaalt het?'*
Interviewer:	*Het gebeurt allemaal op kosten van de universiteit, en wat uw eerste vraag betreft, ja, ik zou daar heel lang op in kunnen gaan, maar dat zou de hele interviewlijn doorkruisen. Dus misschien na afloop, ja? Zit u verder nog met onduidelijkheden over wat ik zojuist gezegd heb?'*
Geïnterviewde:	*'Nee, het was me wel duidelijk.'*
Interviewer:	*'Dus nog even de kern, waar het nu om gaat: ik leg u de vragen uit deze lijst stuk voor stuk voor, u geeft uw antwoorden, ik noteer deze, en ze komen ook op de band. Dat is allemaal akkoord, wat u betreft?'*
Geïnterviewde:	*'Ik hoop alleen dat er geen al te diepe vragen komen.'*
Interviewer:	*'Daar hoeft u dacht ik niet bang voor te zijn. Voor de rest is het zo: áls er, wat ik niet vermoed, áls er vragen komen, die u te diep gaan of zo, dan kunt u dat natuurlijk altijd zeggen, en daar houd ik dan rekening mee ... Is het zo akkoord wat u betreft?'*
Geïnterviewde:	*'O.k.'*
Interviewer:	*'Dan ga ik nu beginnen met de eerste vraag'* (pakt pen en schema, zet bandrecorder aan, stelt eerste vraag).

In alle rust uitgesproken kost bovenstaande gespreksintroductie zo'n vijf minuten. Alle punten uit de eerder genoemde rubrieken zijn naar voren gekomen, en in normale spreektaal verpakt. De interviewer heeft het voorts niet gelaten bij een eenzijdige uiteenzetting. Hij heeft ook nog gelegenheid geboden om te reageren. Dat is zeer belangrijk. Dat is de enige manier om eventuele onduidelijkheden of misvattingen op het spoor te komen. Deze kunnen dan tijdig rechtgezet worden.

Een reactie van de geïnterviewde is bovendien nodig om de afspraak met de interviewer te bekrachtigen. De geïnterviewde legt zich zo bij de aanvang van het gesprek vast. Heel vaak zit de geïnterviewde al tijdens het verhaal van de interviewer instemmend en ja-knikkend te reageren, zodat er alle reden is om te veronderstellen dat hij akkoord gaat. Toch kan het geen kwaad dit nog expliciet na te vragen. Het vormt meteen een natuurlijk opstapje naar de eerste vraag.

'Was het allemaal duidelijk?' en 'Gaat u akkoord?' zijn dus vragen, te stellen na de eerste inleidende uiteenzetting. De interviewer moet uitkijken dat hij zich daarna niet tot allerlei discussies laat verleiden, ook al stuurt de geïnterviewde misschien in die richting (zie illustratie). Zulke discussies kunnen ontwrichtend werken op het verloop van het interview dat nog op gang moet komen. Bovendien is zo'n discussie niet te rijmen met de afspraken die op het punt staan gemaakt te worden. Nét heeft de interviewer gezegd dat zijn gesprekspartner alleen maar *antwoorden* moet geven, en meteen zou hij al ingaan op *vragen* die deze stelt. Slechts voor zover die vragen nodig zijn om duidelijkheid te verkrijgen en om tot overeenstemming te komen, passen ze in de rol van de geïnterviewde. Voor zover ze dat niet doen, is het een terechte vorm van (herhaalde) rolinstructie, als de interviewer de vraag terzijde schuift, zoals in het bovenstaande voorbeeld beleefd doch duidelijk gebeurde.

4.4 Toestemming krijgen voor een interview

Het bovenstaande sloeg op een situatie waarin beide gespreksdeelnemers al klaar voor de start waren. Vaak moet de interviewer echter eerst nog toestemming voor een interview zien te verkrijgen. Op een of andere wijze, per telefoon, aan de deur, of door middel van een tussenpersoon, dient hij die ingang te bemachtigen. Dit vereist een soort voorintroductie.[3]

In theorie verschilt de inhoud van zo'n voorintroductie nauwelijks van die van de bovenbeschreven gespreksintroductie. Dezelfde rubrieken passeren weer de revue. Het enige wezenlijke verschil is nu dat er afgesloten wordt met een afspraak voor een afname op een bepaald tijdstip.

Ondanks de principiële overeenkomsten verloopt de voorintroductie in de praktijk toch geheel anders dan de introductie, die direct aan het gesprek voorafgaat. Dat komt doordat zij ook een ander doel heeft. De voorintroductie behoeft alleen maar de te interviewen persoon in staat te stellen ja of nee te zeggen op het tot hem gerichte verzoek. Meestal is daartoe niet zoveel informatie nodig. Minder in elk geval dan er aan het begin van het interview verstrekt moet worden. Meestal kan men volstaan met een globale aanduiding van de aard van het interview, van de instantie, waar het interview van uitgaat, en van de verwachte afnameduur. Meer informatie ineens kan zelfs overdonderend werken, met afweerreacties als gevolg.[4] Hecht men toch aan gedetailleerde informatie dan is een vooraf gestuurde brief een goed middel[5] (overigens hoeft men zich geen illusies te maken over de nauwkeurigheid waarmee zulke brieven bestudeerd worden).

Na enkele globale informerende zinnen komt de interviewer dus al met zijn verzoek. Wat te doen als de aangesproken persoon niet onmiddellijk instemmend reageert? Vaak stelt deze eerst nog allerlei voor de hand liggende vragen, zoals naar het doel van het interview, naar de soort vragen die hij mag verwachten, naar zaken kortom, waarvoor in de eigenlijke gespreksintroductie ruimte gereserveerd was. De interviewer kan op dit soort vragen het best reageren met summiere antwoorden, gecombineerd met de mededeling dat er op het moment van het interview zelf nog alle gelegenheid bestaat om er dieper op in te gaan. Enig heen en weer gepraat hoort er altijd bij, maar voor een complete uiteenzetting van alles wat met het interview samenhangt is zo'n eerste contact toch niet de aangewezen gelegenheid.

Behalve met concrete vragen wordt er soms ook met bedenkingen en weerstanden gereageerd: 'Eigenlijk geen tijd', 'Liever niet', 'Geen verstand van', 'Wat heb ik eraan' en – zeer veel voorkomend – 'Geen interesse'. Dit leidt tot moeilijke situaties. Door rechtstreeks op dit soort bezwaren in te gaan loopt men het gevaar in schijndiscussies te belanden. Een discussie over – bijvoorbeeld – de vraag of de persoon in kwestie echt geen interesse zou hebben is weinig vruchtbaar. Dat gespreksonderwerp is daartoe te vaag omlijnd, voor zover het al echt aan de orde is. De boodschap 'Ik heb geen interesse' heeft primair de pragmatische betekenis van 'Ik houd nog even de boot af'. Een gesprek over geïnteresseerdheid hangt daarom grotendeels in de lucht. Alleen zeer concrete bezwaren, die makkelijk te verifiëren dan wel recht te zetten zijn, lenen zich voor zinnige gedachtenwisselingen.

Wanneer men met vage bezwaren wordt geconfronteerd, is dus een andere reactie nodig. Het meest eenvoudig is het zo'n bezwaar voor kennisgeving aan te nemen, om vervolgens ten tweede male te vragen of de ander toch niet zou willen meedoen. In tweede instantie weigeren is niet makkelijk. Dit kan men zonodig een aantal malen herhalen. Successievelijk kunnen daarbij argumenten vóór deelname naar voren geschoven worden. Er kan op het maatschappelijk nut worden gewezen. Het specifieke belang van de medewerking van de aangesproken persoon kan uiteengezet worden. Men kan vormen van terugrapportage beloven. Een mogelijkheid is ook te onderstrepen dat er echt niet méér tijd mee gemoeid zal zijn dan al eerder gezegd was, dat het tijdstip van afname geheel ter keuze is, dat er geen moeilijke vragen zullen komen, die speciale deskundigheid vergen etcetera. De interviewer kan voorafgaand aan het contact alvast een arsenaal van dit soort argumenten klaarleggen. Aangrijpingspunten daarbij zijn: algemeen *belang* van de interviewafname, hoge *opbrengsten* en lage *kosten* voor de te interviewen persoon, en *personalisatie*.[6]

Personalisatie is een verzamelnaam voor methoden om de aangesproken persoon te doordringen van het belang dat er aan zijn persoonlijke bijdragen gehecht wordt. Personalisatie bevordert zijn bereidwilligheid om mee te doen, doordat hij merkt dat hij niet zo maar door een willekeurig andere respondent vervangen kan worden. Er zit echter ook een gevaar aan vast. Een personaliserende benadering kan sociaal-wenselijk antwoordgedrag bevorderen.[7] Dat is een reden om nooit al te uitbundig persoonlijk te worden.

Blijven er ondanks het herhaalde aandringen toch problemen hangen, dan kan de interviewer nog terugschakelen naar een minder verplichtende benadering. Hij stelt dan voor: 'Laten we gewoon eens beginnen met het interview. Als het niet bevalt kunnen we het altijd nog afbreken.' Als deze 'voet tussen de deur' aanpak[8] tot succes leidt, dient men er zich eerlijkheidshalve natuurlijk ook naar te gedragen. Bij de latere gespreksintroductie zal er dan ook iets afgesproken moeten worden over afbreekcondities en -procedures.

Het bovenstaande komt er in het kort op neer dat de interviewer niet te snel moet opgeven. De aanhouder wint. Hij moet zich in onbewaakte momenten natuurlijk geen dingen laten ontvallen die zijn eigen positie verzwakken. Dat doet hij met begripvolle uitingen als 'Ik hoop dat u het niet te druk hebt', 'Ik overval u zeker?', 'Ik kan eventueel een andere keer nog wel eens terugbellen', 'Ik kan u uiteraard niet dwingen', en 'U zult wel denken, weer zo'n interviewer'. Met dit soort uitingen reikt men argumenten aan om niet aan het interview mee te doen. Men legt iemand weigeringen in de mond.

4.5 Andere introducerende activiteiten

Alle bovengenoemde activiteiten waren er kort gezegd op gericht het met de geïnterviewde eens te worden. Geheel los daarvan staan nog introducerende activiteiten, gericht op de vormgeving van een goede gesprekssituatie. Vooral bij oog-in-oog interviews valt er het nodige te regelen. De *materiële* omgeving voor het gesprek vormt daarbij één punt van aandacht.

Een aspect van die materiële omgeving is de opstelling waarin men gaat zitten. Men kan interviewen aan een tafel, of zonder een tafel in makkelijke stoelen. In het laatste geval is een hoek van 90° of iets minder tussen de stoelleuningen van beide gesprekspartners een prettige opstelling. Frontaal tegenover elkaar zitten is minder prettig, vooral omdat het daardoor lastig wordt elkaar afwisselend wel en niet aan te kijken. Als men recht tegenover elkaar zit en men kijkt de ander niet aan, lijkt het al gauw of men de blik van de ander wil ontwijken. Zit men aan tafel dan is de 90°-opstelling, dus aan weerszijden van een hoek van de tafel, ook zeer werkbaar. De frontale opstelling is nu echter minder storend, omdat men zittend aan een tafel beweeglijker is, en minder aan één zitrichting vastzit dan in een gemakkelijke stoel. Bovendien biedt de tafel allerlei alibi's om naar te kijken, als men de gesprekspartner niet aankijkt.

Andere aspecten van de materiële omgeving die de aandacht verdienen zijn de eventuele gespreksstorende elementen van *herrie* en *rommel*. Het praat niet makkelijk en ongedwongen naast een lokaal, waar muziekles wordt gegeven, noch komt men makkelijk tot een goed gesprek in een huiskamer waar vloer en meubels vol kranten en kinderspeelgoed liggen. Voor zover het binnen zijn vermogen ligt moet de interviewer zorgen voor een omgeving zonder dit soort visuele en auditieve afleidingen.

De interviewer dient ook te werken aan een gunstige *sociale situatie* voor het gesprek. Dat houdt in dat hij niet met de deur in huis valt en meteen met de gespreksintroductie begint, maar dat hij de geïnterviewde even de tijd geeft om aan zijn aanwezigheid te wennen, en om eventuele zenuwachtigheid te overwinnen. Door heel rustig binnen te komen, spullen uit te pakken en daarbij niet al te zwijgzaam te zijn, kan de interviewer aangeven dat hij zelf ook vol vertrouwen het gesprek tegemoetziet en er zin in heeft. De geïnterviewde krijgt daardoor de gelegenheid zich goed in te stellen op het gesprek met de binnengekomen vreemdeling. Op soortgelijke wijze kan men een telefonisch interview door een soort opstartfase vooraf laten gaan. Dit alles neemt overigens niet weg dat men eventuele gevoelens van onzekerheid bij de geïnterviewde (en evenzogoed bij de interviewer zelf), alleen met wortel en tak kan wegnemen door vooraf goed duidelijk te maken wat er allemaal wordt verwacht.

Bij oog-in-oog interviews heeft men nog te maken met een ander aspect van de sociale situatie: de aanwezigheid van ongenode derden (zie 1.5) zoals huisgenoten of gasten van de geïnterviewde. De standaardisatie van de situatie kan vereisen dat er geen derden bij zijn. Dat zal de interviewer dus moeten uitleggen, in de hoop dat de betrokkenen vervolgens uit eigen beweging het veld ruimen. Vaak genoeg echter dient daartoe nog de nodige aandrang te worden uitgeoefend. Zo in het prille begin van de interviewsessie kan dit op een uiterst ongemakkelijke en vervelende operatie uitlopen. Om er zich goed doorheen te slaan kan de interviewer zijn voordeel doen met de volgende aanwijzingen:

- De te verwijderen partij voelt zich vaak persoonlijk aangesproken. Hij dient er echter van doordrongen te worden dat zijn aanwezigheid ongewenst is om *puur technische redenen*, die niets met zijn persoon van doen hebben. Bij de voorbereiding is immers tot deze opstelling besloten. Dáár dient de interviewer zich aan te houden. Andere overwegingen spelen niet mee. Er is dus geen sprake van dat de geïnterviewde straks geheimen moet gaan prijsgeven, die niet bestemd zouden zijn voor de oren van de betrokkene. Evenmin wordt deze ervan verdacht de geïnterviewde te gaan zitten controleren en antwoorden te gaan influisteren. Vooraf is nu eenmaal vastgesteld dat het gesprek het beste zou verlopen als er geen derden bij zijn. Men kan zich natuurlijk afvragen of dat ook op het concrete geval van toepassing is. Deze vraag is evenwel niet ter plaatse te bespreken en te beantwoorden.
- De interviewer kan steun zoeken bij de te interviewen persoon. Hij stelt dan dat hij – vervelend genoeg – niet met het interview kan beginnen, zolang de derde partij er nog bij zit. Zonde van de tijd dus, ook voor de geïnterviewde, die om die reden er misschien toe te brengen is de pogingen van de interviewer te ondersteunen.
- Een heel andere strategie is manipulatie van de situatie. Men kan soms alle problemen voorkomen door het voor een derde partij fysiek moeilijk te maken aanwezig te zijn en te blijven. Bij een gesprek aan

tafel kan men het zo arrangeren dat het hele tafelbladoppervlak in beslag genomen wordt door papieren, recorder, microfoon, computersnoeren en andere interviewattributen, zodat er geen ruimte meer overblijft voor de lijfelijke aanwezigheid van de derde partij. Ook kan men voorstellen het gesprek in een ander vertrek te laten plaatsvinden. Voor de derde partij is het dan lastig om aan te schuiven, zonder opdringerig te lijken.

- Ondanks de genoemde tactieken lukt het niet altijd de verwijderingsoperatie tot een goed einde te brengen. De keus is dan het interview af te gelasten, of het toch doorgang te laten vinden, maar dan onder het ongewenste wakende oog van de ongenode gast. Kiest men voor het laatste dan kan de strijd nog worden voortgezet tijdens het gesprek. De interviewer neemt dan als gedragslijn: systematisch doen alsof de derde partij er niet is. *Negeren* heet dat. Als de geïnterviewde zich richt tot de andere persoon, wordt hij ogenblikkelijk onderbroken. Als die andere persoon iets in het midden brengt of anderszins van zijn aanwezigheid blijkt geeft, laat de interviewer het gesprek tussen hemzelf en de geïnterviewde doorgaan, alsof er niets bijzonders gebeurde. De interviewer richt zichzelf voorts voor honderd procent op de geïnterviewde. Met de andere persoon vermijdt hij elk contact. Hij zorgt ervoor zoveel mogelijk met de rug naar hem toegekeerd te zitten. De kans is groot dat de andere persoon, aldus genegeerd, zich al gauw te veel gaat voelen, en zich vervolgens terugtrekt.

De bovenstaande tactieken vertonen hier en daar wat grimmige trekjes. Ze vormen echter de logische consequentie van de eis dat er geen derden bij het interview mogen zijn. Eventuele bezwaren tegen de tactieken zijn dus terug te voeren op bezwaren tegen die eis (zie 1.5).

4.6 Discussiestof

1 Neem een van de interviewschema's elders in dit boek (pagina 177 e.v.). Stel dat je voorafgaand aan een interview, volgens dat schema, een samenwerkingscontract aan de geïnterviewde ter ondertekening zou voorleggen. Wat zou er allemaal in dat contract komen te staan?
2 Voor de wekelijkse wetenschappelijke bijlage van dagblad X wordt een biochemicus geïnterviewd over zijn meest recente ontdekkingen. Bedenk zoveel mogelijk kosten en opbrengsten voor deze geïnterviewde, die tijdens de gespreksintroductie aan de orde zouden moeten komen.
3 Zie 4.3. De interviewer in het voorbeeld aldaar kapte een discussie over de achtergrond van het betreffende onderzoek af. Wat voor cognitiebepalende gevolgen zouden er aan zo'n (niet afgekapte) discussie verbonden kunnen zijn?
4 Bedenk zoveel mogelijk methoden voor personalisatie. Om de fanta-

sie op gang te brengen kun je je concrete situaties voor de geest halen. Voorbeelden zijn: interviews over ervaringen van consumenten met een nieuwe lijmsoort, een interview met een directielid van een chemische fabriek over vervuiling van het milieu, een interview met een moeder in het kader van een onderzoek over opvoeding van meisjes op het platteland.

5 Wat lijkt je prettiger interviewen (oog-in-oog): aan een tafel of in gemakkelijke stoelen?

6a Wat voor koetjes en kalfjes lenen zich als gespreksonderwerp in de startfase van een telefonisch interview? Bekijk dit voor de interviews, genoemd onder discussiepunt 4 hierboven.

6b Hoe lang lijkt je dat deze opstartfases zouden moeten duren?

6c Hoe lang zouden ze duren in oog-in-oog situaties?

7 In de tekst komen trucs voor om personen zover te krijgen dat ze meedoen aan een interview. Vind je deze trucs allemaal ethisch toelaatbaar?

8 Dezelfde vraag over de truc om ongewenste derden de kamer uit te krijgen.

9 In het hoofdstuk wordt openhartigheid bepleit van de kant van de interviewer over de bedoeling van het interview. De geïnterviewde weet daardoor waaraan hij zijn medewerking gaat verlenen. Hij is ingelicht, als hij zijn toestemming voor het interview verleent. In het Engels spreekt men van 'informed consent',[9] dat is toestemming op basis van geïnformeerdheid.

- Wat voor ethische en andere argumenten pleiten hiervoor?
- Zijn er ook nadelen aan verbonden?
- Zijn er situaties denkbaar waarin toestemming op basis van geïnformeerdheid niet goed mogelijk is?

Licht een en ander toe aan de hand van de punten die volgens 4.2 allemaal voor uiteenzetting in aanmerking komen.

10 Waarom kunnen discussies naar aanleiding van de introductie ontwrichtend werken op het verloop van het interview (4.3)?

11 Hoe verklaar je dat personalisatie sociaal-wenselijk antwoordgedrag ontlokt?

5 Vragen stellen

In dit hoofdstuk komt aan de orde wat men misschien geneigd is te zien als het eigenlijke werk van een interviewer, namelijk het voorleggen van de vragen aan de geïnterviewde. Nu is in hoofdstuk 3 duidelijk gemaakt dat dit slechts een deel van het eigenlijke werk uitmaakt, en dat het hooguit beschouwd kan worden als één taak van de interviewer, die pas goed verzorgd kan worden als deze als gespreksleider en gespreksinleider een goed kader geschapen heeft. In dit hoofdstuk gaan we ervan uit dat dit laatste het geval is, en dat de interviewer dus alle ruimte heeft om als vragensteller zijn werk te doen. Er komen verschillende thema's aan de orde die allemaal te maken hebben met de vraag wat een interviewer moet doen om zijn vragen zo goed mogelijk over het voetlicht te krijgen.

5.1 Beginvraag, evaluatie, doorvragen

In hoofdstuk 3 is onderscheid gemaakt tussen het stellen van vragen en het dóórvragen. Het eerste werd omschreven als het formuleren van elke vraag, zoals die in het interviewschema staat voorgeschreven. Die vraag noemt men de beginvraag die bij elk onderwerp hoort. Het tweede omvatte alle activiteiten die de interviewer onderneemt, nadat hij de beginvraag heeft gesteld, zolang er op die vraag nog geen bevredigend antwoord gekomen is. Over de wijze van doorvragen kan het interviewschema veel minder expliciet zijn. Het doorvragen moet men immers volledig afstemmen op de concrete situatie en de concrete reacties van de geïnterviewde. Als het goed is geeft het interviewschema wel aan in welke richting men moet en mag doorvragen.

Het stellen van een vraag en het doorvragen daarna vormen steeds te zamen één samenhangende gespreksepisode (zie schema 5.1). Van zo'n gespreksepisode maakt nog een activiteit van de interviewer deel uit, namelijk de evaluatie van de gegeven antwoorden op hun bruikbaarheid. Deze activiteit vormt voor de interviewer de steeds terugkerende mentale schakel tussen de beginvraag en de eerste keer doorvragen, tussen de eerste keer doorvragen en de tweede keer etcetera. In dit hoofdstuk gaat het alleen nog over de eerste van deze drie samenhangende taken van de interviewer.

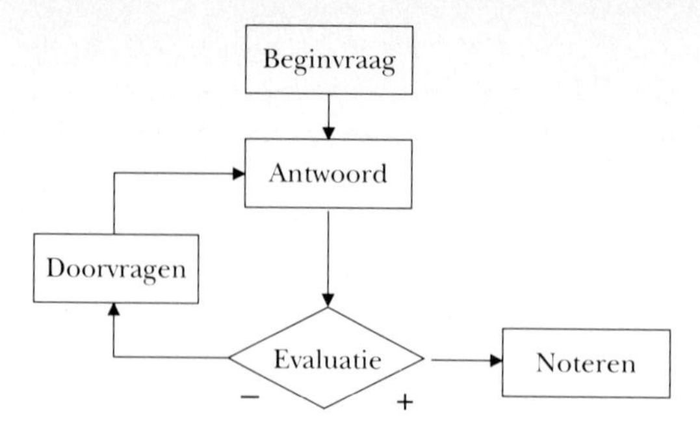

Schema 5.1 Een samenhangende gespreksperiode.

5.2 De grondregel voor het stellen van vragen

De grondregel bij het vragen stellen luidt dat men op geen enkele wijze mag afwijken van de voorschriften in het interviewschema, dus:

- geen vragen overslaan;
- de voorgeschreven volgorde aanhouden (als het schema hierover voorschriften bevat);
- de voorgeschreven woordkeus en formuleringen letterlijk aanhouden (idem).

Ogenschijnlijk maakt dit het stellen van vragen tot een simpele taak die nauwelijks een beroep doet op de eigen inzichten van de interviewer. Het tegendeel is echter het geval. Zelfs bij volledig gestructureerde interviews blijft er nog veel over waaraan de interviewer zelf vorm moet geven. Daarover gaan de volgende paragrafen.

5.3 Letterlijk maar niet té letterlijk

De grondregel moet men niet tot in het absurde doorvoeren, omdat het interview dan een al te formeel of onnatuurlijk karakter kan krijgen. Soms zijn kleine toevoegingen, toelichtingen of aanpassingen van de formuleringen meteen bij de beginvraag al nodig. De grens tussen wat in dit verband verboden dan wel geboden is, is alleen door de interviewer tijdens het gesprek te bepalen. Het enige criterium is de bedoeling van de vraag: als die door een licht afwijkende formulering beter over het voetlicht zou komen, moet de interviewer daar niet voor terugschrikken.

De praktijk laat overigens zien dat interviewers zichzelf wat dit betreft vaker te veel dan te weinig vrijheid geven, en dat ze mede op grond van zeer oneigenlijke motieven tot afwijkende formuleringen komen. Afgezien van pure slordigheid hebben die motieven meestal te maken met de uiterst voor de hand liggende behoefte om respectabel te blijven in de ogen van de geïnterviewde. De volgende karakteristieke interviewsituaties zijn illustratief:[1]

- De geïnterviewde geeft er blijk van al precies te begrijpen wat de inhoud van de volgende vraag is. Het kan gênant zijn die vraag dan toch in de volle omvang te presenteren. De verleiding is dan groot om de voorgeschreven tekst maar wat in te korten of af te kappen.
- De geïnterviewde is iemand van enig intellectueel niveau. De interviewer kan daardoor de neiging krijgen om extra dure woorden te gebruiken. Hij wil niet te dom of te eenvoudig lijken in de ogen van de hoog aangeslagen geïnterviewde.
- De geïnterviewde is iemand die een soort minachting voor wetenschappelijke dikdoenderij uitstraalt. In zo'n geval kan de verleiding groot zijn om populaire formuleringen te bedenken ter vervanging van wat plechtstatig dreigt te klinken.
- Het interview is al enige tijd aan de gang. Op een gegeven moment moet er een vraag gesteld worden, waarop de geïnterviewde al min of meer een antwoord gegeven heeft naar aanleiding van eerdere vragen. Door de betreffende vraag gewoon te stellen zou de interviewer naar zijn gevoel de indruk kunnen wekken dat hij toen heeft zitten slapen. Die indruk wil hij vermijden, en daarom laat hij die vraag maar zitten.

In al deze voorbeelden valt het de interviewer moeilijk gehoorzaam te blijven aan het interviewschema. Toch moet hij dat proberen. Desnoods kleedt hij de problematische vragen zo in dat hij duidelijk laat merken dat hij zijn formuleringen aan het interviewschema ontleent. Hij verschuilt zich dan als het ware achter het interviewschema. Ter illustratie volgen hieronder enkele van zulke vraaginkledingen:

'Ik kom nu tot de volgende vraag. Voor alle duidelijkheid lees ik hem maar even voluit voor ...'

'De volgende vraag uit mijn lijst luidt als volgt ...'

'Het volgende onderwerp is al een beetje aan de orde geweest. Toch lees ik u nog een keer de hele vraag voor, die erbij hoort ...'

5.4 Paralinguïstische aspecten

Teksten, die voorgeschreven staan in het interviewschema, zijn nog op oneindig veel manieren uit te spreken. Dat zit hem in de manier waarop de interviewer zijn stem gebruikt. Men noemt dit de non-verbale aspecten van spreekgedrag, ofwel de paralinguïstische aspecten van communicatie.[2]

Een goed gestelde vraag bewerkstelligt dat de inhoud ervan goed overkomt. Maar dat is niet het enige. Los van die inhoud worden er nog meer berichten overgebracht, namelijk allerlei onuitgesproken berichten, die aangeven wat voor gedrag de interviewer van de geïnterviewde verwacht. Bijvoorbeeld het bericht dat de geïnterviewde maar eens zijn mond moet houden (aangenomen, dat hij aan het woord was). Of het bericht dat hij nu eventjes oplettend moet luisteren. Of het bericht dat hij kan beginnen met zijn antwoord. Men spreekt in dit verband van de regulatiefunctie van de vragen.[3] Voor die regulatiefunctie, maar ook voor het overbrengen van de inhoud van de vraag, zijn de paralinguïstische en andere non-verbale aspecten van het vragen stellen van groot belang. In deze en de volgende paragraaf komen die aspecten successievelijk aan de orde:

Spreektempo en spreekritme. Het tempo dient gemiddeld eerder langzaam dan snel te zijn, omdat het van groot belang is dat de geïnterviewde tijd heeft om de vraag te verwerken. Bovendien werkt dit rustgevend. Het ritme heeft een soortgelijke werking. Zinnen kunnen worden opgeknipt in onderdelen, elk met een eigen begin en eind, afgescheiden door korte rustpunten. Dit doet de boodschap beter overkomen dan het in één adem uitspreken van een vraag.

Het tempo heeft nog met iets anders te maken. Wie snel praat geeft er blijk van niet onderbroken te willen worden. Traag spreken heeft de omgekeerde signaalwerking. De interviewer kan hiervan gebruik maken door aan het einde van zijn vraag te gaan vertragen. Hij geeft daarmee aan uitgepraat te zijn. De geïnterviewde voelt dan aan dat hij mag gaan antwoorden.[4]

Accentueringen. Of men wil of niet, als spreker legt men per zin op één of twee woorden de nadruk. Daardoor stuurt men de aandacht van de toehoorder in een bepaalde richting. Hiervan kan de interviewer gebruik maken om de essentie van een vraag goed te laten uitkomen.

Volume en articulatie. Deze aspecten hebben vooral met verstaanbaarheid te maken. Sommige interviewers hebben van huis uit de neiging té zacht te spreken, of van het gesprokene té veel in te slikken, om nog verstaan te kunnen worden. Stemvolume heeft daarenboven nog een eigen communicatieve functie. Een relatief hard stemgeluid hanteert men bij conversatie middenin een betoog. De afronding gaat meestal samen met een stemverzwakking.[5] Voor gesprekspartners is dat een signaal om zo zoetjes aan de beurt over te nemen. Vertaald naar de interviewsituatie betekent dit voor de interviewer weer een mogelijkheid om te laten merken dat hij klaar is met de uiteenzetting van een vraag, en dat hij gaarne het antwoord van de geïnterviewde verneemt.

Melodie. Door de laatste woorden van een zin duidelijk qua toonhoogte te laten stijgen, maakt men er een vraagzin van. Dit wordt de *evocatieve* (letterlijk: 'oproepende') stemmelodie genoemd, die de aangesproken persoon dus duidelijk maakt dat er een antwoord van hem wordt verwacht. Het is overigens gebleken dat deze melodie, met enige overdrijving gehanteerd, nog meer vermag. Zij heeft een animerende werking, die er in interviews toe kan leiden dat mensen minder gauw 'nee'-antwoorden gaan geven op gesloten 'ja-nee' vragen.[6] Dit

is een bedenkelijk gegeven. Wanneer interviewers echter niet de uitdrukkelijke instructie krijgen om overdreven evocatief te doen, doet dit animeringseffect zich niet meer voor.[7] Voor de techniek van het interviewen impliceert dit dus de waarschuwing dat men zich niet, overijverig, extra aangezette vraagmelodieën moet gaan aanwennen. Gewoon vragen stellen, zoals men dat van kindsbeen af pleegt te doen, is wat dit paralinguïstische aspect betreft de beste gedragsregel.
Stopwoordjes. Iedereen heeft zo zijn eigen favoriete stopwoordjes: uhh, mmmm, nou ja, dus eh, maar eh en dergelijke. Communicatieve waarde hebben ze in interviews nauwelijks. Storende werking des te meer. Het beste is het gebruik hiervan grotendeels achterwege te laten. De gaten die daardoor vallen zijn te hanteren als rustgevende spreekpauzes.

5.5 Andere non-verbale aspecten

Paralinguïstische aspecten van communicatie hebben betrekking op het gebruik van de stem. Er bestaan nog andere non-verbale aspecten die niets met de stem te maken hebben. Voor wat betreft het gedrag van de interviewer onderscheiden we: kijkrichting, bewegingen en pantomime. In telefonische interviews heeft men hier weliswaar niets aan, maar in oog-in-oog interviews zijn ze veel waard:
Kijkrichting. Door het gelaat heel duidelijk af te wenden als de geïnterviewde nog aan het woord is, maakt de interviewer duidelijk dat hij op dat moment op een nieuwe vraag zit te broeden, en dat hij zijn gedachten dus niet meer bij de woorden van zijn gesprekspartner heeft. Aldus bevordert hij, dat hij ruimte krijgt om een vraag te stellen. Het is een nogal demonstratieve methode om de wens hiertoe kenbaar te maken. Het is geen methode om te gebruiken als de geïnterviewde al spontaan de gewenste ruimte geeft.

Tijdens het feitelijke stellen van de vraag houdt de interviewer hoe dan ook geregeld oogcontact met zijn gesprekspartner. Om te beginnen al meteen bij de start, om de zekerheid te hebben dat de geïnterviewde echt luistert. Vervolgens kijkt hij ook tijdens het formuleren van zijn vraag de geïnterviewde regelmatig aan om de centrale gedeelten van zijn formuleringen met zijn blik kracht bij te zetten, en om eventuele tekenen van onbegrip te kunnen signaleren. Als hij klaar is met zijn uiteenzetting, gebruikt hij ten slotte nog oogcontact, om het woord weer terug te geven.

Dit kijkpatroon is karakteristiek voor conversaties tussen twee mensen.[8] De interviewer die zich dit patroon aanwent doet dus niets onnatuurlijks. Eerder is het omgekeerde het geval: wie uit verlegenheid of andere drijfveren minder actief met zijn kijkrichting manipuleert, laat mogelijkheden tot communicatie liggen, waar de meeste mensen dagelijks gebruik van maken.

Bewegingen.[9] Iedereen beschikt over een heel arsenaal van bewegingen en gebaren, die als een soort vooraankondiging voorafgaan aan het eigenlijke spreken, en die voor de gesprekspartner de boodschap inhouden: wees jij maar even stil. Met de handen kan men aangeven dat men ertussen wil komen. Door diep adem te halen kan men suggereren op het punt te staan los te barsten. Door te gaan verzitten kan men een 'klaar voor de start' houding aannemen. Een interviewer die dit soort middelen bewust hanteert, zal de vragen makkelijker over het voetlicht krijgen.

Tijdens het stellen van een vraag zit men ook niet stil. Door armen en benen mee te laten praten, geeft men aan nog niet uitgepraat te zijn. Het houdt een dringend beroep op de toehoorder in om te blijven luisteren. De gebarentaal tijdens het spreken heeft bovendien als functie de belangrijkste gedeeltes van het gesprokene te onderstrepen, soms welhaast letterlijk.

De cyclus wordt voltooid wanneer men, na uitgepraat te zijn, een ontspannen houding aanneemt om aldus aan te geven dat de gesprekspartner weer aan de beurt is om wat te zeggen. Men schakelt dan over op het zogenaamde luistergedrag, van waaruit men na verloop van tijd weer, na de nodige vooraankondigingen, kan overstappen op de volgende vraag.

Pantomime. Ook pantomime kan een bruikbaar medium zijn om achtereenvolgens duidelijk te maken dat men een vraag gaat stellen, daarmee doorgaat, en er tot slot mee klaar is. Hier ligt dus weer een extra middel om de aandacht van de geïnterviewde te vangen. Het interviewschema leent zich daarbij als een handig requisiet. Door het op te pakken of door er een bladzijde van om te slaan maakt men duidelijk dat de volgende vraag eraankomt. Door erin te turen of erin te bladeren laat men zien op zoek te zijn naar een te stellen vraag. Men kan tijdens het uitspreken van de vraag de vinger demonstratief bij de tekst houden. En als de vraag klaar is kan men het schema achteloos op tafel leggen.

5.6 De introductie van vragen

Vragen kunnen geïnterviewden overvallen. Dat moet op de een of andere manier voorkomen worden. De vergelijking met een stuk marsmuziek dringt zich op. Niet voor niets beginnen zulke muziekstukken vaak met een aantal maten van het slagwerk, voordat het koper invalt met het eigenlijke thema. Die eerste maten moeten de luisteraar voorbereiden en in de stemming brengen. Met hetzelfde doel kan men in interviews de eigenlijke vragen vooraf laten gaan door enkele inleidende, aankondigende woorden. In het interviewschema staat dat zelden voorgeschreven. Het hoe en wanneer van deze introducties of overgangen is ook niet vooraf te bepalen. Soms verschaft de geïnterviewde zelf al een opstapje, of is een inleidend woord om andere redenen overbodig.

Illustraties van formuleringen die men kan gebruiken zijn:

Interviewer: *'Er volgt nu een aantal vragen over ... De eerste vraag daarvan luidt:...'*
Interviewer: *'Ik kom nu nog even terug op ...'*
Interviewer: *'Dat waren de vragen over ..., nu nog enkele over ...'*
Interviewer: *'Er komen nu vragen, waar u alleen maar ja of nee op hoeft te antwoorden, de eerste luidt ...'*
Interviewer: *'Zoals ik al zei, zou een deel van het interview gaan over ..., daar gaan we nu mee beginnen.'*

Soms kan de introductie van een nieuw onderwerp ook de vorm hebben van een inleidend gesprekje waarin de interviewer wat algemene vragen stelt, louter om het gesprek over het nieuwe onderwerp op gang te brengen.

De manier waarop de interviewer zijn vragen formuleert, dat wil zeggen: de woorden die hij kiest, is tot nu toe nog nauwelijks aan de orde geweest. We hebben daarover alleen nog maar opgemerkt dat hij zoveel mogelijk de formuleringen van het interviewschema moet aanhouden. Deze aanwijzing heeft echter alleen betekenis voor gestructureerde interviews. In ongestructureerde interviews moet de interviewer zelf zijn woordkeus bepalen. De volgende paragrafen bevatten hiertoe aanwijzingen.

5.7 Niet-sturend vragen

Sturende vragen[10] zijn vragen die zodanig geformuleerd worden dat één bepaald antwoord er makkelijker op volgt dan een ander. Door sturend te vragen gaat de interviewer zijn boekje te buiten. Hij beïnvloedt de inhoud van de antwoorden, terwijl hij het antwoorden geheel aan de geïnterviewde moet overlaten. Hij schendt er de eis van neutrale opstelling mee (1.4).

Sturend vragen doet men vaak zonder het zelf te beogen of het zelfs maar in de gaten te hebben. Het beïnvloeden van antwoorden zit dan heel impliciet verpakt in vraagformuleringen. De veelal subtiele manieren waarop dat kan gebeuren zullen hieronder beschreven en geïllustreerd worden.

Fout Interviewer: *'Hoe staat u tegenover ongebreidelde vrijheden ten aanzien van shirtreclame?'*
Goed Interviewer: *'Hoe staat u tegenover shirtreclame, zonder beperkende voorwaarden?'*

De fout die hier gemaakt werd zit in de term 'ongebreideld'. Dit is een *evaluatief geladen* woord. Het heeft de bijbetekenis van 'teugelloos', van 'alle perken te buiten gaand'. Voor veel mensen is dat al genoeg om zich tegen te verklaren, ongeacht de verdere inhoud van de vraag. Op dezelfde wijze kan men respondenten instemmende reacties laten geven door positief gekleurde termen. Zakelijk woordgebruik is dus geboden.

Fout	Interviewer:	*'Hoe staat u tegenover het plan van de staatssecretaris om belasting te heffen op de winst van sportkantines?'*
Goed	Interviewer:	*'Hoe staat u tegenover belastingheffing op de winst van sportkantines?'*

De eerste interviewer hierboven verduidelijkt zijn vraag door te verwijzen naar regeringsplannen. Daarmee koppelt hij het onderwerp aan een bepaalde bron. Voor de ene respondent is dat een reden om er meteen vóór te zijn, en voor de andere om zich ongeacht de kwestie waar het om gaat een fel tegenstander te betonen. Dergelijke *broneffecten* moeten we daarom vermijden. Zonodig zullen we het in andere vormen van verduidelijking moeten zoeken.

Fout	Interviewer:	*'Wat vindt u zoal leuk in uw werk ..., bijvoorbeeld de omgang met klanten, uw zelfstandigheid als verkoper enzovoorts?'*
Goed	Interviewer:	a *'Zitten er kanten aan uw werk die u leuk vindt?'*
		b *(Indien a met ja beantwoord is): 'Wat vindt u zoal leuk in uw werk?'*

Weer probeerde de interviewer de vraag te verduidelijken, nu met behulp van *voorbeeldantwoorden*. Vooral bij abstracte vragen doet men dit al gauw. De gevolgen zijn echter desastreus. De respondent vat de voorbeelden mogelijk op als waarheden. Hij zal dan niet meer durven te ontkennen dat de omgang met klanten leuk is, of dat hij zelfstandig is. De gegeven antwoorden creëren bovendien een referentiekader, waarbinnen de respondent verder naar nog meer antwoorden gaat zoeken. Daardoor dreigen hem geen antwoorden meer te binnen te schieten die op een geheel ander gebied betrekking hebben: zijn salariëring, zijn werktijden, of wat dan ook. Voorbeelden werken dus blikvernauwend, en kunnen dan ook niet ter verduidelijking gebruikt worden.

Er zat in het gegeven foute voorbeeld nóg een blikvernauwend element. Er was sprake van *logische uitsluiting van antwoordmogelijkheden.* De vraagsteller ging ervan uit dat er iets leuks te melden zou zijn. Hij was als de ober die komt vragen wat de binnengekomen gast wil drinken. Voor het antwoord 'niets' laat zijn vraag geen ruimte. Commercieel gezien is dat misschien een goede techniek. Maar wie echt informatie wil verzamelen heeft er niets aan.

Deze laatste fout komt uitermate veel voor. De achtergrond daarvan is dat de interviewer zich niet realiseert wat er allemaal aan antwoordalternatieven kan voorkomen. Het ontgaat hem dan dat hij bepaalde alternatieven uitsluit. Illustratief is de volgende vraag uit een interview in het kader van een organisatieonderzoek. Pas na enkele proefafnames bemerkten de interviewers hun blinde vlekken.

Fout Interviewer: *'Welke criteria hanteert u bij de beoordeling van uw ondergeschikten?'*
Goed Interviewer:
a *'Hebt u ook ondergeschikten?'*
b *(Zo ja) 'Beoordeelt u die wel eens?'*
c *(Zo ja) 'Hanteert u daarbij ook bepaalde criteria?'*
d *(Zo ja) 'Welke criteria hanteert u daarbij dan?'*

Een op het oog doodnormale vraag blijkt zo drie alternatieven voor beantwoording uit te sluiten.

Nog een voorbeeld om het gevaar van het uitsluitingsmechanisme duidelijk te maken.

Fout Interviewer: *'Houdt u van actieve vakanties, of van luie vakanties?'*
Goed Interviewer:
a *'Houdt u van actieve vakanties?'*
b *'Houdt u van luie vakanties?'*

De of-of formule van de eerste interviewer sloot allerlei alternatieven uit. De respondent mocht niet van beide vormen van vakantie houden, of aan beide een hekel hebben, of alleen van een tussenvorm houden. Respondenten laten zich dit soort beperkingen vaak rustig aanleunen. Heel volgzaam kiezen ze dan uit de niet-uitgesloten antwoordalternatieven. Het resultaat is dan vertekening van de realiteit. In het voorbeeld zou dat neerkomen op een gesimplificeerde weergave van de realiteit.

Tot slot nog één illustratie van dit veel voorkomende verschijnsel. Er is ook iets bijzonders mee aan de hand.

Goed (!) Interviewer: *'Op welke leeftijd hebt u voor het eerst belasting ontdoken?'*
Ook goed Interviewer:
a *'Hebt u wel eens belasting ontdoken?'*
b *(Zo ja) 'Op welke leeftijd deed u dat voor het eerst?'*

De lezer herkent weer het uitsluitingsmechanisme: de eerste interviewer ging er voetstoots vanuit dat de ondervraagde wel eens frauduleuze handelingen verricht had op fiscaal terrein. Nu deed hij dit echter bewust.[11] Hij hoopte ermee te bereiken dat er eerlijker antwoorden kwamen. Misschien ging het hem zelfs helemaal niet om de gevraagde leeftijd, en wilde hij alleen maar weten óf er een antwoord gegeven zou worden, zulks ten bewijze van gepleegde belastingontduiking. Hij ging ervan uit dat respondenten, die echt brandschoon waren, dit wel zouden laten merken, door de vraag niet van toepassing te verklaren. Hij ging er met andere woorden vanuit dat deze respondenten zich niets van het uitsluitingsmechanisme zouden aantrekken. In dit geval is zo'n aanname gewettigd. Er was namelijk al een ander antwoordsturend mechanisme in het spel. Dat is het sociale-wenselijkheidsmechanisme, waardoor de respondent ervan weerhouden wordt frauduleuze praktijken op te biechten. Het uitsluitingsmechanisme kan in dit geval gezien worden als een tegengif tegen het sociale wenselijkheidsmechanisme. Respondenten die echt niets op hun kerfstok hebben zullen zich door het uitsluitingsmechanisme niet van de wijs laten brengen. Daarvoor is het sociale-wenselijkheidsmechanisme te sterk. Maar respondenten die wel iets op te biechten hebben zullen door het uitsluitingsmechanisme, in weerwil van de sociale wenselijkheid, eerder tot waarheidsgetrouwe antwoorden komen. De tactiek van uitsluiting van antwoordalternatieven is hier dus wel sturend, maar dan in de zin van bijsturend.

Fout Interviewer: *'Voor wintersportvakanties hebt u dan zeker helemáál geen geld?'*
Goed Interviewer: *'Kunt u een wintersportvakantie bekostigen?'*
of als alternatief:
Goed Interviewer: *'Ik heb hier nog een stel andere onderwerpen, waarover ik ook die bekostigingsvraag wil stellen: een wintersportvakantie om te beginnen. Kunt u die bekostigen?'*

De eerste interviewer geeft blijk van een groot invoelingsvermogen. Dat is een waardevolle eigenschap voor het interviewvak. Deze deugd slaat echter om in een handicap, als zij de interviewer ervan weerhoudt open te staan voor onverwachte en onvoorspelbare reacties van de geïnterviewde. Nog erger wordt het als hij het de geïnterviewde zelfs onmogelijk gaat maken zulke reacties te geven. Dit laatste gebeurde in het foute voorbeeld. Ook invoelende interviewers zullen daarom steeds moeten doen, *alsof ze nog niets weten van de geïnterviewde.* Desnoods voorziet men de vraag nog van enige omlijstingen, zoals die in 5.3 beschreven werden voor vragen uit gestructureerde schema's. Het alternatieve goede voorbeeld laat zien hoe zoiets kan, en hoe daarmee de eventuele verdenking afgewend wordt, als zou men als interviewer niet meelevend zijn.

Fout Interviewer: *'En dan nu nog een vraag, die mij als opbouwwerker speciaal interesseert: in hoeverre acht u opbouwwerk nuttig in het kader van het onderwijs-voorrangsbeleid?'*
Goed Interviewer: *'In hoeverre acht u opbouwwerk nuttig in het kader van het onderwijs-voorrangsbeleid?'*

Hier liet de interviewer eventjes iets van zichzelf zien. In gewone conversaties is dat heel normaal, aan een interviewer is het evenwel verboden. Het gevolg is namelijk dat hij impliciet meedeelt wat hij zelf een verstandig, een prettig, een fatsoenlijk, een eigentijds, kortom een *juist antwoord vindt.* De geïnterviewde zal die impliciete mededeling ongetwijfeld verwerken in zijn beantwoording.

Fout Interviewer: *'Bent u het eens met de stelling dat de huidige rekruten zich beter kunnen uitdrukken dan die van tien jaar geleden?'*
Goed Interviewer: *'Hoe schat u de uitdrukkingsvaardigheid in van rekruten in vergelijking met die van tien jaar geleden?'*

Vragen brengen geïnterviewden soms op ideeën. Technisch uitgedrukt: *vragen reiken soms cognities aan.* Het antwoord op zulke vragen is dan mede gebaseerd op cognities die de geïnterviewde zich luttele seconden tevoren heeft eigen gemaakt. Dat kan nooit de bedoeling zijn. Door in het foute voorbeeld van een stelling te spreken, suggereert de interviewer op zijn minst dat er hier en daar in de zin van die stelling gedacht wordt. In het goede voorbeeld is dat suggestieve element eruit gewied.

Er zit overigens altijd wel enige informatie over de realiteit verpakt, in welke vraagformulering dan ook. Alleen al uit het feit dat iemand het nodig vindt (de interviewer namelijk), om een bepaalde vraag te stellen, kan men van alles over de realiteit afleiden. Neem het goede voorbeeld hierboven. Ook daarmee werd een stukje realiteit geconstrueerd dat voordien misschien nog niet bestond voor de geïnterviewde: impliciet wordt als informatie meegegeven dat uitdrukkingsvaardigheid iets is dat groter of kleiner kan worden in de loop van de tijd, iets ook dat zich blijkbaar uit in waarneembaar gedrag. De interviewer zou de vraag niet gesteld hebben als er niet iets dergelijks aan de hand was. Elke vraag is dus tegelijk een boodschap. Een goed geformuleerde vraag eveneens, alleen is de boodschap daarin minimaal gehouden.

Fout	Interviewer:	*'Hebt u, sinds de invoering van de nieuwe lesmethode, meer zicht gekregen op de individuele verschillen tussen leerlingen?'*
Goed	Interviewer:	*'Zijn, sinds de invoering van de nieuwe lesmethode, individuele verschillen tussen leerlingen zichtbaarder geworden?'*

Het onderwerp van deze vragen is weer gevoelig voor de invloed van sociale wenselijkheid. De geïnterviewde moet in zekere zin iets over zijn eigen vorderingen vertellen. In het goede voorbeeld is dit aspect tot zo gering mogelijke proporties teruggebracht. De persoon van de geïnterviewde is als onderwerp van de vraag verwijderd. De vraag is *gedepersonaliseerd.* Het antwoord slaat daardoor minder in evaluatieve zin terug op de persoon van de geïnterviewde, hetgeen betere interviewresultaten oplevert.[12]

5.8 Begrijpelijk formuleren

Vragen kan men niet eenvoudig en duidelijk genoeg formuleren. De kunst is voor maximale duidelijkheid te zorgen zonder te vervallen in één van de sturende mechanismen uit de vorige paragraaf. Deze paragraaf bevat daartoe enkele vuistregels. We beginnen echter met een overzicht van veel voorkomende fouten op dit gebied.

Een van de meest voorkomende fouten bestaat uit het stellen van meervoudige vragen. Dat wil zeggen het presenteren van meer dan één vraag tegelijk. We kunnen hiervan twee varianten onderscheiden, die beide voortkomen uit een al te grote drang naar efficiency: serieschakeling en parallelschakeling.

Bij *serieschakeling* gaat het om een reeks van vragen waarvan de beantwoording van de één afhangt van die van de voorgaande:

Fout	Interviewer:	*'Gebeurt het wel eens dat u uw werk niet afkrijgt, en neemt u het dan mee naar huis?'*
Goed	Interviewer:	a *'Gebeurt het wel eens dat u uw werk niet afkrijgt?'*
		b *(Zo ja) 'Neemt u het dan mee naar huis?'*

Ook al is de interviewer alleen in het laatste deel geïnteresseerd, toch zal hij ook het eerste deel als afzonderlijke vraag moeten formuleren.

Bij *parallelschakeling* gaat het om twee onafhankelijke vragen, die om tijd te winnen gecombineerd worden:

Fout	Interviewer:	*'Gebeurt het wel eens dat u uw werk niet afkrijgt, of wél afkrijgt, maar dan niet helemaal zoals u het eigenlijk zou willen?'*
Goed	Interviewer:	a *'Gebeurt het wel eens dat u uw werk niet afkrijgt?'*
		b *'Gebeurt het wel eens dat u uw werk wel afkrijgt, maar dan niet helemaal zoals u het eigenlijk zou willen?'*

Moeilijke uitdrukkingen vormen een andere bron van onduidelijkheid. Het hangt erg van de geïnterviewde af en van de voorgeschiedenis van een vraag, of een bepaalde formulering moeilijk te noemen is. Per situatie moet men dat beoordelen. Daarbij hoede men zich voor de zogenaamde 'expertfout',[13] waardoor men er ten onrechte vanuitgaat dat de geïnterviewde net zo thuis is in het onderwerp als men dat zelf is. In het algemeen kan men het beste het zekere voor het onzekere nemen, zoals het volgende voorbeeld illustreert.

Fout	Interviewer:	*'Kunt u iets zeggen over uw motivatie om te solliciteren?'*
Goed	Interviewer:	*'Kunt u iets zeggen over de redenen die u had om te solliciteren?'*

Formuleringen kunnen ook *ambigu* zijn. Ze zijn dan voor meer dan één uitleg vatbaar. Dat kan het gevolg zijn van het gebruik van vage termen, maar ook van zegswijzen zoals '...en zo', '...of zo', 'allerlei...', en '...en dergelijke'. De volgende voorbeelden geven aan dat men ook in deze kwestie weer het beste het zekere voor het onzekere kan nemen.

Fout	Interviewer:	*'Bent u een voorstander van legalisering van drugs?'*
Goed	Interviewer:	a *'Bent u een voorstander van vrije handel in marihuana?'*
		b *'Bent u een voorstander van ...'*
		c *idem.*
		Etcetera.
		(Het begrip legalisering van drugs wordt concreet gemaakt door opsplitsing in een serie omschrijfbare maatregelen)

Fout	Interviewer:	*'Vorig jaar waren hier stiptheidsacties. Vindt u zulk soort acties toelaatbaar?'*

Goed Interviewer: *'Vindt u stiptheidsacties als middel in principe toelaatbaar?'*

Fout Interviewer: *'Zijn naar uw indruk de arbeidsomstandigheden elders beter?'*
Goed Interviewer: *'Zijn naar uw indruk de arbeidsomstandigheden op andere lagere scholen hier in de gemeente beter?'*

Fout Interviewer: *'Waren naar uw indruk de arbeidsomstandigheden vroeger beter?'*
Goed Interviewer: *'Waren naar uw indruk de arbeidsomstandigheden in de jaren vlak voor de oorlog beter?'*

Bij schriftelijk taalgebruik kan men zich een enkele keer nog wel eens een zin van enige omvang permitteren. Begrijpt de lezer hem niet meteen, dan leest hij hem nog wel eens woord voor woord over. Fraai is het niet, maar rampzalig evenmin. In mondelinge interviews leiden marathonvragen[14] echter al heel gauw tot onbegrip. Hetzelfde geldt voor complexe zinsconstructies met bijzinnen, met dubbele ontkenningen, en met gebruik van de passieve, lijdende vorm.[15] De gedragsregel luidt daarom: korte zinnen, zo weinig mogelijk bijzinnen, actieve vorm, geen dubbele ontkenningen.

Fout Interviewer: *'Hoe vaak per week gemiddeld wordt er volgens uw schatting door uw chef gezegd dat een brief overgetypt moet worden door u?'*
Goed Interviewer: *'Hoe vaak per week zegt uw chef dat u een brief moet overtypen? Zoudt u willen schatten hoe vaak dat is per week, gemiddeld?'*

Fout Interviewer: *'Hebt u wel eens last van bezoekers die de dieren, die op de lijst staan van dieren die niet gevoederd mogen worden, toch voederen?'*
Goed Interviewer: *'Er is een lijst van dieren die het publiek niet mag voederen. Hebt u wel eens last van bezoekers, die dat toch doen?'*

Zeer veel van de bovenstaande mankementen aan de vragen zijn eenvoudig te verhelpen door de vraag in twee, drie of nog meer zinnen te knippen. Bij meervoudige vragen ligt dat voor de hand. Daar kunnen gewoon losse vragen van worden gemaakt. Maar ook bij vragen uit één stuk biedt deze *opknipformule* vaak uitkomst. Men zet dan eerst in een aantal stellende (niet-vragende) zinnen uiteen wat de vraagbedoeling is, en zonodig welke betekenis de begrippen in de vraag hebben. Dit laatste heeft nog als bijkomend voordeel dat de geïnterviewde nooit om uitleg hoeft te vragen. Het bespaart hem een mogelijk gevoel van gezichtsverlies.[16]

Fout Interviewer: *'Doet u in enige vorm aan sportieve recreatie?'*
Fout Interviewer: *'Doet u in enige vorm aan een of andere vorm van vrijetijdsbesteding, waarbij flink wat lichaamsbeweging komt kijken?'*
Goed Interviewer: *'De volgende vraag gaat over sportieve recreatie. Daaronder wordt vrijetijdsbesteding verstaan, waarbij flink wat lichaamsbeweging komt kijken. Een heel ruim begrip dus. Doet u in enige vorm aan sportieve recreatie?'*

Tot slot kan er nog een uiterst praktische methode genoemd worden om de begrijpelijkheid van vragen te verhogen: het gebruik van *antwoordinstructies*. Bedoelingen van vragen kan men vaak duidelijk maken door middel van expliciete instructies voor het antwoorden. Dit bleek bijvoorbeeld zeer verhelderend te werken bij vragen naar de gezondheid.[17] Het bleek dat respondenten vollediger antwoordden, wanneer hun duidelijk gemaakt werd wat voor soorten antwoord gewenst waren.

Goed	Interviewer:	*'Wat voor ziektes hebt u het afgelopen jaar gehad?'*
Beter	Interviewer:	*'Wat voor ziektes hebt u het afgelopen jaar gehad? Ik ben geïnteresseerd in alle mogelijke vormen van ziekte, ernstige maar ook heel onschuldige.'*
Of	Interviewer:	*'Wat voor ziektes hebt u het afgelopen jaar gehad? Ik zou u willen verzoeken zo volledig en precies mogelijk te antwoorden.'*

5.9 Discussiestof

1 Bekijk met een aantal mensen een journaaluitzending op de televisie. Let op het spreekgedrag van de nieuwslezer. Becommentarieer zijn:
- Articulatie (Goed?/Overdreven?/Functioneel?)
- Spreekritme (Rustpunten tussen stukken tekst? Is dat prettig?)
- Accentueringen (Op welke woorden legt hij de nadruk?)
- Stopwoordjes (Zijn die afwezig? Zo ja, is dat (on)natuurlijk?)
- Kijkrichting (Op welke momenten zoekt hij quasi-oogcontact met de mensen voor de buis? Wat voor functies heeft dat?)
- Gebaren (Laat hij zijn armen meepraten? Is dat functioneel?)
- Pantomime (Verduidelijkt hij pantomimisch de structuur van zijn boodschappen?)

2 Bekijk met een aantal mensen een actualiteitenrubriek op de televisie. Wacht tot er een interview komt. Let dan op de manier, waarop de interviewer de vragen stelt.
- Is hij sturend aan het vragen? Zo ja, kun je dan een van de mechanismen uit 5.7 herkennen?
- Vraagt hij begrijpelijk? Zo nee, is dat dan terug te voeren op een van de punten uit 5.8? Zo ja, zijn de aanwijzingen uit 5.8 dan te herkennen in zijn manier van vragen?

3 Verspreid in de tekst van dit hoofdstuk staan signalen beschreven waarmee de interviewer duidelijk maakt dat hij aan het woord is en wil blijven, en dat de geïnterviewde heeft te luisteren. Zoek deze signalen bij elkaar. Zijn ze in combinatie te gebruiken?

4 Dezelfde vraag over signalen, om het woord aan de geïnterviewde te geven.

5 Hoe zou het komen dat mensen aan de telefoon gebruik maken van de non-verbale signalen, beschreven in 5.5, terwijl deze geen enkel communicatief nut hebben?

6 Becommentarieer de volgende formuleringen. Let daarbij op de mechanismen, besproken in 5.7 (niet sturend) en 5.8 (begrijpelijk). Probeer de mechanismen te benoemen.

- 'Dienen noodlijdende sportclubs door de overheid financieel te worden geholpen?'
- 'Er gaan tegenwoordig steeds meer stemmen op om de collectieve sector tot een meer verantwoorde omvang te reduceren. Hoe staat u daar tegenover?'
- 'Beschikt uw chef naar uw mening over voldoende deskundigheid en overwicht?'
- 'De volgende vragen gaan over kinderlectuur. Van wat voor boeken houden uw kinderen zoal?'

6 Evalueren en doorvragen

Elk antwoord dat de geïnterviewde gegeven heeft moet de interviewer nog tegen het licht houden, om te zien of het voldoet aan de eisen die het interview stelt. Dit noemen we het evalueren van antwoorden. De zichtbare actie die daaruit kan voortvloeien is het doorvragen. De interviewer probeert daarmee nadere antwoorden te ontlokken, zolang hij nog niet overtuigd is van de bruikbaarheid van de reeds gegeven antwoorden. Deze twee samenhangende taken worden in de volgende paragrafen beschreven.

6.1 Evalueren

Om te beginnen zij er voor alle duidelijkheid op gewezen dat de evaluatie slechts betrekking heeft op de bruikbaarheid van de antwoorden. Zij strekt zich dus niet uit tot de cognities die aan de antwoorden ten grondslag liggen. Deze zijn en blijven de cognities van de geïnterviewde. De interviewer onthoudt zich van elke beoordeling daarvan. De bruikbaarheid van de antwoorden heeft alleen te maken met de wijze, waarop de geïnterviewde zijn cognities vertaalt in antwoorden. Bij die vertaling kan het een en ander misgaan. Daarop richt zich de evaluatie.

Aan die vertaling kan men vier criteria of eisen[1] stellen: zij moet leiden tot valide, volledige, relevante en duidelijke antwoorden. Wat betekenen deze begrippen?

Validiteit is de correspondentie tussen een antwoord en de onderliggende cognitie, ofwel de overeenstemming tussen wat de geïnterviewde zegt en denkt.[2] Non-correspondentie, dus het gebrek aan overeenstemming, geven we aan met de technische term *invaliditeit*.
Volledigheid Bij dit criterium gaat het erom, of de gestelde vraag in zijn volle omvang beantwoord is, en, zo ja, of de geïnterviewde alles verteld heeft wat er relevant (zie hieronder) is.
Relevantie Een antwoord is relevant als het op de gestelde vraag slaat. Soms gaan geïnterviewden niet precies op een vraag van de interviewer in. Ze geven dan wel een antwoord, maar dat is dan een antwoord

op een vraag die de interviewer niet gesteld heeft. Zo'n antwoord noemen we dus irrelevant.
Duidelijkheid Een antwoord voldoet aan dit criterium als het aan de interviewer duidelijk is hoe hij het moet noteren. Zolang hij daarover twijfels heeft, is er nog sprake van onduidelijkheid.

We zullen achtereenvolgens bekijken wat de beoordeling van validiteit, volledigheid, relevantie en duidelijkheid in de praktijk betekent.

6.1.1 Evaluatie van validiteit

Bij (in)validiteit gaat het erom, zoals gezegd, of de geïnterviewde zegt wat hij denkt, zonder verdraaiing of verfraaiing. Dit criterium is uit de aard der zaak voor de interviewer verborgen. Het enige dat deze dan ook kan doen, is zich afvragen of er misschien motieven in het spel zijn die de geïnterviewde tot invalide antwoorden bewegen. Dit vereist een zekere kijk op de 'psychologie van de geïnterviewde'. We kunnen in dit verband de volgende motieven onderscheiden.[3]
Vriendelijkheidsoverwegingen vormen één motief waardoor de geïnterviewde niet vrijuit praat, omdat hij bang is de interviewer voor het hoofd te stoten. Hij kan het bijvoorbeeld zielig vinden te moeten zeggen dat een vraag totaal niet op zijn situatie slaat. In zo'n geval kiest hij er misschien voor een antwoord min of meer te fantaseren. Het kan ook zijn dat de geïnterviewde het niet over zijn hart kan verkrijgen de interviewer met lege handen naar huis te laten gaan. In dat geval verzint hij misschien ook antwoorden bij elkaar, zelfs wanneer hij in feite niets te melden heeft.
De neiging om sociaal-wenselijk te antwoorden is een ander invaliderend motief. Ook al is de geïnterviewde ervan overtuigd de interviewer nooit meer terug te zullen zien, toch wil hij er zo goed mogelijk op komen te staan, zodat hij tijdens het interview van zijn opinies, zijn voornemens en andere cognities misschien iets mooiers (in de ogen van anderen) zal maken dan ze op dat moment zijn.
Tijdscompressie of verziendheid,[4] is een motief dat kan optreden bij de beantwoording van vragen naar feiten uit het verleden. Het houdt de neiging in om handelingen uit een ver verleden te herinneren als iets uit het recente verleden. Respondenten blijken het vaak niet zo nauw te nemen met de kalender, wanneer er een beroep op hun geheugen gedaan wordt.
Verdringing treedt vooral op bij vragen naar bedreigende zaken, zoals ziektes die men onder de leden heeft, perspectief op werkloosheid en dergelijke. Mensen willen dit soort dingen vaak niet weten, met als gevolg dat ze er op een gegeven moment ook liever niet hardop over praten.

Op al deze neigingen moet de interviewer verdacht zijn. Hij kan natuurlijk nooit direct vaststellen of ze werkzaam zijn. Daarom neemt hij het zekere voor het onzekere. Zolang er ook maar de geringste aanleiding bestaat om te veronderstellen dat er invaliderende neigingen aan een antwoord ten grondslag liggen, zal hij moeten doorvragen.

6.1.2 Evaluatie van volledigheid

Eén criterium van volledigheid is evenals dat van validiteit voor de interviewer verborgen: bij open vragen weet hij nooit zeker of de geïnterviewde echt uitgepraat is, of dat deze nog méér relevants te melden heeft. Het kan zijn dat de geïnterviewde het achterste van zijn tong niet wil laten zien. Motieven van het type *vriendelijkheid* en *sociale wenselijkheid* (zie 6.1.1) spelen daarbij een rol. Ook kan er eenvoudigweg *vergeetachtigheid* in het spel zijn. Net als bij de beoordeling van validiteit kan de interviewer hier niet méér doen dan zich kritisch af te vragen of een van deze factoren in het spel zou kunnen zijn. Speciaal bij het antwoord 'Ik zou het niet weten' kan men niet kritisch genoeg zijn, op wat voor vraag het ook volgt.

Eenvoudiger ligt de zaak bij een ander criterium voor volledigheid, dat inhoudt dat elke vraag over de volle breedte moet worden beantwoord. Wanneer bijvoorbeeld als antwoord op de vraag welke tijdschriften men leest, alleen maar vakliteratuur genoemd wordt, ligt het voor de hand dat de geïnterviewde het begrip 'tijdschriften' zeer *beperkt opgevat* heeft. Zijn antwoord is dan incompleet. Met enige oplettendheid zal de interviewer wel weten te voorkomen dat dit soort onvolledigheid hem ontgaat.

Bij de evaluatie van zowel volledigheid als validiteit is er één valstrik, waar de interviewer uiterst beducht voor moet zijn: die van het *juiste antwoord*.[5] Daaronder verstaan we het antwoord dat de interviewer reeds met aan zekerheid grenzende waarschijnlijkheid verwachtte. Zodra dit antwoord er inderdaad ligt, zal hij het onverwijld noteren, bij zichzelf denkend: 'Precies wat ik dacht.' Hij zou zich echter moeten realiseren, dat er nog meer en nog andere antwoorden mogelijk zijn, die hij toevallig niet zo voor de geest had. De interviewer moet niet te gauw denken dat hij de geïnterviewde al redelijk kent. Allerlei vooroordelen kunnen hem parten spelen. Van een kind verwacht men al snel kinderlijke antwoorden. Gevolg is dat men zich misschien tevreden stelt met infantiele antwoorden. Men is dan blind gemaakt door eigen anticipatie. Men trapt in de zelf-uitgezette val van het juiste antwoord.

Nu volgen enige voorbeelden:

Interviewer: *'Kunt u zeggen hoe er bij u in het team besluiten genomen worden?'*
Geïnterviewde: *'Dat is moeilijk te zeggen, maar u kunt wel opschrijven dat dat in feite altijd een kwestie van eenstemmigheid is.'*
Commentaar: hier is alle reden om te vrezen voor onvolledigheid en invaliditeit. Het kan zijn dat de betreffende besluitvorming buitengewoon veelvor-

mig, ondoorzichtig en dus moeilijk te beschrijven is. De interviewer wil echter blijkens zijn vraag procedures horen. De vriendelijke geïnterviewde wil hem daarin niet teleurstellen.

Interviewer: *'U zei zojuist dat u wel tevreden was over uw huidige baan. Kunt u mij aspecten van uw baan noemen die u plezierig vindt?'*
Geïnterviewde: *'Die deeltijd, dat vind ik heerlijk. Dat had ik altijd al gewild, dus ben ik zo tevreden als ik maar kan zijn.'*
Commentaar: hier is overduidelijk van onvolledigheid sprake. De geïnterviewde is gefixeerd op één aspect en realiseert zich even niet dat de aard van het werk, de collega's, de salariëring en dergelijke zaken ook allemaal (plezierige of onplezierige) kanten van een baan uitmaken.

Interviewer: *'Hoe vaak bent u de afgelopen twaalf maanden naar een concert geweest?'*
Geïnterviewde: *'Even tellen ..., vier, nee vijf keer.'*
Commentaar: Misschien denkt de geïnterviewde wel dat de interviewer het heel mooi vindt als hij vaak naar concerten gaat (sociale wenselijkheid). Als hij al niet door dit motief een te hoog aantal opgeeft, is de kans nog altijd groot dat hij door tijdscompressie er een of twee concerten van meer dan een jaar geleden bijtelt.

Interviewer: *'De verzekering, die u afgesloten hebt, voorziet die ook in kosten als gevolg van langdurige loonderving?'*
Geïnterviewde: *'Dat is allemaal dik in orde.'*
Commentaar: sociale wenselijkheid en verdringing liggen hier voor de hand. Geen mens presenteert zich graag als iemand die slechte verzekeringen afsluit. Bovendien denkt niemand graag aan de gevolgen van langdurige loonderving.

Interviewer: *'Als u bukt, hebt u er dan ook last van?'*
Geïnterviewde: *'Ja, ja.'*
Commentaar: de interviewende arts had blijkbaar een diagnose in zijn hoofd, waarbinnen het genoemde symptoom paste. De geïnterviewde patiënt zal dat symptoom niet willen ontkennen. Daarmee zou hij de arts geen plezier doen. Een onervaren arts, niet verdacht op dit soort vriendelijkheidsoverwegingen, zal het antwoord van de patiënt voor zoete koek slikken, omdat het precies het antwoord was dat hij verwacht had. Hij trapt daarmee in de val van het juiste antwoord.

6.1.3 Evaluatie van relevantie

Een interviewer die de bedoeling van de vragen goed kent hoeft geen moeite te hebben met het criterium van relevantie. Irrelevant is een antwoord dat niet op de vraag slaat, en een interviewer die zijn hoofd erbij heeft zal dit altijd onderkennen. Alleen bij één antwoordsoort ligt de irrelevantie er niet zo duimendik bovenop, terwijl het toch om een totaal onbruikbaar antwoord gaat. Het komt voor in situaties waar de geïnterviewde een vraag wil ontwijken. Hij stapt dan over op een andere cognitie die niet gevraagd werd maar die toch lijkt op de gevraagde cognitie. Een paar voorbeelden van zulke cognitieswitches.

Interviewer: *'Vindt u dat de wijkagent zijn werk goed doet?'*
Geïnterviewde: *'Naar verluidt doet hij het prima.'*
Commentaar: de geïnterviewde werd een mening gevraagd. Hij antwoordde met een feit. De interviewer die maar half luistert zou ten onrechte als mening van de geïnterviewde noteren: 'prima'.

Interviewer: *'Verwacht u dat de fusie een succes zal worden?'*
Geïnterviewde: *'Die moet een succes worden.'*
Commentaar: hier vindt weer een cognitieswitch plaats. Nu wordt er een opinie gegeven in plaats van een verwachting.

Interviewer: *'Vindt u dat uw chef de belangen van uw afdeling goed behartigt bij de bedrijfsleiding?'*
Geïnterviewde: *'Er zijn geen zeer concrete aanwijzingen dat hij dat niet goed zou doen.'*
Commentaar: weer moet de interviewer uitkijken zich geen feiten voor oordelen te laten verkopen.

6.1.4 Evaluatie van duidelijkheid

Het laatste criterium, duidelijkheid, behoeft het minst van al problemen op te leveren. Overigens is een antwoord zelden op zichzelf duidelijk of onduidelijk, maar eigenlijk altijd in relatie tot de bedoeling van de vraag. Meer precies uitgedrukt: in relatie tot de manier waarop het genoteerd moet worden. Het hangt dus van het interviewschema af. Enige voorbeelden:

Interviewer: *'Wanneer hebt u voor het laatst met hem gesproken?'*
Geïnterviewde: *'Dat was alweer een behoorlijk poosje geleden.'*
Commentaar: dit buitengewoon rekbare antwoord is in geen enkele interview-context te gebruiken. Het kan de betekenis hebben van enkele weken tot vele jaren. De vraag zal stellig genuanceerder bedoeld zijn.

Interviewer: *'Hoe staat u tegenover kernenergie?'*
Geïnterviewde: *'Niet per se vóór, maar ook niet fel tegen.'*
Commentaar: nu hangt het maar van het interviewschema af of dit antwoord duidelijk of onduidelijk genoemd mag worden. Ter illustratie staan hieronder twee fragmentjes van verschillende interviewschema's, beide behorend bij bovengenoemde vraag. Het antwoord moet in één hokje worden aangekruist.

☐ Vóór	☐ Fel vóór
☐ Tussen beide	☐ Matig vóór
☐ Tegen	☐ Matig tegen
☐ Geen mening	☐ Fel tegen
	☐ Geen mening

Voor het linker schema is het gegeven antwoord duidelijk genoeg. De interviewer kruist daarin meteen 'tussen beide' aan. Het is echter nog onduidelijk welk antwoordalternatief in het rechter schema aangekruist zou moeten worden.

6.2 Doorvragen

Als de interviewer, in zijn functie van evaluator, concludeert dat een antwoord nog onvoldoende bruikbaar is, of als hij daarover nog twijfels koestert, is voor hem de tijd aangebroken om te gaan doorvragen. Ook wanneer het de geïnterviewde niet wil lukken een antwoord te geven staat de interviewer voor de taak door te vragen. Achter deze term gaat een veelheid aan technieken schuil. De interviewer heeft dus een ruime keus. Door selectie en combinatie van technieken stelt hij in elke concrete situatie zijn strategie op om de geïnterviewde te stimuleren tot betere antwoorden. In de volgende paragrafen wordt een overzicht geboden van de diverse mogelijkheden.[6]

6.2.1 Vraag herhalen of verduidelijken

Het letterlijk herhalen van een vraag kan op zijn plaats zijn, als de geïnterviewde de precieze inhoud van de vraag even kwijt lijkt te zijn. Het is een eenvoudige en veilige vorm van doorvragen. Te veel toegepast echter zal hij vroeg of laat geïrriteerde reacties uitlokken in de trant van 'Ik ben niet doof'. Bij het verduidelijken van een vraag doet de interviewer veel meer. Hij legt dan in nieuwe woorden delen van de vraag nog eens uit, bijvoorbeeld, de betekenis van bepaalde termen.

Verduidelijking is een techniek met veel risico's. Alle *antwoordsturende zinswendingen,* genoemd in 5.7, kunnen vermomd als verduidelijking het interview infiltreren. Vooral het verschaffen van voorbeeldantwoorden vormt een verleiding die soms nauwelijks te weerstaan is. Als de geïnterviewde zichtbaar worstelt met de vraag, terwijl men als interviewer moeiteloos een aantal voorbeelden van antwoorden zou kunnen aanleveren, doet het onvriendelijk aan als men die voorbeelden vóór zich houdt. Een beetje hulpvaardig ingestelde interviewer zal daar moeite mee hebben, te meer, daar het alternatief niet makkelijk is.

Dat alternatief is namelijk dat men verduidelijkt zónder voorbeelden, dus in nogal abstracte termen, en daarbij krijgt men weer te maken met de vaak lastige regels voor het *begrijpelijk formuleren,* zoals behandeld in 5.8 (eenvoudige vragen, eenduidige uitdrukkingen, simpele zinsconstructies). Een voorbeeld:

	Interviewer:	*'Wat bewoog je, toen je besloot in dit kraakpand te gaan wonen?'*
	Geïnterviewde:	*'Ja, eh ..., ik weet niet ...'*
Fout	Interviewer:	*'Wilde je bij je ouders weg, of had je hier een vriendinnetje, of ging het je louter om het idee van het kraken?, Nou ja, zeg het zelf maar.'*
Matig	Interviewer:	*'Wat voor motieven brachten jou ertoe?'*
Goed	Interviewer:	*'Probeer je nog eens voor de geest te halen wat je allemaal dacht, toen je besloot hier te gaan wonen.'*

6.2.2 Antwoord herhalen of samenvatten

Geheel analoog aan de voorgaande techniek kan men ook doorvraageffecten bereiken door de antwoorden van de geïnterviewde te herhalen of samen te vatten, (te parafraseren, zoals het ook wel wordt genoemd). De geïnterviewde wordt dan met zijn eigen reacties geconfronteerd. Als die dan geheel of gedeeltelijk invalide, onvolledig of onduidelijk blijken te zijn, vormt dat een aanleiding om er nog eens over na te denken.

Om dit effect te bereiken moet de interviewer wel op de een of andere manier om een aanvulling of correctie vragen, non-verbaal (aankijken en zwijgen, evocatieve stemmelodie) dan wel verbaal ('Was dat alles wat u wilde zeggen?').

Bij korte antwoorden is het *letterlijk herhalen* ervan een goede en een eenvoudige methode. Te vaak toegepast geeft dat de geïnterviewde echter het onaangename gevoel met een echoput te maken te hebben. Een techniek die hier dicht tegen aan ligt is het herhalen van steeds de laatste woorden van de geïnterviewde. Daarmee spiegelt men niet meer de complete inhoud van wat deze gezegd heeft. De boodschap die ermee overgebracht wordt ligt meer op het relationele vlak: 'Ik hoor wat je zegt, ik ben en blijf geïnteresseerd.' Deze techniek, die papegaaien wordt genoemd, maakt deel uit van de meer omvattende techniek 'luistergedrag', die we nog apart zullen behandelen (6.2.5). Een voorbeeld:

Interviewer:	*'Wat bewoog je, toen je besloot in dit kraakpand te gaan wonen?'*
Geïnterviewde:	*'Eh... ik wou thuis weg.'*
Interviewer:	*'Je wou thuis weg.'*
Geïnterviewde:	*'Ja, daar was ik echt aan toe, en verder, het kwam ook doordat mijn vriendin hier woont.'*
Interviewer:	*'Doordat je vriendin hier woont.'*
Geïnterviewde:	*'En eigenlijk was het ook wel de hele sfeer, de manier van leven, de hele... sfeer...'*
Interviewer:	*'De hele sfeer.'*
	Etcetera.

In plaats van een antwoord helemaal te herhalen kan de interviewer ook volstaan met een *samenvatting*. Hij zeeft dan uit de woorden van de geïnterviewde alle doublures en alle irrelevante elementen, om vervolgens de resterende inhoud in een begrijpelijke formulering te gieten. Van een minutenlange monoloog kan op die manier een handvol zinnen overblijven. Ook deze vorm van doorvragen levert weer allerlei risico's op. De interviewer moet er met de grootst mogelijke zorgvuldigheid op letten dat hij geen inhoud toevoegt en geen waardering koppelt aan wat de geïnterviewde gezegd heeft, en ook dat hij niets relevants onderbelicht.

Samenvatting is vooral een geschikte techniek wanneer men de geïnterviewde meent te betrappen op tegenstrijdigheden, zodat het onduidelijk is wat hij nu precies bedoelt. Dergelijke tegenstrijdigheden worden vaak verpakt in ondoorzichtige betogen. Al samenvattend legt de interviewer ze fijntjes bloot. Een voorbeeld:

	Interviewer:	*'Vertel eens, zie je mogelijkheden om het rooster zo te wijzigen dat iedereen minstens eenmaal per maand het hele weekend vrij is?'*
	Geïnterviewde:	*'Mogelijkheden zijn er altijd, dus als je zegt het moet kunnen, dan kan ik je geen ongelijk geven, maar de praktische kant van de zaak is er ook nog, en dat maakt het in dit geval heel lastig, zeg maar rustig onmogelijk.'*
Fout	Interviewer:	*'Nu zit je jezelf toch tegen te spreken, je zegt dat het niet kan, terwijl je eerst toegeeft dat het wel kan.'*
Goed	Interviewer:	*'Je zegt: "Het kan altijd", en je zegt: "Het is in dit geval onmogelijk."'*

Commentaar: de eerste interviewer liet doorschemeren dat hij de laatste woorden van de geïnterviewde niet geloofde. Dat is sturend (door)vragen. De tweede interviewer hield het neutraal, maar confronteerde de geïnterviewde wel met diens eigen tegenstrijdige verhaal. Deze kan er niet omheen en zal duidelijker moeten zeggen wat hij nu precies bedoelt. De grens tussen goed en fout is echter niet makkelijk in het oog te houden. Ook het goede voorbeeld kan storend uitpakken, als het bijvoorbeeld gepresenteerd wordt met een ongelovige blik, of een geïrriteerd gebaar.

6.2.3 Ongericht expliciet doorvragen

Alle tot nu toe genoemde methoden van doorvragen komen er in wezen op neer dat de interviewer in zijn woorden de vraag laat doorklinken: 'Hebt u nog meer te vertellen?' Hij kan dat ook expliciet, hardop doen. Allerlei formuleringen staan hem daarbij ten dienste:

'Het is mij nog niet precies duidelijk.'
'Hoe bedoelt u?'
'Kunt u daar wat nader op ingaan?'
'Kunt u daar wat meer over zeggen?'
'Weet u er nog meer te noemen?'
'Dat is alles?'
'Kunt u daar wat preciezer over zijn?'
Etcetera.

6.2.4 Gericht expliciet doorvragen

Zo ook kan de interviewer expliciet doorvragen naar *onderdelen* van hetgeen aan de orde werd gesteld. Bijvoorbeeld:

'Hoe kwam dat?'
'Wanneer was dat?'
'Hoe vaak hebt u dat?'
'Waarom denkt u dat?'
'En toen?'
'Waarom deed u dat?'
'Doet u dat in vakanties ook?'
Etcetera.

Met deze toespitsingen kan de interviewer een geheel eigen draai aan een vraag geven. Daar moet hij voor uitkijken. Dergelijke toespitsingen zijn *alleen toegestaan, als het interviewschema daarom vraagt,* zoals bijvoorbeeld in het volgende fragment van een interviewschema.

"Welke vreemde talen beheerst u in mindere of meerdere mate?'

Taal	Beheersing	Matig	Redelijk	Goed
	Actief	______	______	______
______	Passief	______	______	______
	Actief	______	______	______
______	Passief	______	______	______
	Actief	______	______	______
______	Passief	______	______	______
Etcetera				

Met dit schema in de hand zal de interviewer bij elke taal die de geïnterviewde noemt gericht moeten doorvragen. Net zolang tot hij weet wat hij moet invullen en aankruisen.

Bij expliciet doorvragen, gericht of ongericht, wordt er steeds om uitbreiding of verbijzondering van de reeds geleverde informatie gevraagd. De interviewer kan er ook nog een andere bedoeling mee hebben. Hij wil dan niet alleen nieuwe antwoorden krijgen, maar ook, indirect, meer zicht krijgen op de bruikbaarheid van het reeds gegeven antwoord. Een voorbeeld maakt dit duidelijk (gericht doorvragen):

Interviewer: *'Hoe vaak bent u de afgelopen twaalf maanden naar een concert geweest?'*
Geïnterviewde: *'Even tellen, vier, nee vijf keer.'*
Interviewer: *'Welke concerten waren dat?'*
Commentaar: door naar details te vragen maakt de interviewer er een soort kennistoets van. Een onvoldoende op die toets is te interpreteren als een indicatie van invaliditeit van het antwoord op de eerste vraag. Weet de geïnterviewde geen concert te noemen, dan is de veronderstelling gewettigd dat hij heeft zitten fantaseren.

Nog een voorbeeld, nu van ongericht doorvragen:

Interviewer: *'Acht u zichzelf een religieus type?'*
Geïnterviewde: *'Ja.'*
Interviewer: *'Zou u daar iets meer over kunnen zeggen?'*
Geïnterviewde: *'Nou ik houd erg van familieromans en zo.'*
Commentaar: nu kwam de interviewer, door ongericht door te vragen, op het spoor van een irrelevant antwoord. De geïnterviewde kende het woord religieus blijkbaar niet en gaf daarom antwoord op een vraag met een totaal andere inhoud.

6.2.5 Zwijgend doorvragen, luistergedrag

De tot nu toe behandelde doorvraagtechnieken hielden verbale activiteiten van de interviewer in. Met deze technieken vestigt de interviewer, of hij wil of niet, de aandacht op zichzelf. Hij leidt de geïnterviewde dus af. Het paradoxale is dat dit uit het oogpunt van doorvragen uiterst dysfunctioneel kan zijn. Heel vaak heeft de geïnterviewde alleen maar behoefte aan een rustige denkpauze. Goed bedoelde aanmoedigingen en aanwijzingen werken dan averechts, omdat ze hem slechts uit zijn concentratie halen en zo storen bij zijn pogingen om een adequaat antwoord te formuleren. Om die reden moet de interviewer zich niet al te gauw geroepen voelen tot verbale doorvraagacties. Het kan zelden kwaad wanneer hij eerst eens zwijgend afwacht. Louter door zelf een poosje niets te zeggen (vijf seconden is heel normaal, langer kan ook), bereikt hij vaak meer dan met andere methoden. Zwijgen is daarom aan te merken als een volwaardige doorvraagactiviteit.

De term 'activiteit' klinkt wat merkwaardig bij zoiets passiefs als zwijgen. Toch is het in deze context een terechte term. Juist door middel van zijn zwijgzaamheid is de interviewer volop communicatief bezig. Zonder woorden laat hij zijn gesprekspartner weten: 'Ik houd nu even mijn mond. Nu is het jouw beurt. Ga je gang maar. Ik wacht af en luister.' Deze boodschap kan hij bovendien nog non-verbaal kracht bijzetten. Door zijn hele manier van doen drukt de interviewer dan uit dat hij aan het luisteren is. Dit zogenaamde *luistergedrag*, of luisteraarsgedrag, dat passief lijkt maar het niet is, is een van de meest karakteristieke componenten van het gedrag van de interviewer. De interviewer manifesteert het gedurende een groot deel van de tijd: tijdens stiltes, om de geïnterviewde te stimuleren het woord te nemen, en tijdens het spreken van de geïnterviewde, om deze te blijven aanmoedigen.

Luistergedrag bestaat uit diverse elementen.[7] Een beschrijving daarvan volgt hieronder. De meeste zijn alleen van nut bij oog-in-oog interviews. Bij telefonische interviews ontbreekt het visuele kanaal, waarlangs de nodige luistersignalen verzonden kunnen worden. Slechts twee technieken, hummen en papegaaien geheten, lenen zich voor telefonische communicatie. Van deze twee zal de telefonische interviewer het moeten hebben. Hij zal er gebruik van moeten maken in een mate, die in een oog-in-oog opstelling overdreven zou aandoen.

Het *kijken* vormt, hoe gek het ook klinkt, een van de meest communicatieve elementen van luistergedrag.[8] Het komt erop neer dat de interviewer zijn gesprekspartner geregeld rustig aankijkt. Door in een gesprek de ander aan te kijken stelt men zich open voor wat deze met zijn gelaatsuitdrukkingen, zijn houding en gebaren wil uitdrukken. De ander ervaart dat ook als een blijk van oplettendheid en interesse. Omgekeerd wekt men, door de ander niet aan te kijken, de indruk zich af te sluiten voor informatie. Een andere functie van het aankijken ligt nog besloten in de mogelijkheid van oogcontact. Eén ogenblik van visueel contact is voldoende om de gesprekspartner te bevestigen in zijn rol van spreker. Afwezigheid van oogcontact kan de oorzaak zijn van misverstanden over wie er aan de beurt is in een gesprek.[9]

Met *lichaamshouding en gebaren* is door de luisterende interviewer eveneens veel duidelijk te maken. Het voornaamste is dat hij er rustig en ontspannen bij zit. Snelle bewegingen kunnen opgevat worden als een soort vooraankondiging van een eigen gespreksbijdrage.[10] Ook onbewust gedrag, zoals gemanipuleer met vulpen, pijp, bril, of wat dan ook, kan zo'n dysfunctionele signaalfunctie hebben: de interviewer lijkt weinig gericht te zijn op de woorden van de geïnterviewde. De luisterende interviewer beperkt zich daarom tot minimale en langzame bewegingen. Motorisch is hij uiterst passief. Hij zal van tijd tot tijd wel eens gaan verzitten, maar dan alleen om een nieuwe, even ontspannen, houding aan te nemen. De geïnterviewde begrijpt daaruit dat de interviewer nog steeds niet van plan is het woord te nemen.

Knikken, hummen en papegaaien. Als de geïnterviewde iets zegt, is het van belang dat hij merkt dat zijn woorden tot de interviewer doordringen. Duidelijkheid daarover werkt stimulerend. Enkele elementen van luistergedrag hebben primair de functie deze duidelijkheid te verschaffen: knikken met het hoofd (om te beamen dat men het gesprokene verstaan en begrepen heeft), hummen (dat is het reageren met korte woordjes als 'hm hm', 'ja' en 'nee', die dezelfde beamende functie hebben als knikken) en papegaaien. Dit laatste gaat iets verder dan hummen. Men herhaalt, nog net hoorbaar, de laatste woorden van een zin, uitgesproken door de ander. De functie is weer: bevestigen dat de boodschap aangekomen is.

De interviewer beschikt dus over vrij veel mogelijkheden om met zijn gedrag uit te drukken dat hij luistert. De stiltes die hij met dat gedrag vult krijgen een heel ander karakter dan de pijnlijke stiltes die in conversaties kunnen vallen als niemand iets weet te zeggen. Hij vult de stiltes zonder ze te doorbreken. Langere stiltes, zonder ongemakkelijke gevoelens, worden daardoor mogelijk. Ze bieden de geïnterviewde extra veel prikkels om iets te zeggen (vergelijk de regulatiefunctie van non-verbaal gedrag in 5.4).

6.2.6 Nagesprekjes

Heel eigensoortig is de laatste hier te behandelen doorvraagtechniek. Het wil nog wel eens voorkomen dat de geïnterviewde na afloop van het gesprek nog een aantal nieuwe relevante antwoorden levert. Het is dan, alsof hij op het laatste moment nog zijn bijdrage aan het interview wil optimaliseren, alsof hij nog gauw, voor het niet meer kan, zijn verplichtingen (zie 4.1) wil nakomen.

De interviewer moet op dit soort wendingen voorbereid zijn. Als het doorvragen tijdens het gesprek niet zo'n succes opleverde, kan het zelfs zin hebben ervoor te zorgen dat een deel van de beschikbare tijd voor zo'n nagesprekje benut kan worden.

6.3 Discussiestof

1. Politici hebben vaak een professionele bedrevenheid in het geven van irrelevante en onduidelijke antwoorden. Zoek in de krant een interview met een politicus en analyseer de antwoorden. Let wat betreft de irrelevantie vooral op cognitieswitches. Let wat betreft de onduidelijkheid vooral op tegenstrijdigheden.
2. Mag je je als antwoordevaluator laten leiden door intuïtie, of is dat in strijd met de eis van objectiviteit?
3. Zie de voorbeelden van irrelevante en onduidelijke antwoorden in 6.1.3. en 6.1.4. Wat voor concrete motieven kun je bedenken die mogelijkerwijs aan die antwoorden ten grondslag lagen?
4. Je hebt tijdens telefoongesprekken wel eens dat de persoon aan de andere kant roept: 'Ben je er nog?' Hoe kun je voorkomen (noem concrete gedragingen) dat die vraag opkomt?
5. Welke waarde kun je toekennen aan informatie, verkregen uit nagesprekjes? Denk aan objectiviteit en standaardisatie (1.2).
6. Schematiserend kan men zeggen dat er vijf mogelijke aanleidingen zijn voor doorvragen: geen antwoord, een invalide antwoord, een onvolledig antwoord, een irrelevant antwoord en een onduidelijk antwoord. Ga na of elk der behandelde doorvraagtechnieken geschikt kan zijn als reactie op elk van deze vijf aanleidingen. Geef dit aan in onderstaand schema, door in elk der 5 x 6 hokjes '+' (= geschikt), '–' (= ongeschikt) of '±' (= twijfelgeval) te noteren.

	Doorvraagtechnieken					
	Vraag herhalen of verduidelijken	Antwoord herhalen of samenvatten	Ongericht expliciet doorvragen	Gericht expliciet doorvragen	Zwijgend doorvragen, luistergedrag	Nagesprekje
Geen antwoord						
Invalide antwoord						
Onvolledig antwoord						
Irrelevant antwoord						
Onduidelijk antwoord						

7 Gespreksleiding

Een interviewer is te vergelijken met een voetbaltrainer, die zelf meespeelt, of met een regisseur, die zelf een van de hoofdrollen in zijn film heeft, of met een vergadervoorzitter, die tegelijk voorzit en aan de discussies deelneemt. Hij speelt dus een dubbelrol. In dit hoofdstuk wordt de interviewer als regisseur/trainer/voorzitter beschreven. We vergeten dus even dat hij ook nog andere taken heeft zoals vragen stellen en antwoorden noteren.

7.1 De twee componenten van gespreksleiding

Voor een effectief en prettig verloop van het interview is het een basisvoorwaarde dat beide gespreksdeelnemers op de juiste momenten op de juiste wijze hun bijdragen kunnen leveren. Als *in*leider (hoofdstuk 4) heeft de interviewer daarvoor al de basis gelegd. Hij heeft zoveel mogelijk gezorgd voor een geschikte gespreksomgeving, en vervolgens heeft hij alles gedaan om duidelijk te maken wat de taken waren en hoe de taakverdeling was. Een goede introductie is echter nog niet voldoende voor een goed verloop van het gesprek. De rolinstructie, zoals dat genoemd werd, moet tijdens het gesprek zo nu en dan herhaald worden. Dat moet vooral wanneer de geïnterviewde er in zijn gedrag blijk van geeft de afgesproken taakverdeling uit het oog te verliezen. Net als een vergadervoorzitter moet de interviewer bovendien nog voortdurend beslissingen nemen over wie hij het woord geeft, en wie hij het woord ontneemt, terwijl hij die beslissingen ook op een duidelijke wijze moet overbrengen. Ook moet hij de tijd in de gaten houden. Dit alles is samen te vatten onder de term *taakgerichte* gespreksleiding.

Het is de kunst daar vorm aan te geven en tegelijk te zorgen voor een ontspannen, plezierige sfeer. Dit laatste noemen we de *sociaal-emotionele* kant van de gespreksleiding. Niet altijd zijn die twee kanten te scheiden. Toch zullen ze voor de overzichtelijkheid in twee aparte paragrafen behandeld worden.

7.2 Taakgerichte gespreksleiding

Elke interactie tussen twee mensen houdt wederzijdse beïnvloeding in. Tijdens interviews is dat niet anders. De manier van doen van de interviewer beïnvloedt de manier van doen van de geïnterviewde, en andersom. Zonder dat er van expliciete invloedspogingen sprake is reguleren ze al permanent elkaars gedrag. Als de geïnterviewde begint te praten, verhindert hij de interviewer op datzelfde moment iets in het midden te brengen. Als de interviewer een vraag stelt of wanneer hij een doorvraagactie onderneemt, dwingt hij de geïnterviewde aan een antwoord te werken.

Er zijn nog talloze andere illustraties te geven. Zo heeft de lezer de interviewer in de voorgaande hoofdstukken al enkele malen op subtiele wijze als beïnvloeder aan het werk gezien. Met zijn hele manier van praten (hoofdstuk 5), maar ook met zijn manier van zwijgen (6.2.5) beeldde hij uit wat hijzelf aan het doen was en maakte dus automatisch ook duidelijk wat voor gedrag hij verlangde van de geïnterviewde. Dat betekent dat hij met zijn vragen, doorvragen en zwijgen in één moeite door tevens taakgericht leiding geeft. Het onderwerp 'taakgerichte leiding' is dus eigenlijk al hier en daar in de vorige hoofdstukken aan de orde geweest, zij het niet onder die benaming.

Zonder de impliciete boodschappen, die besloten liggen in de manier van doen van de interviewer, zou taakgerichte leiding een moeizame en omslachtige bezigheid zijn. Doordat die boodschappen onuitgesproken blijven onderbreken ze de gespreksvoortgang niet, terwijl ze toch goed overkomen. Een goede interviewer zal daarom dankbaar gebruik maken van deze mogelijkheden. Hoe duidelijker hij uitbeeldt wat hijzelf aan het doen is, hoe minder hij hoeft uit te leggen wat hij verwacht van de geïnterviewde. Er blijft echter altijd nog wel het nodige uit te leggen en toe te lichten. Daartoe moet de interviewer acties ondernemen, die puur taakgericht-sturend bedoeld zijn. De volgende paragrafen gaan over dergelijke strikte vormen van taakgerichte leiding.

7.2.1 Verbale signalen

Als taakgericht gespreksleider kan de interviewer zijn optreden royaal doorspekken met opmerkingen over het gespreksverloop. Daarmee kan hij tot in details duidelijkheid verschaffen over de structuur van het gesprek. Als interviewer doet men er daarom goed aan zich dit soort opmerkingen aan te wennen. Voorbeelden zijn:
'We moeten een beetje voortmaken.'
'Wilt u kort hierop een antwoord geven?
'Ik onderbreek even.'
'Wat is uw mening?'
'Ik geloof dat u nu wel voldoende verteld hebt.'
'Ik ben nog een vraag van het vorige onderwerp vergeten, even terug dus.'

'We moeten dit onderwerp nu afsluiten.'
'Pardon, ik onderbreek, gaat u vooral verder.'
'Ik zit me nu af te vragen of ik mijn vraag duidelijk genoeg geformuleerd heb.'
'Dat schrijf ik nog even op.'
'Ik vraag nog even door.'
'Wilt u dan nu de kruisjes zetten.'
'Ik begin me een beetje zorgen te maken over de tijd.'
Veel van deze uitingen komen neer op het hardop nadenken over het eigen doen en beslissen. Andere geven direct aan wat de geïnterviewde moet doen.

Het gaat dus steeds om verbale boodschappen. Deze hebben als bijwerking dat ze een stilte vullen en daardoor storend kunnen werken. Indien men wil aangeven dat de geïnterviewde een vraag moet gaan beantwoorden, kunnen verbale acties daardoor soms averechts uitpakken. Ze verhinderen te gemakkelijk, dat de geïnterviewde het woord neemt, terwijl ze hem daartoe juist moeten oproepen. Daarom kan men beter niet al snel voor de dag komen met expliciete verbale 'startsignalen.'

Uiteraard geldt het omgekeerde wanneer men iets wil zeggen om de geïnterviewde te laten stoppen. Mededelingen als 'Ik geloof dat u nu wel genoeg verteld hebt' of 'Ik onderbreek u even', of 'We moeten dit onderwerp nu afsluiten' laten niets aan duidelijkheid te wensen over. Tegelijk maken ze het de geïnterviewde moeilijk om aan het woord te blijven, wat nu een gunstige bijwerking genoemd kan worden.

In die zin is elke verbale activiteit van de interviewer geschikt om de geïnterviewde te laten stoppen. Goed hanteerbaar in dit verband is de *samenvatting als stopactie*. De interviewer onderbreekt de geïnterviewde door op concluderende toon te stellen: 'Samengevat hebt u gezegd: "..."', waarna hij de volgende vraag aanpakt. Deze verbale onderbreekacties laten zich het beste plaatsen op momenten dat de geïnterviewde even stil is, bijvoorbeeld om adem te halen.

7.2.2 Corrigerend optreden

In negen van de tien interviews heeft de interviewer voldoende aan de hierboven behandelde leidinggevende signalen. Maar deze kunnen te kort schieten als de geïnterviewde echt verkeerd zit, dat wil zeggen als hij de grenzen van zijn eigen rol overschrijdt. Hij kan zich bijvoorbeeld met de inhoud van het interviewschema gaan bemoeien, hij kan de gespreksleiding overnemen, hij kan zelf vragen gaan stellen. Dit leidt tot moeilijke momenten. De interviewer moet zijn gesprekspartner dan terugfluiten, en bovendien moet hij hem duidelijk maken wat er mankeerde (rolinstructie).

Het probleem is dat interviewers dit vaak erg cru vinden, of onbeleefd. Ze zijn bang voor afwerende reacties, en gaan daardoor schuchter en onzeker optreden. Het corrigeren vormt echter een essentieel element van de rol van een interviewer. Daarom is er geen enkele reden voor terughoudendheid. Zolang de interviewer zich kan beroepen op zijn eigen takenpakket, zolang hoeft hij niet bang te zijn voor onhanteerbare situaties. Een voorbeeld:

Situatie: Interview met hoogleraar, in diens werkkamer, over taak en functie van de universiteit.

	Interviewer:	*'Vindt u dat de universiteit voldoende doet voor de regio?'*
	Geïnterviewde:	*'Ik dacht dat ik daar al genoeg over gezegd had. Laten we maar doorgaan naar de volgende vraag, want zoveel tijd heb ik ook niet meer.'*
Fout	Interviewer:	(ziet geen uitweg meer) *'Eh, goed, de volgende vraag dus maar, die luidt...'*
Goed	Interviewer:	*'Toch stelde ik mijn vraag niet voor niets. Ik zit nog met een onduidelijkheid over uw mening. En wat de tijd betreft: ik beloof u dat we het hele interview binnen de afgesproken tijd zullen afronden. Ik wil u dus toch nog eens verzoeken een antwoord op de vraag te geven.'*

Commentaar: de geïnterviewde matigde zich de rol van evaluator aan ('al genoeg over gezegd') en vervolgens nog eens die van taakgericht leider ('laten we maar doorgaan'). Het eerste wat een interviewer in zulke situaties moet denken is: rolinstructie. Onmiddellijk de verhoudingen weer rechttrekken. Als hij zo'n overtreding één keer laat passeren, raakt hij zijn greep op het geheel gegarandeerd kwijt.

De eerste interviewer voorzag blijkbaar dat het onbegonnen werk was de hooggeleerde respondent nog tot een antwoord te bewegen. Mogelijk had hij dat goed gezien. Maar dan nog had hij als taakgericht leider eerst weer een en ander moeten rechtzetten, alvorens verder te gaan. Bijvoorbeeld: 'Voor mij is uw mening helaas nog niet helemaal duidelijk (=u ziet dat *ik* nog altijd evalueer hier), maar laten we dan toch maar verder gaan, dat lijkt mij nu het beste (=*ik* ben hier de gespreksleider).' Zo'n reactie was beter geweest.

Nog beter was de reactie van de tweede interviewer uit het voorbeeld. Hij zorgde beleefd doch duidelijk voor de rolinstructie. Bovendien zette hij als taakgericht leider de geïnterviewde weer aan het werk. Hij liet zich niet onmiddellijk ompraten als taakgericht leider.

7.2.3 Afsluiting van het interview

Interviews kunnen als een nachtkaars uitgaan, maar dat komt de duidelijkheid niet ten goede. De interviewer als taakgericht leider heeft hier een functie. Hij moet voor zichzelf en voor de geïnterviewde duidelijk maken, wanneer hij er een punt achter zet. Precies zoals een vergadervoorzitter een vergadering afhamert. Nadien kan men nog doorpraten zoveel men wil, maar het interviewregime geldt dan niet meer.

Het is een goede gewoonte dat de interviewer, ter afsluiting, nog even memoreert waarvoor het interview gediend heeft, en wat de geïnterviewde nog verder kan verwachten. Weer dringt zich de vergelijking met de voorzitter van een vergadering op: deze vat ter afsluiting van de vergadering het besprokene samen en somt nog even op welke besluiten er gevallen zijn, en tot welke acties men heeft besloten. Een voorbeeld van zo'n afsluiting:

Interviewer: *'Dit was dan de laatste vraag. We zijn er doorheen. Ik wil u hartelijk danken voor uw uitgebreide antwoorden. We zullen uw antwoorden dus samen met die van uw collega's verwerken in het rapport, dat naar de directie gaat, en waarvan u, zoals afgesproken, tegelijk met de directie een exemplaar krijgt. Rekent u maar op een dag of veertien na nu.'*

Het voorbeeld laat zien dat de afsluiting van het gesprek bij uitstek een moment is waarop taakgerichte en sociaal-emotionele leiding hand in hand gaan. Het bedankje had typisch de functie om de respondent het aangename gevoel te geven dat hij een gewaardeerde bijdrage geleverd had. Bovendien krijgt een zakelijke afsluiting, zoals die uit het voorbeeld, doorgaans nog een vervolg, waarin wat gepraat wordt over zaken waarvoor tijdens het interview zelf geen plaats was. Meestal bestaat daar wel behoefte aan. In de volgende paragraaf gaan we systematischer in op de vorm en inhoud van sociaal-emotionele gespreksleiding.

7.3 Sociaal-emotionele gespreksleiding

Sociaal-emotionele leiding tijdens het interview is de zorg voor de gemotiveerdheid en de tevredenheid van de geïnterviewde, maar net zo goed ook voor die van de interviewer zelf. De uiteenzetting hieronder heeft als uitgangspunt de vraag: wat motiveert en wat demotiveert de interviewer en de geïnterviewde, te beginnen bij de laatste.

Een groot aantal drijfveren en andere factoren liggen ten grondslag aan het gedrag van de geïnterviewde. We kunnen de volgende categorieën onderscheiden:[1]

- verwachtingen over opbrengsten van het interview;
- satisfactie die voortkomt uit het feit dat men de functie van geïnterviewde kan vervullen;
- de mogelijkheid van sociaal contact met de interviewer;
- individuele emoties naar aanleiding van gespreksonderwerpen;
- fysieke condities tijdens het interview.

Met al deze motieven en factoren dient de interviewer rekening te houden: voortdurend moet hij verdacht zijn op signalen die wijzen op de werkzaamheid van een of andere weerstand of op een onvervulde behoefte bij zijn gesprekspartner. Zonodig dient hij daarop actie te ondernemen. Een complicatie daarbij is dat die signalen veelal non-verbaal – en dus niet zo duidelijk – zijn: gespannen spreekstijl, zuchten, gespannen houding, afwerende gebaren. Ze bieden de interviewer weinig zekerheid over wat er aan de hand is. Van heel wat verbale signalen moet dit overigens ook gezegd worden.

Hoe dit ook zij, zodra de interviewer enigszins zicht heeft op wat er in de geïnterviewde omgaat, kan hij op aangepaste wijze reageren. Per genoemde categorie van factoren en motieven wordt dit hieronder uitgewerkt.

7.3.1 Factor 1: verwachtingen over opbrengsten van het interview

De geïnterviewde heeft zich vaak vóór het interview al een bepaald beeld gevormd over wat het interview zal opleveren. We kunnen daarbij denken aan allerlei positieve gevolgen voor hemzelf: behartiging van privé-belangen naar aanleiding van klachten die hij naar voren brengt, of adviezen die hij van de interviewer hoopt te krijgen. Het kan ook gaan om negatieve gevolgen voor hemzelf: de mogelijkheid dat zijn antwoorden tegen hem gebruikt worden, of dat hij tijdens het gesprek met pijnlijke onderwerpen zal worden geconfronteerd. Ten slotte kunnen we ook denken aan allerlei verwachtingen over gevolgen buiten de privé-sfeer, zoals invloed van uitkomsten uit het interview op het beleid van deze of gene instantie. Als tijdens het interview langzaam duidelijk wordt dat deze verwachtingen te rooskleurig of te hoog gespannen waren, gaat daar een demotiverende werking vanuit.

Dit is niets nieuws. Bij de behandeling van de gespreksintroductie (hoofdstuk 4) kwam hetzelfde ook al naar voren. Toch is het goed er nu weer even bij stil te staan: zolang de geïnterviewde geen duidelijk beeld heeft van het doel van het interview voelt hij zich niet op zijn gemak. Zolang dat niet in orde is heeft het dus weinig zin werk te maken van de andere factoren die we in de volgende paragrafen zullen bekijken.

7.3.2 Factor 2: de mogelijkheid om de functie van geïnterviewde te vervullen

Een stukje algemene groepsdynamica vooraf. Voor een lid van een groep is weinig zo motiverend als het gevoel dat zijn eigen bijdrage invloed heeft op het produkt van de groep als geheel, zeker als de rest van de groep die bijdrage bovendien positief waardeert. Omgekeerd kunnen groepsleden die wel degelijk in de groepstaak geïnteresseerd zijn al hun motivatie kwijtraken, indien ze er niet toe kunnen komen bijdragen te leveren, of als er met hun bijdragen niets merkbaars gebeurt. Deze groepsdynamische wet is op alle mogelijke groepen van toepassing: van bestuurscolleges tot hockeyteams, van groepjes spelende kinderen tot actiecomités. Zo ook op het duo interviewer-geïnterviewde. Voor beiden kan het spelen van hun rol(len) een motiverende opbrengst zijn.

Voor de motivatie van de geïnterviewde is het daarom van het grootste belang dat zijn bijdrage gewaardeerd wordt en zichtbaar tot gevolgen leidt. Dit biedt handvatten voor de interviewer als sociaal-emotioneel gespreksleider: hij moet de geïnterviewde in diens rol bevestigen.

Dit betekent allereerst dat hij zijn gesprekspartner duidelijk gelegenheid biedt voor bijdragen aan het gesprek, door heldere taaktoewijzing, en door zich te onthouden van inmenging in die bijdragen. Dit is geen nieuw punt. Het is een onderdeel van het optreden van de interviewer als taakgericht leider. Maar in aansluiting hierop staat de interviewer nog een aantal andere technieken ten dienste.

De eerste houdt in dat hij maximaal laat merken dát er iets met de antwoorden van de geïnterviewde wordt gedaan en, zo mogelijk, wát ermee gedaan wordt. Dit kan heel direct en expliciet. De interviewer laat daartoe bijvoorbeeld zien of horen wat hij allemaal noteert en wat er dus van het gezegde bewaard blijft *(merkbaar noteren)*. Men kan daartoe bijvoorbeeld ingevulde interviewformulieren laten zien, of halfluid verwoorden wat men op een gegeven ogenblik aan het opschrijven of intikken is. Een andere mogelijkheid is een toelichting, onmiddellijk na het noteren over het nut van de betreffende vragen en antwoorden *(uitleg achteraf)*, waardoor de geïnterviewde enig zicht krijgt op de functie van zijn bijdrage. Een voorbeeld:

Situatie: Interview over gebeurtenissen bij rellen in de oudejaarsnacht.

Interviewer:	*'Zijn u nog meer dingen opgevallen?'*
Geïnterviewde:	(Geeft een uitgebreide beschrijving, hoe het gegooi met stenen begon, hoe de politie aanvankelijk afwachtte, hoe de eerste arrestatie verricht werd en welke reactie daarop weer volgde.)
Interviewer:	*'Dit wil ik allemaal even goed opschrijven ...,* (schrijft enige tijd zichtbaar in zijn blocnote) *..., zo, dat was nuttige informatie die u gaf, we beginnen zo zoetjes aan een aardig overzicht te krijgen van het hele gebeuren.'*

Er zijn ook andere vormen van rolbevestiging, minder expliciet en direct dan de bovenstaande, maar met hetzelfde effect, namelijk dat de geïnterviewde het gevoel krijgt een goede partij te spelen.

Zo kan men *waardering* laten blijken voor allerlei niet-inhoudelijke aspecten van de antwoorden die de geïnterviewde geeft (snelheid, helderheid en dergelijke). Men kan de geïnterviewde van tijd tot tijd ook *bedanken*. En soms is het ook op zijn plaats dat men hem op een of andere manier *geruststelt*. Op dit laatste gaan we nu even wat dieper in.

Volkomen ten onrechte menen sommige geïnterviewden dat ze te dom zijn voor het interview, of te weinig geïnformeerd, of dat ze te weinig verbale talenten hebben. Ze diskwalificeren zichzelf dan voor de rol van geïnterviewde. De interviewer moet ernaar streven dat het zover niet komt, bijvoorbeeld door al snel na het begin van het interview waarderende en dankende woorden te laten horen. Raakt de geïnterviewde niettemin geblokkeerd door gevoelens van incompetentie, dan moet er even tijd worden uitgetrokken voor een geruststelling. Niet door middel van neerbuigende schouderklopjes maar van verwijzingen naar feiten. Welke dat zijn hangt af van de omstandigheden. Voorbeelden:

	Interviewer:	*'Wat is naar uw mening het nut van de wijkraad?'*
	Geïnterviewde:	*'Eh, dat meer mensen een kans krijgen om aan een soort politiek te doen, zou ik zeggen...dat is zeker fout hè?'*
	Interviewer:	*'Fout?, waarom dat? Nee hoor, als dat uw mening is, is dat uw mening. Dus foute antwoorden bestaan er niet eens op deze vraag.'*
	Interviewer:	*'Wat is naar uw mening het nut van de wijkraad?'*
	Geïnterviewde:	*'Ik zou het zo gauw niet weten, stom hè?'*
	Interviewer:	*'Ik zou dat niet stom durven noemen. Misschien, als u er nog even rustig over nadenkt ...'*
	Interviewer:	*'Wat is naar uw mening het nut van de wijkraad?'*
	Geïnterviewde:	*'Eh ...* (zucht).'
	Interviewer:	*'Misschien was de vraag niet duidelijk. Het gaat om de wijkraad, dat is etcetera'.*

In dit soort situaties moet de interviewer iets doen om de geïnterviewde gerust te stellen. Zou hij dat nalaten, dan zou de geïnterviewde steeds verder ontmoedigd raken. Rolontmoediging, het omgekeerde van rolbevestiging, kan ook wel eens voortkomen uit spontane, onhandige uitlatingen van de interviewer. Speciaal tijdens de meer precaire momenten van het interview wil deze zich wel eens dingen laten ontvallen die voor de geïnterviewde weinig stimulerend zijn. Enige voorbeelden:

	Geïnterviewde:	*'Maar dat heb ik zojuist toch al verteld.'*
Fout	Interviewer:	(schrikt inwendig) *'O, nou, dat zal dan wel, maar dat heb ik dan zeker niet gehoord.'*
Fout	Interviewer:	*'Hm hm.'*
Goed	Interviewer:	*'Nou, neemt u me dan niet kwalijk, dan moet ik er even niet met mijn hoofd bij geweest zijn.'*

Commentaar: als de interviewer bij zijn gesprekspartner de indruk wekt iets uit een eerder gespreksstadium te zijn vergeten, is er op zichzelf nog geen ramp gebeurd. Zulke dingen komen nu eenmaal voor. Fout is, in zo'n geval te doen of er niets aan de hand is (nummer twee), of te doen alsof die vergeetachtigheid heel normaal is (nummer een). De geïnterviewde blijft dan met het gevoel zitten dat wat hij vertelt niet de moeite waard gevonden wordt. Door zijn excuus laat de derde interviewer merken dat het niet zijn gewoonte is woorden van de geïnterviewde te vergeten.

Situatie: Interviewschema mist twee pagina's.

Fout	Interviewer:	*'Ach ik zie dat ik hier twee pagina's uit mijn vragenlijst mis. Nou ja, pech gehad.'*
Goed	Interviewer:	*'Ik zie opeens dat ik hier twee pagina's uit mijn vragenlijst mis. Die vragen kan ik nu niet stellen. Als ik het wel heb, waren dat de vragen over de medische voorzieningen in de wijk. Vervelend. Gelukkig heb ik de vragen over alle andere onderwerpen wel. Dus we nemen nog voldoende informatie mee uit dit interview.'*

Commentaar: slordigheden kunnen voorkomen. Fout is in zo'n geval quasi-geruststellend te zeggen dat het allemaal niet erg is. De geïnterviewde van de eerste interviewer hierboven zal zich afvragen, of de vragen, die wel gesteld konden worden, niet net zo goed gemist zouden kunnen worden. Beter is het, zoals de tweede interviewer deed, in alle eerlijkheid de schade te constateren, en uiteen te zetten in hoeverre de wel gerealiseerde delen van het interview toch hun nut zullen hebben. De geïnterviewde blijft dan naar zijn gevoel met iets nuttigs bezig.

Vergeetachtigheid en slordigheid kunnen de aanleiding vormen van incidenten als de bovenstaande. Soms kan het interview ook gewoon slecht lopen. Ook dan moet de interviewer uitkijken dat hij daar niet onhandig op reageert, en aldus de geïnterviewde ontmoedigt. Hij kan onverstoorbaar dóórgaan en trachten er alsnog het beste van te maken. De geïnterviewde wordt dan niet met het probleem geconfronteerd. Hij kan ook openlijk uitspreken dat het zijns inziens niet goed loopt, en vervolgens *hardop nadenken* of overleggen over te treffen maatregelen. Nu wordt de geïnterviewde wél met het probleem geconfronteerd, maar zodanig, dat hij er geen ongemakkelijke gevoelens aan overhoudt, omdat er aan een oplossing gewerkt wordt.

De interviewer kan echter ook zuchtend en kreunend zijn ontevredendheid laten merken en het daarbij laten. Op zijn best roept hij daarmee medelijden op bij de geïnterviewde, maar waarschijnlijker is dat deze het gevoel krijgt bezig te zijn met een tot mislukken gedoemde onderneming, of, erger nog, dat hijzelf daarvan de schuld is. Aldus zadelt de interviewer zijn gesprekspartner op met de spanning, die hijzelf ervaart. Dat werkt zeer ontmoedigend.

Situatie: De geïnterviewde is voortdurend zo lang van stof, zonder dat de interviewer dat weet in te dammen, dat er grote tijdnood dreigt.

Goed Interviewer: *'Ik zou u even willen onderbreken. Ik ben bang dat we op deze manier in de problemen komen. U hebt steeds zoveel te vertellen bij elke vraag dat we straks geen tijd overhouden voor de laatste vragen.'*

7.3.3 Factor 3: sociaal contact met de interviewer

Voor sommige geïnterviewden bestaat een belangrijke 'nevenopbrengst' van het interview uit het sociale contact met de interviewer. Het interview biedt de gelegenheid eens kennis te maken met een ander en met die ander eens een goed gesprek te voeren. Nu zijn dat niet de doelstellingen die de interviewer voor ogen heeft. In veel gevallen staan ze daarmee zelfs op gespannen voet. Toch moet de interviewer er rekening mee houden.

Het komt voor dat de geïnterviewde vragen gaat stellen over de persoon van de interviewer: waar hij werkt, hoeveel interviews hij al gedaan heeft, of hij deze of gene persoon ook kent, of hij een bepaald tijdschriftartikel gelezen heeft etcetera. In een gewoon intermenselijk gesprek zou men uiteraard gewoon op zulke vragen ingaan. In principe mag de interviewer dat tijdens het interview óók wel, maar dan wel in combinatie met voorzorgsmaatregelen, om de structuur van het interview geen geweld aan te doen. Wat betekent dat concreet?

Door op de vragen van zijn gesprekspartner in te gaan komt de interviewer tegemoet aan diens sociale nieuwsgierigheid. Daar komt bij dat hij, door iets van zichzelf te vertellen, de geïnterviewde stimuleert hetzelfde te doen, hetgeen voor de meeste interviews een gunstige bijwerking genoemd kan worden. Men spreekt in dit verband van zelfonthulling of *zelfmededeling* van de kant van de interviewer. In principe zou dat dus een adequate actie van de interviewer kunnen worden genoemd. Maar er zijn ook gevaren aan verbonden.

- Zelfonthulling kan strijdig zijn met de grondregel dat de interviewer géén invloed mag uitoefenen op de inhoud van de antwoorden. Vanwege deze regel mag hij ook op geen enkele wijze zijn eigen mening of verwachting over aangesneden onderwerpen kenbaar maken. Zelfmededelingen hebben het gevaar dat dit indirect toch gebeurt.

  Ieder mens, dus ook elke geïnterviewde, draagt zogenaamde impliciete persoonlijkheidstheorieën met zich mee: allemaal veronderstellingen over de persoonlijkheid van andere mensen. Zo kan iemand bijvoorbeeld als vanzelfsprekend aannemen dat mensen zonder kinderen geneigd zijn tot radicale politieke stellingnames; of dat stadsbewoners veel van theater houden. Wanneer een interviewer dus iets over zijn woonplaats of over zijn gezinssituatie vertelt loopt hij het gevaar dat hij ongewild en ongemerkt ook standpunten uitdraagt over culturele of politieke zaken. Zo'n zelfmededeling kan daardoor op gespannen voet komen te staan met de bovengenoemde grondregel.
- Door op de vragen van de geïnterviewde in te gaan laat de interviewer kostbare tijd verloren gaan.
- Door voetstoots op de vragen van de geïnterviewde in te gaan laat de interviewer de door hemzelf uitgezette lijn van het gesprek los. Dit is in strijd met de grondregel dat hij de gespreksleiding in handen moet houden. Daarom dient hij een 'zelfmededeling op verzoek' altijd in te kleden als een tijdelijk zijsprongetje dat het eigenlijke, door hemzelf vast te stellen gespreksverloop onaangetast laat.

Deze door het interview gestelde grenzen impliceren dat de sociale nieuwsgierigheid van de geïnterviewde slechts zeer ten dele bevredigd kan worden tijdens het interview. Een kool en geit sparende uitwijkmogelijkheid is de belofte aan het eind van het interview nader in te gaan op de vragen van de geïnterviewde.[2] Voorbeelden:

	Interviewer:	*'Wat vindt u van de gemeente Groningen, als plaats van vestiging voor uw bedrijf?'*
	Geïnterviewde:	*'Komt u daar zelf vandaan?'*
Fout	Interviewer:	*'Ja, inderdaad, daar kom ik vandaan.'*
Goed	Interviewer:	*'Vindt u het goed als ik even niet op die vraag inga? Mijn relatie tot die gemeente moet even op de achtergrond blijven.'*

Commentaar: in dit geval is de zelfmededeling door de interviewer gevaarlijk. De interviewer zal dus onomwonden de boot moeten afhouden. Door uit te leggen waarom, voorkomt hij dat dit bot lijkt.

Geïnterviewde:	*'Als ik even vragen mag: "Bent u student?"'*
Interviewer:	*'Inderdaad.'*
Geïnterviewde:	*'En wat voor vak doet u dan?'*

Goed Interviewer: *'Dat vak dat heet sociale geografie. Als u wilt kan ik daar nog wel wat meer over vertellen, maar dan ná het interview, want ik vind het belangrijk dat we de draad vasthouden, en dat we straks niet in tijdnood komen.'*

Commentaar: hier permitteerde de interviewer zich wel enige zelfmededeling. Maar hij hield het kort en liet tevens merken dat het interview voorrang behield.

Geïnterviewden komen niet alleen zo nu en dan met vragen over de persoon van de interviewer. Ze dragen soms ook complete nieuwe gespreksonderwerpen aan die weinig met de inhoud van het interview te maken hebben, maar waarover ze toch eens graag van gedachten willen wisselen. Dat kan van alles zijn: de eigen werksituatie, waarover het een en ander te klagen valt; hobby's, waar men trots op is; grappige onderwerpen, of onderwerpen die het onderzoeksthema zijdelings raken.

In principe handelt de interviewer hier als bij de vragen naar zijn persoon. Dus: wel enigszins de geïnterviewde tegemoetkomen, evenwel onder een aantal restricties, die weer vaak nopen tot snel afkappen van het ingelaste gesprekje, of tot een verdaging tot ná het interview. In dit geval komen die restricties op het volgende neer:

- De interviewer vermijdt elke vermenging van het ingelaste gesprekje met het eigenlijke interview. Wat hijzelf bijdraagt mag op geen enkele wijze de inhoud van de vragen van het interview raken. Het veiligste is een puur belangstellende en reagerende opstelling.
- De interviewer zorgt dat er niet te veel tijd verloren gaat.
- Hij maakt bovendien meteen duidelijk dat de hoofdlijn van het interview niet uit het oog verloren mag worden.
- Wanneer het aangereikte onderwerp ook maar enigszins in de buurt ligt van de inhoud van het interview, dan dient de interviewer van meet af duidelijk te maken waar de overeenkomsten en de verschillen liggen.

De laatste restrictie vereist nog enige toelichting. De geïnterviewde kan in de mening verkeren dat het door hem in het midden gebrachte onderwerp de kern van het interview raakt. Geïnterviewden kunnen soms sterk vasthouden aan een eigen, niet geheel juiste voorstelling van het doel van het interview. Door dienovereenkomstig een bepaald gespreksonderwerp in te brengen menen ze – ten onrechte – daarmee een effectieve bijdrage te leveren. Gaat de interviewer daar, als sociaal-emotioneel leider, op in, dan loopt hij het gevaar het verkeerde idee van de geïnterviewde te bevestigen. Voor de goede gang van zaken zou hij het misverstand echter onmiddellijk uit de wereld moeten helpen. Een voorbeeld:

Situatie: Interview over huidige werksituatie.

Geïnterviewde: *'In mijn vorige baan, daar had ik het pas goed. Daar kan ik heel wat staaltjes van vertellen.'*

Fout Interviewer: *'Wat voor baan was dat dan?'*

Goed Interviewer: *'Maar we hebben het nu over uw huidige werk.'*
Beter Interviewer: *'Jammer genoeg gaat dit interview over uw huidige werk. Wat was dat tussen haakjes voor een baan, die vorige baan van u?'*

Commentaar: de eerste interviewer reageert geheel als sociaal-emotioneel leider, door de geïnterviewde ruimte te geven om te vertellen wat hij blijkbaar graag wil laten horen. Door het daarbij te laten, schiet hij echter te kort als taakgericht leider. De tweede interviewer doet het omgekeerde, en houdt zich zo in elk geval aan de bovengenoemde restrictie. De derde interviewer weet een geschikte combinatie van beide elementen te maken.

Hoe beperkend deze restricties ook zijn, de interviewer dient er toch voor te zorgen dat hij voorbereid is op onderwerpen die zijn gesprekspartner aansnijdt, en waarvan deze redelijkerwijs mag verwachten dat de interviewer er verstand van heeft. Het staat onnozel en werkt frusterend als de interviewer niets weet te zeggen, zodra er iets ter sprake komt dat buiten het strikte interviewkader ligt. Dit heeft consequenties voor de manier waarop de interviewer zich op het interview voorbereidt. Hij zal zich moeten informeren over de situatie en de achtergrond van de te interviewen persoon, vooral in relatie met het gespreksonderwerp. Iemand die een schoolhoofd gaat interviewen zal zich op de hoogte moeten stellen van recente ontwikkelingen in de onderwijspraktijk en onderwijswetgeving. Wie een topvoetballer gaat interviewen, doet er goed aan de standen in de competitie vooraf even na te kijken.

Met vragen naar de persoon van de interviewer en met de inbreng van eigen gespreksonderwerpen doet de geïnterviewde actieve pogingen om wat van het contact met de interviewer te maken. Het komt voor dat de geïnterviewde dit soort pogingen achterwege laat, maar wel laat merken dat hij zich enigszins ongelukkig voelt in het contact met de interviewer. De aanwezigheid van de vreemde interviewer kan hem zenuwachtig en gespannen maken. De interviewer doet er goed aan dit gevoel zoveel mogelijk weg te nemen alvorens sterk taakgericht te werk te gaan. Hij kan bijvoorbeeld een ongedwongen gesprekje over een of ander onderwerp inlassen. Daartoe is het ook handig, als de interviewer zich prepareert op onderwerpen waarover hij met de te interviewen persoon van gedachten kan wisselen. De eerder genoemde restricties blijven bij dit soort acties natuurlijk van kracht.

7.3.4 Factor 4: individuele emoties naar aanleiding van gespreksonderwerpen

Sommige interviews gaan over onderwerpen waar de geïnterviewde emotioneel nauw bij betrokken is: relaties thuis of op het werk, een niet afgemaakte opleiding, jeugdherinneringen, politiek, geloof etcetera. Het kan zijn dat de geïnterviewde eigenlijk liever niet aan deze zaken herinnerd wil worden; het kan ook zijn dat hij juist niets liever wil dan dat. In beide gevallen maakt het interview gevoelens los.

Gesprekken in therapeutisch verband zijn er vaak juist op gericht dit laatste te doen. In interviews die gericht zijn op informatieverzameling heeft men die doelstelling niet. Voor de geïnterviewde kan het evenwel frusterend zijn als zaken die hij erg belangrijk vindt door zijn gesprekspartner onopgemerkt blijven, of genegeerd worden.

Uit het oogpunt van motivering van de geïnterviewde dient een interviewer dan ook gevoeligheid en belangstelling aan de dag te leggen voor wat de geïnterviewde allemaal bezighoudt. Een speciale techniek hiertoe, ontleend aan de psychotherapie, is de zogenaamde belevingsweergave of *gevoelsreflectie*.[3] De interviewer laat dan alleen maar merken dat hij het losgemaakte gevoel opgemerkt heeft, verder niets. Hij gebruikt korte zinnetjes als:

- 'Ik zie dat deze vraag heel wat bij u losmaakt.'
- 'Dat was dus een hele belevenis.'
- 'Vindt u het vervelend hierover te praten?'
- 'U voelt zich geloof ik erg betrokken bij deze zaak.'
- 'Voelde u dat als een grote slag?'
- 'Ik merk dat dit veel voor u betekent.'

Talloze andere formuleringen zijn denkbaar, al naar gelang de gebeurtenissen tijdens het interview. De functie van de belevingsweergave is vooral dat de geïnterviewde merkt met een begrijpende gesprekspartner te maken te hebben. Voorts houdt het een uitnodiging in om desgewenst nog wat meer te vertellen. Daardoor heeft een gevoelsreflectie soms iets van doorvragen (te vergelijken met het herhalen van antwoorden, zoals beschreven in 6.2.2, dat ook wel inhoudsreflectie wordt genoemd, als parallel van gevoelsreflectie). De interviewer hoeft niet méér te doen dan begrijpend en niet-afkeurend te reageren. Aldus creëert hij een situatie waarin hij na enige tijd weer aandacht kan vragen voor de eigenlijke vragen van het interview.

7.3.5 Factor 5: fysieke condities

Interviewen is fysiek inspannend, ook voor de geïnterviewde. Om er geen uitputtingsslag van te maken kan de interviewer allereerst zorgen voor een fysiek zo aangenaam mogelijke gespreksomgeving. Vóór het interview is dat al grotendeels geregeld (4.5), maar tijdens het gesprek kan het nodig zijn nog extra dingen te doen: zorgen voor frisse lucht, voor een drankje etcetera.

Een ander aandachtspunt vormt de tijdige afwisseling van inspannende, taakgerichte episodes met ontspannende pauzes daartussen. Zo'n pauze kan heel expliciet worden afgekondigd, vaker zal het echter gaan om korte rustpunten, waarin even het interview zelf op de achtergrond staat.

Ook tijdens de taakgerichte episodes ten slotte dient de interviewer alles te doen om fysieke stress en gejaagdheid bij de geïnterviewde te voorkomen. Hij doet dit door uit zijn eigen optreden elke gehaastheid te bannen. Door zelf uiterst rustig en ontspannen te praten, te noteren en te luisteren voorkomt hij gevoelens van onrust bij de geïnterviewde.

7.3.6 Behoeftes, gevoelens en motivaties van de interviewer

Voor een goed verloop van het interview is het van het grootste belang dat ook de interviewer zélf zich op zijn gemak voelt. Sommige interviewers zorgen in dit verband zeer goed, zelfs té goed, voor zichzelf. Ze presteren het van elk interview een uiterst gezellige en boeiende ontmoeting te maken. Uit het oogpunt van interviewtechniek is dit nu meestal *fout*. De gevaren, genoemd in 7.3.3 komen hier namelijk levensgroot terug. In een sfeer van gezelligheid is het voor de geïnterviewde haast ondoenlijk tot onafhankelijke oordelen en antwoorden te komen. Het is veel te verleidelijk de interviewer naar de mond te praten. Bovendien wordt er tijd en aandacht onttrokken aan de eigenlijke interviewtaak, die zodoende een slordige behandeling krijgt.

Al zijn eventuele sociale talenten ten spijt, zal de interviewer zijn satisfactie daarom vooral moeten zoeken in de kwaliteit van zijn eigenlijke interviewtaak. Een gedegen voorbereiding en training biedt hiertoe de beste garantie. Als die ertoe leiden dat de interviewer zich technisch zeker van zijn zaak voelt, hoeft er verder niet zoveel meer te gebeuren om de spanning te reduceren.

Toch gebeurt het soms dat de interviewer tijdens het interview problemen krijgt met zijn rol, bijvoorbeeld doordat hij niet toekomt aan noteren, of doordat hij de leiding van het gesprek niet weet te behouden. Op zo'n moment dient hij iets te doen dat analoog is aan het geruststellen van de geïnterviewde, als díé even moeite heeft met zijn rol. Hij moet zichzelf dus geruststellen, maar hoe pakt hij zoiets paradoxaals aan?

De oplossing is dat de interviewer op zo'n moment *hardop nadenkt* over zijn probleem in plaats van dit helemaal voor zichzelf te houden. De geïnterviewde wordt zo deelgenoot van zijn zorgen, en krijgt daardoor de gelegenheid de helpende hand te bieden. In de voorgaande paragrafen is al een aantal andere functies naar voren gebracht voor dit hardop nadenken. In 7.2.1 ging het om de functie van verduidelijking van de situatie, zodat de geïnterviewde beter zicht had op wat er van hem verwacht werd. In 7.3.2 ging het om preventie van ongemakkelijke gevoelens bij de geïnterviewde. Hier gaat het om reductie van spanning voor de interviewer zelf. Door hardop na te denken bevordert deze dat de geïnterviewde behulpzaam bijdraagt aan een goed verloop van het gesprek. Op zijn minst mag hij verwachten dat hij de tijd krijgt om orde op zaken te stellen. Aldus kan men als interviewer overeind blijven op de minder geslaagde momenten van het interview.

Een andere bron van spanning,waar vooral beginnende interviewers nogal eens last van hebben, is sociale angst. Dit is een gevoel van onzekerheid over de reacties van de geïnterviewde op hun optreden; angst dat de vragen gek gevonden zullen worden en weerstand zullen oproepen; angst dat geïnterviewden een vernietigend oordeel zullen hebben over de hele onderneming. De beste remedie tegen dit gevoel is het opdoen van veel ervaring. Daardoor komt men er namelijk achter dat verreweg de meeste mensen het leuk vinden dat men hen interviewt, en heel tolerant en bereidwillig zijn, ook als ze het nut van het interview niet meteen onderschrijven.

Voor wie die ervaring mist nog een zinnig advies: 'Om niet in de greep van gevoelens van verlegenheid en schuld te komen, moet de interviewer zichzelf eens de volgende vraag stellen: "Zou ikzelf bereid zijn al die vragen te beantwoorden, als ik door een interviewer benaderd zou worden onder dezelfde omstandigheden?"[4] Zo'n gedachtenexperiment helpt misschien iets.

7.4 Discussiestof

1 Waarin onderscheidt zich een samenvatting als doorvraagactie (6.2.2) van een samenvatting als stopactie (7.2.1)?

2 Ga na op wat voor manieren twee mensen, die samen aan de maaltijd zitten, elkaars gedrag beïnvloeden. Wat doet of laat de een als gevolg van de aanwezigheid van de ander? In hoeverre zie je dezelfde verschijnselen terug in de relatie interviewer-geïnterviewde?

3 Situatie: interview met een gezinsverzorgster over de inhoud van haar werk. Het gaat vooral om de verhouding strikt huishoudelijk werk/(semi-)maatschappelijk werk. De vraag is hoe die verhouding in de praktijk ligt, en hoe de geïnterviewde denkt over haar eigen competentie voor beide soorten activiteiten.

Wat voor informatie zou je allemaal willen hebben (los van kennis van het interviewschema en wat daarmee samenhangt), om enigszins beslagen ten ijs te verschijnen als interviewer?

Kun je het jezelf in dit interview permitteren in te gaan op de volgende vragen:

- of je getrouwd bent en kinderen hebt;
- of je op de sociale academie gezeten hebt;
- of je bekend bent in wijk X;
- of je zelf wel eens een gezinsverzorgster over de vloer gehad hebt?

4 Zelfonthulling van de kant van de interviewer heeft als grootste gevaar dat de inhoud van de antwoorden beïnvloed wordt als gevolg van de impliciete persoonlijkheidstheorieën, die de geïnterviewde erop na houdt. Houdt dit geen volledig verbod in om iets over jezelf te vertellen?

5 Kun je je interviewsituaties voorstellen waarin het nuttig zou zijn als er een aparte gespreksleider bij was?

6 In een onderzoek[5] bleek dat interviewers, die sterk geïnteresseerd waren in de persoon van de geïnterviewde, minder accurate interviewresultaten realiseerden dan interviewers die die instelling niet hadden. Hoe verklaar je dat? Denk je dat dat voor alle situaties opgaat?

Deel 3

Het interviewschema

8 Constructie van een interviewschema

In de voorgaande hoofdstukken is een beeld gegeven van het hele pakket aan werkzaamheden en vaardigheden van de interviewer. Wie over deze vaardigheden beschikt kan met elk interview aan de slag, mits voorzien van één hulpmiddel: een handleiding voor de uitvoering van de diverse werkzaamheden in de concrete situatie. Die handleiding is het interviewschema.

Een interviewschema is het eindprodukt van een keten van operaties. Beter gezegd: dat behoort het te zijn. Al te vaak begint men echter eenvoudigweg met het op een rijtje zetten van een serie vragen, terwijl daar eigenlijk het nodige voorwerk aan vooraf behoort te gaan. Dat begint met het fundamenteel doordenken van de vraag wat voor informatie er uit de interviews zal moeten komen, en het eindigt met het uittesten van een concept-interviewschema.[1] Deze, en de tussenliggende stappen worden in de volgende paragrafen uiteengezet (schema 8.1 biedt een overzicht). Eerst echter nog even iets over de inhoud en de functie van interviewschema's.

8.1 Inhoud en functie van interviewschema's

In plaats van het woord 'interviewschema' wordt ook wel 'vragenlijst' gebruikt. Deze term verwijst echter naar slechts één gedeelte, namelijk naar de lijst van vragen die men moet stellen. Maar interviewen omvat meer dan vragen stellen alleen. Dienovereenkomstig bevat ook het interviewschema méér: instructies voor de introductie van het gesprek, voor het noteren, voor de afsluiting van het gesprek, voor de wijze van doorvragen en voor het evalueren van de antwoorden, om de belangrijkste te noemen.

Zo'n compleet interviewschema is onmisbaar, wanneer er meerdere interviewers ingezet worden om verschillende personen te interviewen. Dan moet er een centrale regie zijn, zodat elke interviewer de taak op dezelfde wijze uitvoert. Daartoe zijn uniforme instructies nodig. Maar ook wanneer één persoon alle interviews doet, of wanneer het gaat om één, eenmalig af te nemen interview, kan een interviewschema geen kwaad. Het voorkomt dat er tijdens het gesprek geïm-

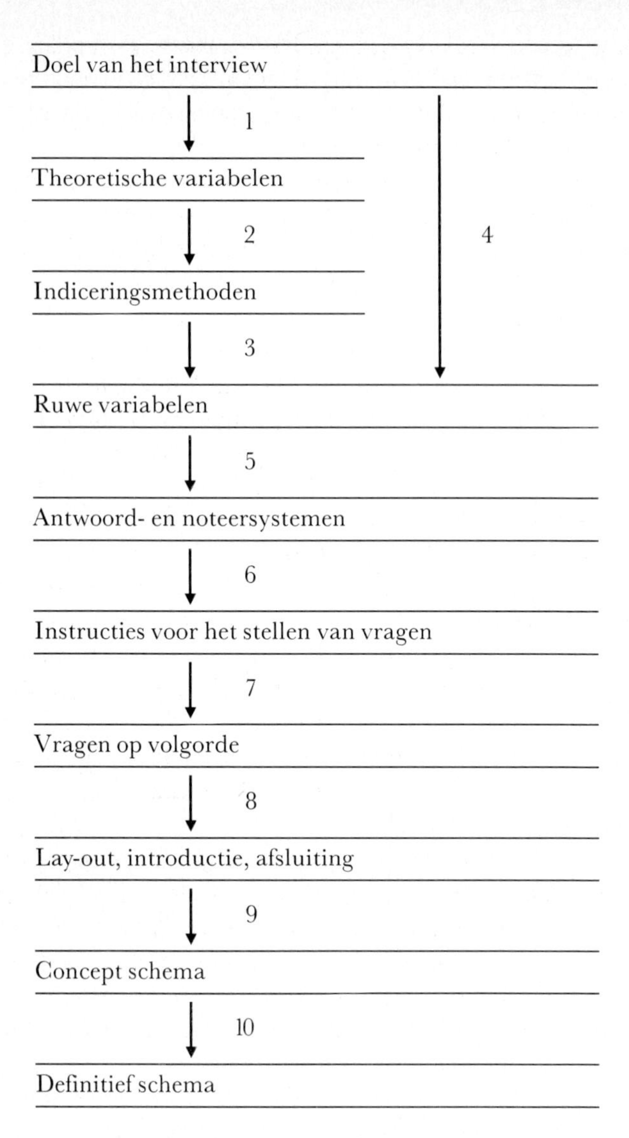

Schema 8.1 Tien stappen in de constructie van een interviewschema.

proviseerd moet worden over de manier van interviewen, of zelfs over de precieze bedoelingen van het interview. Wie niet op zeer veel ervaring en routine kan terugvallen, kan het niet zonder interviewschema stellen.

8.2 Stap 1: definitie van theoretische variabelen

Interviews worden gehouden om informatie te verzamelen. Vandaar dat de eerste stap bestaat uit het vaststellen van het type informatie dat uit de interviews zal moeten komen. Hoe eenvoudig dit ook klinkt, toch is dit meteen al de moeilijkste stap. Het gaat om een volkomen op zichzelf staande operatie. Allerlei vormgevingskwesties zijn daarbij nog niet aan de orde. Die komen later wel.

In de praktijk wordt – zoals gezegd – die eerste stap nog wel eens overgeslagen. Dat leidt altijd tot problemen die overigens pas zichtbaar worden ná de afname van het interview, dus bij de uitwerking van de interviewresultaten. Dan kan het opeens onduidelijk blijken te zijn, wat er met de genoteerde antwoorden moet gebeuren. Dan kan opeens naar voren komen dat het interview niet die informatie heeft opgeleverd, die men achteraf beschouwd eigenlijk nodig had.

Er is één procedure waarbij zich deze problemen bij uitstek voordoen. Die procedure houdt in dat men op een onjuiste manier inspraak verleent: belangstellenden en betrokkenen worden opgeroepen interviewvragen, die ze graag gesteld zouden willen zien, aan te reiken. Zo worden er allerlei vragen geïnventariseerd, deze worden vervolgens aaneengeregen en klaar is het schema. Tegen deze verkeerde vorm van inspraakverlening kan niet genoeg worden gewaarschuwd. Wel kan men allerlei personen vragen wat voor informatie ze graag uit het interview zouden zien komen. Maar dan houdt de inspraak op. Hoe die wensen *vervolgens* in vragen worden omgezet is een puur technische kwestie die onder de verantwoordelijkheid van de interviewschema-constructeur valt. Deze kan daar niet onder het mom van inspraakverlening voor weglopen.

Hoe zou het komen dat men zich in de praktijk vaak hals over kop stort op de formulering van vragen, zonder aan die eerste stap aandacht te besteden? Het antwoord luidt vermoedelijk als volgt: interviewvragen zijn concrete zaken. Men ziet ze voor zich. Men kan er over discussiëren. Heel anders ligt dit met de kwestie van de 'informatie die er uit het interview moet komen'. Dat is abstract en moeilijk te bespreken. De verleiding is daardoor groot meteen maar te gaan praten over concreet te stellen interviewvragen. Er zit trouwens ook iets paradoxaals in die eerste stap: pas dóór, en dus ná het interview wordt de informatie bekend. Hoe kan er dan vooraf iets over gezegd worden? Het lijkt een vraag zonder handvatten.

Het technische begrip 'variabele' is geschikt om die abstracte vraag, waar het in stap 1 om draait, bespreekbaar te maken en het paradoxale ervan te ontrafelen. Dit blijkt een grote denkdiscipline te vergen, maar er is uit te komen.

8.2.1 Het begrip variabele

De term variabele is moeilijk te definiëren. In de verte lijken variabelen ('variabele' wordt als zelfstandig naamwoord gebruikt) een beetje op interviewvragen. Toch mogen we ze daar niet mee verwarren. Het vereist een nogal fundamentele uiteenzetting om duidelijk te maken wat een variabele wél precies is. Hieronder volgt zo'n uiteenzetting.

Het begrip variabele is van toepassing als er sprake is van een verzameling van personen of objecten. De personen of de objecten worden de elementen van de betreffende verzameling genoemd. Voorbeelden van zulke verzamelingen van elementen zijn: 'alle leden van vereniging X', 'alle boeken uit de Koninklijke Bibliotheek', of 'alle lieveheersbeestjes'. Een variabele is voorlopig even te definiëren als een eigenschap die elke persoon of elk object uit zo'n verzameling heeft. 'Variabele' betekent letterlijk 'niet vastliggende'. Dit slaat op de specifieke wijze waarop de personen of de objecten, de elementen dus, de betreffende eigenschap hebben. Dat kan variëren.

Een voorbeeld van zo'n variabele is 'aantal stippen op de rug'. Deze is van toepassing op de verzameling 'alle lieveheersbeestjes'. Alle elementen uit die verzameling hebben een aantal stippen op de rug. Ze worden dus alle door die variabele gekenmerkt. Maar ze verschillen onderling door de wijze waarop ze erdoor gekenmerkt worden. Ze verschillen in het precieze aantal stippen.

Elke variabele is volgens bovenstaande omschrijving te karakteriseren met behulp van twee verzamelingen. De eerste is de verzameling van personen of objecten waarop ze van toepassing is. Deze wordt hieronder steeds met de letter A aangeduid. De tweede is de verzameling van manieren waarop de personen of objecten uit A de eigenschap kunnen hebben. Voor deze manieren wordt de technische term 'waarden' gebruikt. Voluit: 'waarden die de variabele kan aannemen'. Voor waardenverzamelingen zal hieronder steeds de letter B worden gebruikt. Schema 8.2 bevat tien variabelen, gekarakteriseerd door zo'n A- en B-verzameling.

Hoe uiteenlopend de voorbeelden uit schema 8.2 ook zijn, ze vallen alle onder de definitie van variabele, die nu als volgt gepreciseerd kan worden:[2]
Een variabele is een verzameling (B) van waarden waarvan er één en niet meer dan één te verbinden is aan elk element van een verzameling (A) van personen of objecten.

Alle patiënten (voorbeeld 1) hebben een bepaalde verblijfsduur, maar ze variëren wat betreft de waarde die deze variabele aanneemt. *Alle* sollicitanten (voorbeeld 9) hebben een motivatie om te solliciteren, maar ze variëren wat betreft de aard van die motivatie. Iets soortgelijks geldt steeds ook voor de andere voorbeelden uit schema 8.2. Het schema laat tegelijkertijd zien dat er een grote verscheidenheid is aan soorten variabelen. We zullen de belangrijkste verschillen even doornemen.

De tweede kolom van het schema vertoont grote verschillen in de omvang van de A-verzamelingen, dus in het aantal elementen waarop de variabelen van toepassing worden verklaard. De voorbeelden 3 en 5 slaan slechts op een beperkt aantal objecten respectievelijk perso-

	Benaming	Verzameling A van personen of objecten	Verzameling B van waarden
1	Aantal dagen ziekenhuisverblijf	Ex-patiënten van ziekenhuis X	1 dag 2 dagen 3 dagen etcetera
2	Aantal leerlingen op 1 maart 1990	De kleuterscholen in gemeente X	0 leerlingen 1 leerling 2 leerlingen etcetera
3	Plaats in de competitie	De voetbalclubs van de eredivisie	1e plaats 2e plaats etcetera
4	Actiebereidheid	De leden van vakbond X	Zeer actiebereid In het geheel niet actiebereid Alle waarden daartussen
5	Populariteit	De leden van het koninklijk huis	Zeer populair Zeer impopulair Alle waarden daartussen
6	Koningsgezindheid	De Nederlandse volwassenen	Zeer pro-koningshuis Zeer anti-koningshuis Alle waarden daartussen
7	Autobezit	De studenten aan universiteit X	In bezit van privé-auto Samen met anderen in bezit van auto Niet in bezit van auto
8	Leiderschapsstijl	Alle filiaalchefs van grootwinkel-bedrijf X	Zakelijk en onpersoonlijk Zakelijk en persoonlijk Onzakelijk en persoonlijk Onzakelijk en onpersoonlijk
9	Aard van motivatie om te solliciteren	De sollicitanten voor functie X	Alle (mogelijke combinaties van) mogelijke motieven
10	Geslacht	Alle mensen	Man Vrouw

Schema 8.2 Voorbeelden van variabelen.

nen. Dit in tegenstelling tot voorbeeld 10 dat miljarden mensen betreft. Ook de aard van de verzamelingen loopt uiteen. Soms gaat het om personen die men zelf kan vragen naar de eigenschap in kwestie, soms echter om personen of objecten waarover men informatie bij derden, bij informanten, moet halen.

De derde kolom laat nog een grotere diversiteit zien. Allereerst zijn er weer verschillen in het aantal elementen in de verzamelingen. Dat is nu dus het aantal waarden dat de variabele kan aannemen. Dat varieert van oneindig (de nummers 4, 5 en 6, misschien ook 9), via een beperkt aantal maar nog altijd veel (de nummers 1 en 2), tot minimaal 2 (nummer 10). Met betrekking tot het laatste geval spreekt men van een *dichotome* variabele, of ook wel een *dichotomie.*

De B-verzamelingen verschillen ook, doordat de waarden van sommige variabelen met getallen zijn aan te duiden, terwijl dat bij andere niet kan zonder de betekenis ervan geweld aan te doen. De nummers 1, 2 en 3 hebben reeds waarden in de gedaante van getallen. De waarden van de nummers 4, 5 en 6 zijn makkelijk in getallen om te zetten, omdat ze, net als getallen, geordend zijn van laag tot hoog, of van weinig tot veel. Bij de nummers 7 tot en met 10 ligt dat anders. Daar zijn de waarden niet op zinnige wijze te ordenen. Ze zijn niet in termen van minder of meer met elkaar te vergelijken. Dergelijke variabelen worden *nominaal* genoemd. Variabelen die wél een getalsweergave van waarden mogelijk maken worden 'ordinaal' genoemd of 'interval'. *Ordinaal,* als de getallen slechts rangnummers voorstellen (zoals in voorbeeld 3). *Interval,* als ze – ruw geformuleerd – bovendien nog iets als hoeveelheden[3] aanduiden (zoals in de voorbeelden 1 en 2).

Terug nu naar het probleem waar het in deze paragraaf om gaat: *hoe kunnen we vooraf omschrijven welke informatie uit een interview moet komen?* De oplossing kan nu heel kort aldus geformuleerd worden: *door een lijst van variabelen op te stellen.* Dit is de kern van de eerste stap van de constructie van een interviewschema.

Deze oplossing komt erop neer dat men eerst de verzameling A definieert van personen of objecten waarover informatie verzameld moet worden (bij één interview kunnen verschillende verzamelingen A in het spel zijn, maar voor de overzichtelijkheid gaan we hier uit van een situatie met slechts één A-verzameling, hetgeen geen wezenlijke inperking betekent). Vervolgens worden B-verzamelingen gedefinieerd. Zo'n B-verzameling bestaat steeds uit waarden die op de personen of objecten uit de A-verzameling van toepassing kunnen zijn.

De A- en B-verzamelingen worden dus zodanig gedefinieerd dat ze op elkaar passen. Elk element van A moet bij voorbaat door één element van elke B gekenmerkt worden. Welk element van B dat is, is vóór het interviewen nog onbekend. Dat is precies de informatie die door het interviewen blootgelegd moet worden. Informatie uit interviews is dan ook te definiëren als: de specificatie van de waarden uit de B-verzamelingen die de variabelen aannemen bij de personen of objecten uit de A-verzameling(en).

Een uitgewerkt voorbeeld hieronder zal een en ander nog verduidelijken. Eerst nog een opmerking ter toelichting van de term *'theoretische'* variabele (zie de titel van deze paragraaf). De lijst van variabelen, die men in stap 1 opstelt, is een rechtstreekse vertaling van het doel dat men met het interview voor ogen had. Met die lijst legt men eenduidig vast wat voor informatie men idealiter door middel van het interviewen zou willen verzamelen. We zouden dus kunnen spreken van een lijst met 'ideale' variabelen. Meestal lenen die variabelen zich niet in volle omvang voor het vraag- en antwoordspel, dat een interview is. Voor de feitelijke constructie stapt men dan ook noodgedwongen over op andere variabelen, die de ideale variabelen slechts (zo dicht mogelijk) benaderen. Bij de constructie van het interviewschema heeft men dus met twee soorten variabelen te maken: de 'ideale' variabelen en de variabelen waarmee men in feite zal werken. De eerste noemen we de *theoretische* variabelen omdat ze veelal slechts benaderd worden en niet zelf in het interviewschema verwerkt worden. Voor de tweede wordt de term *ruwe* variabelen gebruikt, omdat ze de nog te bewerken grondstof vormen voor de informatie waar om het eigenlijk gaat. Stap 1 beperkt zich dus nog tot de opstelling van een lijst theoretische variabelen, zoals 8.2.2 laat zien.

8.2.2 Een illustratie van stap 1

Situatie: Men gaat een serie interviews afnemen in het kader van een onderzoek onder leden van een vakbond. Opdrachtgever is vakbond X. Het gaat om de houding van vakbondsleden tegenover het voeren van acties en om hun bereidheid om aan acties mee te doen. Er kunnen interviews worden afgenomen bij alle 97 leden van bond X, die werkzaam zijn bij bedrijf Y. De vraagstelling waar het om gaat is drieledig:

1 Wat zijn de motieven, die de leden hebben, om wel of niet aan acties mee te doen, respectievelijk om voor of tegen acties te zijn?
2 Hebben oudere leden andere motieven dan jongere leden?
3 Zijn oudere leden meer of minder bereid om aan acties deel te nemen dan jongere leden?

Met deze uitgangspositie is het doel van de af te nemen interviews gegeven.

Uit dit doel is af te leiden dat er bepaalde kenmerken verzameld moeten worden van de 97 te interviewen personen. Verzameling A is dus: de 97 te interviewen leden van de bond, werkzaam bij bedrijf Y. De volgende vraag is nu: welke kenmerken?

Vraagstelling nummer 1 impliceert twee kenmerken. Het eerste daarvan is te omschrijven als 'motieven om voor of tegen acties te zijn'. Het is als een nominale variabele te definiëren met behulp van de volgende waardenverzameling (B): 'alle mogelijke (combinaties van) motieven om voor of tegen acties te zijn'. Het tweede betreft de motivatie voor deelname aan acties, en resulteert ook in een nominale variabele, met als waardenverzameling: 'alle mogelijke (combinaties van) motieven om wel of niet aan acties deel te nemen'.

Vraagstelling nummer 2 vergt dezelfde twee variabelen, plus nog de variabele 'leeftijd', omdat er een vergelijking tussen jonge en oude leden gemaakt moet worden. De B-verzameling behorend bij de variabele 'leeftijd' kan verschillende vormen aannemen. Het hangt af van wat er onder jong en oud verstaan wordt. Navraag bij de opdrachtgever leert dat deze de grens bij 28 jaar legt. De B-verzameling wordt dan: 'jonger dan 28 jaar/28 jaar of ouder'. De verzameling heeft dus twee elementen. Daardoor is er sprake van een dichotome variabele.

Nr.	Benaming	Verzameling A	Verzameling B (de waarden)
1	Motivatie om voor of tegen acties te zijn	Alle respondenten	Alle mogelijke (combinaties van) motieven om voor of tegen acties te zijn
2	Motivatie om aan acties deel te nemen	Alle respondenten	Alle mogelijke (combinaties van) motieven om wel of niet aan acties deel te nemen
3	Actiebereidheid	Alle respondenten	Rangnummers, die de respondenten ordenen van minst actiebereid tot meest actiebereid
4	Leeftijd	Alle respondenten	Jonger dan 28 jaar 28 jaar of ouder

Schema 8.3 Theoretische variabelen uit voorbeeldstap 1.

De derde vraagstelling voegt nog één variabele toe: actiebereidheid. De bedoeling is dat er nagegaan kan worden of jonge leden meer of minder actiebereid zijn dan oude leden. Het gaat dus om een vergelijking. Deze vereist een ordinale variabele, waarvan de waarden met rangnummers aangeduid kunnen worden. De waardenverzameling luidt dan: 'Getallen waarmee de respondenten geordend kunnen worden van minst actiebereid tot meest actiebereid'. Zulke getallen zijn voldoende om verschillen in actiebereidheid tussen respondenten te kunnen constateren.[4] Ook verschillen tussen groepen respondenten (oud-jong) kunnen ermee zichtbaar worden gemaakt.

In totaal zijn er dus vier theoretische variabelen gedefinieerd. In schema 8.3 staan zij bijeen.

8.3 Stappen 2 en 3: van theoretische variabelen naar ruwe variabelen

Als stap 1 tot volle tevredenheid is afgesloten heeft men een lijst van theoretische variabelen in handen. Met die lijst wordt nu verder gewerkt. Bij elke theoretische variabele stelt men zich de vraag: hoe kan het interview geschikt gemaakt worden om de personen of objecten uit verzameling A te kunnen koppelen aan steeds één waarde van elke verzameling B. Voor veel variabelen ligt dat eenvoudig, en zijn die koppelingen direct uit antwoorden van geïnterviewden af te leiden. Zo is het antwoord van een respondente dat zij een vrouw is, voldoende om haar een waarde toe te kennen uit de B-verzameling van de variabele 'geslacht' (voorbeeld 10, schema 8.2.).

Bij veel andere variabelen is de informatie echter niet goed direct beschikbaar te maken. Neem de variabele 'leiderschapsstijl' (voorbeeld 8, schema 8.2). Men kan moeilijk aan een respondent vragen wat zijn leiderschapsstijl is. Voor dit soort moeilijke theoretische variabelen zal men op zoek moeten naar andere informatie. Er moet een hulpvariabele gezocht worden, die wél in interviewvragen om te zetten is, en die tegelijkertijd zodanig met de oorspronkelijke theoretische variabele samenhangt, dat zij geacht kan worden deze te representeren. Zo'n representerende variabele wordt *indicator* genoemd. Voluit: indicator van de theoretische variabele. Schema 8.4 geeft voorbeelden. Het bijbehorende werkwoord luidt *'indiceren'*. Daaronder verstaan we: een variabele door middel van een indicator representeren. De volgende paragraaf gaat over verschillende manieren van indiceren.

	Theoretische variabele	**Indicator**
1	Geïnteresseerdheid in de politiek	Mate, waarin respondent zichzelf geïnteresseerd acht
2	Geïnteresseerdheid in de politiek	Wel/geen lid van politieke partij
3	Verslaafdheid aan alcohol	Aantal glazen per dag
4	Smaak voor muziek	Smaak die men zichzelf toeschrijft
5	Smaak voor muziek	Aantal cd's dat respondent bezit in diverse genres
6	Sportiviteit	Aantal sporten dat respondent actief bedrijft
7	Sportiviteit	Aantal uren per week besteed aan sport
8	Sollicitatiemotivatie	Motieven die men zichzelf toeschrijft
9	Sollicitatiemotivatie	Of men wel/niet gesolliciteerd zou hebben als er geen sollicitatieplicht was geweest
10	Kwaliteit als wetenschapper	Hoe goed men zichzelf als wetenschapper vindt
11	Kwaliteit als wetenschapper	Aantal artikelen gepubliceerd in vaktijdschriften
12	Zelfstandigheid	Hoe men zou reageren als de elektriciteit uitviel op de werkplek
13	Houding tegenover drugs	*a* Voor/tegen vrije verkoop van alcohol *b* Voor/tegen vrije verkoop van hasj *c* Voor/tegen vrije verkoop van heroïne

Schema 8.4 Voorbeelden van indicatoren.

8.3.1 Indiceringsmethoden

Er zijn enkele algemene indiceringsmethoden te onderscheiden. *Zelfbeschrijving* is daarvan de meest eenvoudige. Zie als voorbeelden de nummers 1, 4, 8 en 10 in schema 8.4. De respondent wordt dan gevraagd zichzelf te beschrijven in termen van de theoretische variabele. Hij moet zichzelf dus een waarde toekennen uit de B-verzameling van de theoretische variabele. Dit is een praktische, weinig omslachtige methode, maar het is de vraag of het altijd een goede indicering genoemd kan worden. Vooral als de zelfbeschrijving op innerlijke gesteldheden slaat, klemt die vraag. Kent de respondent zichzelf voldoende? Begrijpt hij het begrippenkader voldoende? Zijn zijn antwoorden valide? Dit soort twijfels dwingt ons er vaak toe uit te zien naar andere indiceringen.

Men kan daartoe zoeken naar *feiten* die als uitvloeisel van de theoretische variabele opgevat kunnen worden. Die feiten kunnen bestaan uit gedragingen, door de respondent vertoond (nummers 3, 6, 7, 11, schema 8.4), of uit meer op zichzelf staande toestanden (nummers 2 en 5). Feiten zijn beter te registreren dan innerlijke gesteldheden. Over de validiteit van feit-variabelen hoeft men dan ook minder twijfels te hebben.[5] Ze bieden daarom vaak een geschikt alternatief voor zelfbeschrijvingen.

In plaats van feitelijk gedrag, in het heden of verleden, kan men ook een *gedragsintentie* als indicator nemen. Dat is de manier waarop de respondent zegt zich te zullen gedragen onder bepaalde omstandigheden (zie voorbeelden nummers 9 en 12). Dit komt weer neer op een zuivere zelfbeschrijving. Maar vergeleken met zelfbeschrijvingen in termen van innerlijke gesteldheden, is zo'n zelfbeschrijving in termen van gedragsintenties toch minder vatbaar voor invaliderende invloeden.

Een heel andere soort van indicering, die te combineren is met al de bovengenoemde methoden, bestaat uit *detaillering*. Speciaal bij veelomvattende variabelen is dat vaak nodig. Men licht er dan één element uit, dat representatief is voor het geheel (zie voorbeeld nummer 13 uit schema 8.4). Zo'n deelaspect is vaak beter voorstelbaar, en dus geschikter voor gebruik in een interviewsituatie dan de abstracte grote variabele waar het van afgesplitst is.

Bij detaillering gaat er natuurlijk veel verloren van het totale concept. Om dat te compenseren kan men in plaats van één deelvariabele een flink aantal detailvariabelen nemen, die te zamen als één indicator worden opgevat. Om van zo'n samengestelde indicatorvariabele terug te keren naar de gerepresenteerde theoretische variabele moet men dan nog een of andere combinatieregel opstellen. De waarden die de detailvariabelen aannemen, worden daarmee gecombineerd tot één totaalwaarde. In veel gevallen kunnen we ten behoeve van die combinatie volstaan met een simpele optelling.[6] 'De theoretische variabele 'houding tegenover drugs' zou bijvoorbeeld gerepresenteerd kunnen worden door de samengestelde indicator 'totaal aantal soorten van drugs, die men in de vrije verkoop zou willen zien'. Deze indicator is door een simpele optelling van hulpvariabelen samen te stellen. Het gaat dan om hulpvariabelen van het type 13, *a-c* uit schema 8.4.

Het zoeken naar indicatoren blijft een aangelegenheid die veel creativiteit vereist, de globale richtlijnen hierboven ten spijt. Perfecte oplossingen van indiceringsproblemen bestaan niet. Elke indicator is en blijft slechts een benadering van de variabele waar het eigenlijk om gaat. Geen indicator representeert een theoretische variabele volledig. Elke indicator heeft zijn eigen eenzijdigheid of vertekening. Dit laatste is vaak een reden om per theoretische variabele meerdere indicatoren tegelijk te nemen. Met verschillende benaderingen worden de verschillende facetten van de oorspronkelijke variabele dan bestreken. Eén theoretische variabele vertakt zich dan in meer indicatoren. Als enkele van die indicatoren bovendien nog van het samengestelde type zijn, kan er een heel complex van nieuwe variabelen ontstaan, die allemaal afstammen van dezelfde theoretische variabele. Dat hele complex representeert dan die ene oervariabele.[7]

Het voorafgaande kan als volgt worden samengevat. De constructie van een interviewschema vereist, dat er voor theoretische variabelen (uit stap 1) indiceringsmethoden gezocht worden (dat is stap 2). Met behulp van die methoden ontwerpt men vervolgens (stap 3) een lijst met variabelen die zich lenen voor directe gegevensverzameling. Deze worden *ruwe variabelen* genoemd, omdat ze slechts de grondstof vormen voor de theoretische variabelen waar het in het interview uiteindelijk om te doen is.

Een illustratie van deze operatie staat hieronder. Daarin wordt voortgebouwd op de eerdere illustratie van stap 1 (zie 8.2.2 en schema 8.3).

8.3.2 Een illustratie van stappen 2 en 3

Actiebereidheid was een van de variabelen die bij stap 1 van de band rolden (schema 8.3). Van de vele indiceringsmogelijkheden wordt hier gekozen: 'actiebereidheid, zoals die tot uitdrukking komt in deelname aan acties in het verleden'. Een gedragsvariabele dus in plaats van zelfbeschrijving in termen van gedragsintenties. Navraag bij de opdrachtgever, de vakbond, leert dat er in het jongste verleden, dat wil zeggen het laatste halfjaar, vier duidelijke acties geweest zijn, waaraan de leden in meer of mindere mate konden meedoen. Dit resulteert in een samengestelde indicator van vier ruwe variabelen, die alle vallen onder de gemeenschappelijke definitie van 'mate, waarin men heeft meegedaan aan actie Z', waarbij voor Z vier keer wat anders wordt ingevuld (zie schema 8.5).

Een andere variabele, voortgekomen uit stap 1, was 'motivatie om aan acties deel te nemen'. Nu kiezen we voor zelfbeschrijving, zij het met een zekere detaillering. Om het onderwerp enige psychologische realiteit te geven voor de respondent wordt de motivatie-in-het-algemeen verengd tot motivatie om wel of niet aan de eerder genoemde vier acties mee te doen. Dit levert weer vier ruwe variabelen op, die we nu als volgt omschrijven: 'motieven, die volgens de respondent werkzaam waren bij zijn beslissing, om wel of niet aan actie Z mee te doen'. Voor Z wordt dan weer vier keer iets anders ingevuld.

Dan lag er nog de variabele 'motivatie, om voor of tegen de acties te zijn'.

Gebeurtenissen uit het recente verleden bieden nu, blijkens informatie van de vakbond, weinig aanknopingspunten. We moeten daarom nu een andere indiceringsmethode bedenken dan die, welke we voor de vorige variabele konden toepassen. We kiezen weer voor zelfbeschrijvingen. Nu met betrekking tot motivatie, die de respondent zou hebben, indien hij in concrete beslissingssituaties zou belanden. Weer enige detaillering dus. Aan de vakbond hebben we gevraagd enkele levensechte situaties uit te tekenen. Drie daarvan kiezen we uit (schema 8.5), met als resultaat een indicator, opgebouwd uit drie ruwe variabelen, die we alle kunnen omschrijven als 'motieven, die volgens de respondent werkzaam zouden zijn bij zijn beslissing in keuzesituatie S'. Voor S wordt nu driemaal wat anders ingevuld.

Eén variabele resteert nog: leeftijd. Specifieker: ouder of jonger dan 28 jaar. Omdat een deel van de zelfbeschrijvingen het achterliggende half jaar betreffen, kiezen we een peildatum ergens halverwege die periode. Stel, dat dat is: 1 januari 1990. De dichotomie wordt daardoor: op 1.1.90 wel/niet jonger dan 28 jaar, ofwel geboren voor/na de jaarwisseling 1961/1962.

Alle vier de variabelen uit stap 1 zijn nu vertaald. Twee ervan vergen echter als gevolg van die vertaling nog de constructie van een extra variabele. Het

Stap 1	**Stap 2 en 3**		**Stap 5**		
Theoretische variabele	**Benaming ruwe variabele**	**B-verzamelingen van waarden**	**Antwoord-systeem**	**Antwoord-instructie**	**Noteer-instructie**
1 Motivatie om voor of tegen acties te zijn	1.1 Motivatie, wanneer men moet kiezen tussen – algemene 24-uursstaking – algemene staking van onbepaalde duur	Alle mogelijke (combinaties van) motieven, volgens de respondenten werkzaam bij afweging tussen – algemene 24-uursstaking – algemene staking van onbepaalde duur	Open vraag zonder field-coding	Kies zoveel als u wilt	Steek-woorden + Band-opname
	1.2 Idem, tussen – bedrijfsbezetting van onbepaalde duur – algemene staking van onbepaalde duur	Idem tussen – bedrijfsbezetting van onbepaalde duur – algemene staking van onbepaalde duur	Open vraag zonder field-coding	Kies zoveel als u wilt	Steek-woorden + Band-opname
	1.3 Idem, tussen – stiptheidsactie op eigen afdeling – algemene werk-onderbreking van één uur	Idem tussen – stiptheidsactie op eigen afdeling – algemene werk-onderbreking van één uur	Open vraag zonder field-coding	Kies zoveel als u wilt	Steek-woorden + Band-opname
2 Motivatie om aan acties deel deel te nemen	2.1 tot 2.4 Motivatie voor deelname aan de acties, genoemd bij 3, 1-4	Alle mogelijke (combinaties van) motieven, volgens respondenten werkzaam bij bij de beslissing wel of niet mee te doen aan de acties, genoemd bij 3, 1-4.	Open vraag zonder field-coding	Kies zoveel als u wilt	Steek-woorden + Band-opname

gaat om 'actiebereidheid' en 'motivatie om aan acties deel te nemen'. De ruwe variabelen, waarin deze zijn omgezet, verwijzen naar gebeurtenissen uit het afgelopen halfjaar. Daardoor zijn ze alleen nog van toepassing op respondenten die gedurende die hele periode lid geweest zijn van de bond X, terwijl zij tegelijkertijd ook werkten bij bedrijf Y. Respondenten die niet aan deze conditie voldoen, vallen ten aanzien van deze variabelen uit de boot. Van elke respondent zullen we dat moeten nagaan. Dit impliceert een nieuwe variabele, die dichotoom is, met als waarden: wel/niet reeds op 1 september 1989 lid van X en werkzaam bij Y. Omdat deze variabele respondenten eruit filtert, waarop een aantal andere variabelen van toepassing is, wordt zij een *filtervariabele* genoemd.

De stappen 2 en 3 resulteren aldus in een uitgebreide lijst van nieuwe variabelen. Deze dienen weer eenduidig te worden gedefinieerd met A- en B-verzamelingen. De A-verzameling blijft die van de theoretische variabelen. De nieuwe B-verzamelingen staan in schema 8.5. Dit schema laat ook zien dat de vier oorspronkelijke theoretische variabelen in totaal niet minder dan 13 ruwe variabelen hebben voortgebracht.

tap 1	Stap 2 en 3		Stap 5		
heoretische ariabele	Benaming ruwe variabele	B-verzamelingen van waarden	Antwoord-systeem	Antwoord-instructie	Noteer-instructie
Actiebereid-eid	3.1 Deelname aan acties tegen ontslag van Janssen	– Solidariteits-klaring wel ondertekend – Solidariteitsver-klaring niet onder-tekend	Gesloten vraag	Kies één	Aankruisen
	3.2 Deelname aan korte werkonder-breking in december	– Wel meegedaan aan werkonder-breking – Niet meegedaan aan werkonder-breking	Gesloten vraag	Kies één	Aankruisen
	3.3 Deelname aan tweedaagse staking in januari	– 2 dagen mee-gestaakt – 1 dag meege-staakt – niet meegestaakt	Gesloten vraag	Kies één	Aankruisen
	3.4 Bijdrage aan organisatie januari-staking	– Lid geweest van organisatiecomité – Niet lid geweest van organisatie-comité	Gesloten vraag	Kies één	Aankruisen
Leeftijd	4.1 Leeftijd	Geboren voor/na jaarwisseling 1961/62	Gesloten vraag	Kies één	Aankruisen
	5.1 Filtervariabele	– Op 1 september 1989 reeds lid van bond X en werkzaam bij bedrijf Y – Op 1 september 1989 geen lid van X en/of niet werkzaam bij Y	Gesloten vraag	Kies één	Aankruisen

Schema 8.5 Voorbeelduitwerking van stappen 2, 3 en 5. Van de ruwe variabelen zijn de A-verzamelingen niet vermeld. Deze zijn dezelfde als in schema 8.3.

8.4 Stap 4: van doel van interview naar ruwe variabelen

8.4.1 Technische variabelen

In stappen 2 en 3 hebben we ruwe variabelen afgeleid van theoretische variabelen. Er is nog een andere categorie van ruwe variabelen, die uit een geheel andere bron komen. Het gaat om puur technische variabelen, die nodig zijn om verwerking van de interviewresultaten mogelijk te maken. Om welke variabelen dat gaat hangt af van de context waarbinnen wordt geïnterviewd. De volgende lijst heeft dan ook niet het karakter van een voorschrift maar is eerder te zien als een prikkel om in concrete gevallen tot een adequate inventaris te komen:

- tijdstip van interview;
- wel of geen derden aanwezig;
- plaats van het interview;
- leeftijd en geslacht van de interviewer.

Toelichting: dit soort factoren kan van invloed zijn op de resultaten. Daardoor kunnen zich aanleidingen voordoen om deze variabelen in de analyse van de resultaten te betrekken. Voorts zijn de eerste drie handig, als men later nog eens wil terugkomen op iets wat er tijdens het interview gezegd of gebeurd is. Een interviewer zal zich makkelijker iets voor de geest halen met een concrete plaats en tijd voor ogen.

- de naam of een identificatienummer van de interviewer;
- de naam of een identificatienummer van de geïnterviewde (het zogenaamde respondentnummer).

Toelichting: ook deze ruwe variabelen zijn handig als men later nog eens wil teruggrijpen naar het interview, al is het alleen maar om na te gaan hoeveel interviews door interviewer P gedaan zijn, of om na te gaan of respondent Q reeds ondervraagd is.

- een zogenaamd casenummer.

Toelichting: een casenummer (case is Engels voor geval) gebruikt men om een interview te kunnen onderscheiden van andere interviews. Vaak laat men het samenvallen met het respondentnummer, maar overigens is het totaal betekenisloos. Het is onmisbaar als een interview uit meer delen bestaat of wanneer informatie uit een interview verspreid wordt opgeborgen, bijvoorbeeld op verschillende regels in het computergeheugen, of op meerdere pagina's in een losbladig systeem. Door die verschillende plekken allemaal van het casenummer te voorzien voorkomt men het gevaar dat achteraf niet meer te achterhalen valt welke resultaten bij elkaar horen, dat wil zeggen uit hetzelfde interview afkomstig zijn.

8.4.2 Een illustratie van stap 4

Uitgangspunt is weer de situatie dat er 97 vakbondsleden geïnterviewd moeten worden (zie 8.2.2). Er wordt met vier verschillende interviewers gewerkt.

Van elk interview wil men achteraf na kunnen gaan wie het heeft afgenomen. Vandaar dat de naam van de interviewer als variabele wordt opgenomen. Voorts krijgt elke respondent een nummer dat tevens als casenummer dienst kan doen. Ten slotte is het ook verstandig de precieze datum van afname van elk interview vast te leggen, alsmede de hoeveelheid tijd die ermee gemoeid was. Aldus ontstaan er vier theoretische variabelen zodat er samen met de oogst uit de vorige stappen 17 ruwe variabelen in totaal komen. In schema 8.6 staan de vier nieuwe variabelen voluit gedefinieerd, compleet met de A- en B-verzamelingen.

	Stap 4			**Stap 5**		
r	**Ruwe variabele**	**Verzameling A**	**Verzameling B**	**Antwoord-systeem**	**Antwoord-instructie**	**Noteer-instructie**
1	Inter-viewer	De 97 interviews	De namen van de vier interviewers	Gesloten	Niet van toepassing	Opschrijven
	Respon-dent	De 97 respondenten	De getallen 01 t.e.m. 97	Gesloten	Niet van toepassing	Opschrijven
1	Datum	De 97 interviews	De data, waarop geïnterviewd wordt	Gesloten	Niet van toepassing	Opschrijven
1	Duur	De 97 interviews	Getallen (om aantallen minuten aan te geven)	Gesloten	Niet van toepassing	Opschrijven

Schema 8.6 Voorbeelduitwerkingen van stappen 4 en 5.

8.5 Stap 5: van ruwe variabelen naar antwoord- en noteersystemen

In de voorgaande stappen zijn de voornaamste beslissingen genomen. Van het interviewschema staat weliswaar nog geen letter op papier, maar toch is – inhoudelijk gezien – het meeste werk al gedaan. De volgende stappen zijn niet meer dan uitwerkingen. Uitgangspunt daarbij vormen de verzamelde ruwe variabelen. Nu moeten we toewerken naar een interviewschema dat de geïnterviewde in staat stelt iets met die ruwe variabelen te doen. Hij moet zodanige antwoorden kunnen geven dat er genoteerd kan worden welke waarde (uit de B-verzamelingen) elke ruwe variabele in zijn specifieke geval aanneemt. Hij moet dus om te beginnen op de een of andere wijze geconfronteerd worden met de waardenverzameling van elke ruwe variabele. Daaraan gekoppeld moet hij antwoordinstructies ontvangen. De interviewer zal tot slot nog geïnstrueerd moeten worden over de wijze van noteren. Dit geheel kan aangeduid worden met de term 'antwoord- en noteersysteem'. Zo'n systeem kan veel verschillende gedaantes aannemen. Een schematisch overzicht biedt schema 8.7.

Het overzicht laat zien dat de constructeur van het interviewschema voor een serie keuzen staat. Hieronder zal de betekenis van die keuzes uiteengezet worden, compleet met criteria voor de afweging tussen de alternatieve mogelijkheden.

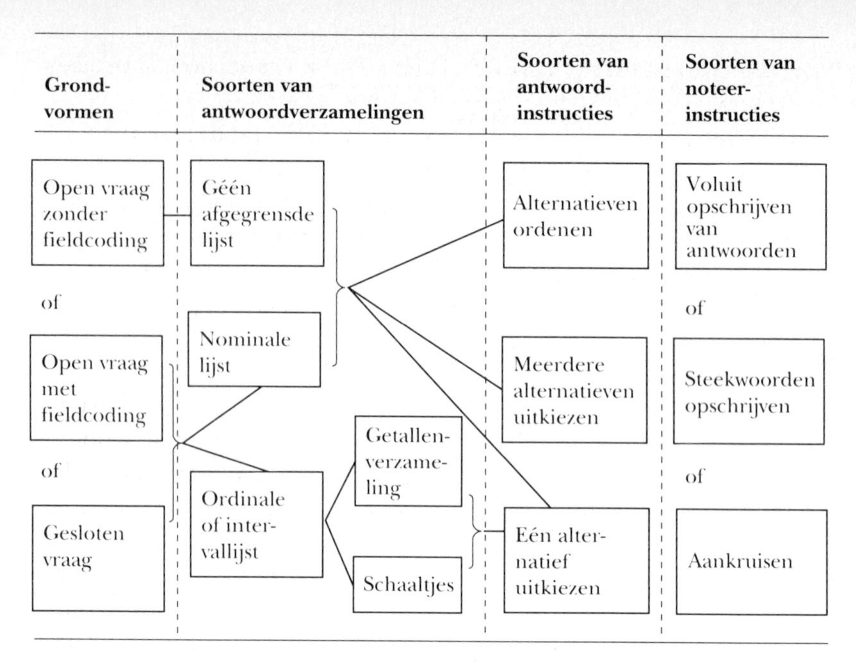

Schema 8.7 De voornaamste keuzemomenten bij de vorming van antwoord- en noteer-systemen.

8.5.1 Open of gesloten

In 1.3 is het onderscheid tussen open en gesloten vragen al geïntroduceerd. Het onderscheid slaat op de antwoordformules. Bij gesloten vragen krijgt de geïnterviewde een lijst met antwoorden voorgelegd, waaruit hij mag kiezen. Antwoorden buiten die lijst zijn niet aan de orde. Bij open vragen ontbreekt zo'n lijst voor de geïnterviewde, die dan ook alles mag antwoorden wat hem relevant voorkomt. De keuze tussen open en gesloten vragen is de eerste keuze, waar men in deze stap voor staat. De volgende overwegingen zijn daarbij van toepassing:

- gesloten vragen vereisen dat de antwoordmogelijkheden overzichtelijk te presenteren zijn. Niet elke ruwe variabele leent zich daarvoor. Als de B-verzameling van waarden *veel* elementen bevat, en *complex* en *heterogeen* is, kan daar moeilijk een hanteerbare lijst van antwoordmogelijkheden uit afgeleid worden. Soms is er zelfs in het geheel geen lijst met alternatieven beschikbaar. De keuze moet dan op een open vraag vallen. Bij telefonische interviews zit men daar eerder aan vast dan bij oog-in-oog interviews, omdat men per telefoon geen lange lijsten kan presenteren.
- Antwoorden op gesloten vragen zijn eerst ter keuze aan de respondent voorgelegd en zijn daardoor nooit als spontane reacties op te vatten. In een interview dat registratie van spontane reacties ten doel heeft passen dus alleen open vragen.[8]
- Hieraan verwant is de eigenschap van gesloten vragen dat de aangereikte verzameling van antwoordmogelijkheden sterk cognitiebepalend kan werken op de respondent (zie 1.2). Dit hoeft overigens niet al-

tijd een bezwaar te zijn, maar het drukt wel een stempel op de betekenis, die aan de antwoorden toegekend kan worden.[9]

- Open vragen maken het de geïnterviewde moeilijker dan gesloten vragen. Ze vergen meer denkwerk dan gesloten vragen.
- Open vragen, mits ze niet een te zware opgave inhouden, zijn stimulerend voor de geïnterviewde, omdat ze hem ruimte geven alles te zeggen wat voor hem van belang is. Door gesloten vragen voelen geïnterviewden zich wel eens gekneveld in hun mogelijkheden.
- Bij gevoelige onderwerpen, zoals gezondheid en seksualiteit, blijken open vragen minder bedreigend gevonden te worden.[10]
- Merkwaardigerwijs blijken gesloten vragen weer meer openhartigheid op te roepen.[11] Dit lijkt in tegenspraak met het voorgaande punt, maar dat is het niet. Gesloten vragen maken het de geïnterviewde moeilijk bepaalde gesprekspunten te omzeilen. Eufemistisch spreekt men in dit verband wel van 'hulp bij het herinneren' ofwel 'geheugensteuntje',[12] alsof het aanreiken van antwoordalternatieven de geïnterviewde helpt zich dingen te herinneren. Dit moge soms waar zijn, maar daarnaast vermindert het ook zeker diens weerstand om antwoorden te geven.
- Hulp bij het herinneren kan een zeer nuttig bijprodukt zijn van de gesloten vraagvorm, wanneer er naar gebeurtenissen en gedragingen in het verleden wordt gevraagd. Mensen vergeten nu eenmaal snel. Wel dienen we te waken voor nóg een bijprodukt. Aangereikte antwoorden kunnen de geïnterviewde op een idee brengen. Met een beetje hulp kunnen mensen zich dingen herinneren die nooit hebben plaats gehad, of die in een ander tijdperk hebben plaats gehad, dan in het tijdperk waarop de vraag betrekking had.[13]
- Het onderscheid open-gesloten hangt ten nauwste samen met het onderscheid breed-smal. Met één open vraag kan men de geïnterviewde over een breed gebied van onderwerpen aan het praten krijgen. Aldus verkrijgt men, als het meezit, een reeks van antwoorden op een serie deelvragen, die dan niet meer afzonderlijk behoeven te worden gesteld. Dit kan uiterst efficiënt zijn.[14]
- Open vragen leiden tot antwoorden die erg specifiek voor één respondent kunnen zijn. Bij interviews met een veelheid aan geïnterviewden kan dat leiden tot onvergelijkbaarheid van de uitkomsten. Dan is het een nadeel. Even zo goed is het een vóórdeel als de specifieke persoon van de respondent, en diens specifieke gevoelens, achtergrond, opvattingen, voornemens en eigenschappen het gespreksonderwerp vormen (diepte-interview).
- Open vragen zijn onmisbaar in situaties, waarin nog weinig zekerheid bestaat over wat er aan antwoorden te verwachten is. Vaak dienen open interviews er juist voor om die antwoordverzamelingen op het spoor te komen om daarmee in een later stadium gesloten interviews mogelijk te maken.

Op grond van de bovenstaande overwegingen zal men nu eens voor een gesloten, dan weer voor een open vraagvorm kiezen. Het is echter niet altijd een kwestie van de een *of* de ander. Vaak is er niets op tegen, één onderwerp in één en hetzelfde interview zowel met open als met gesloten vragen aan te pakken. Ook kan men kiezen voor een tussenvorm. Die tussenvorm van open en gesloten vragen is de methode van field-coding. Daarbij wordt de interviewer (en niet de geïnterviewde) voorzien van een lijst met de complete verzameling van antwoordalternatieven. Het is dan zijn taak dát alternatief aan te kruisen dat het best de woorden van de geïnterviewde weergeeft. Gezien vanuit de positie van de interviewer is het een gesloten vraagvorm. Voor de geïnterviewde komt het echter neer op een open vraag.

Gesloten vragen en open vragen met field-coding brengen nog een aparte activiteit voor de samensteller van het interviewschema met zich mee: het uitschrijven van complete verzamelingen van antwoordalternatieven. Deze verzamelingen worden rechtstreeks afgeleid uit de waardenverzamelingen van de ruwe variabelen, zoals die uit de voorgaande stappen zijn gekomen. Zulke uitgeschreven verzamelingen van antwoordmogelijkheden kunnen weer verschillende gedaantes aannemen. Daarover gaat de volgende paragraaf.

8.5.2 Presentatie van antwoordmogelijkheden

Bij *nominale* variabelen (zie 8.2.1) bestaat de bovengenoemde verzameling uit een serie mogelijke antwoorden, in willekeurige volgorde bijeengezet. Schema 8.8 geeft een voorbeeld. De variabele 'autobezit'

☐ In bezit van privé-auto
☐ Samen met anderen in bezit van auto
☐ Niet in bezit van auto
☐ Anders, namelijk ...
☐ Geen antwoord

Schema 8.8 Voorbeeld van antwoordsysteem voor de nominale variable 'autobezit'.

(nummer 7 uit schema 8.2) is daar in een verzameling van mogelijke antwoorden omgezet. Het valt op dat het aantal antwoordmogelijkheden groter is dan het oorspronkelijke aantal waarden van de variabele in schema 8.2. Bij de constructie van een interviewschema is enige uitbreiding vaak nodig, omdat men er niet altijd helemaal zeker van kan zijn dat geïnterviewden met de beperkte antwoordenlijst uit de voeten kunnen. Daarom kunnen aanvullingen nodig zijn. Veel voorkomende zijn: 'anders', 'anders namelijk...', 'geen mening', 'geen antwoord' en 'niet van toepassing'.

'Anders' of 'Anders, namelijk...'

Deze toevoeging biedt de geïnterviewde de gelegenheid om aan te geven dat de vraag wel op hem van toepassing is, maar dat hij een antwoord heeft anders dan de aangereikte alternatieven. Door de extra toevoeging 'namelijk...' kan hij zijn eigen antwoord bovendien nog specificeren. Die extra toevoeging is niets anders dan een op zichzelf staande open vraag, ingebouwd in de lay-out van de gesloten vraag.

'Geen mening' of *'Geen antwoord'*
Deze toevoegingen zijn er voor die respondenten die om wat voor reden dan ook geen keus kunnen maken uit de voorgelegde antwoordmogelijkheden.

'Niet van toepassing'
Met deze toevoeging kan men aangeven dat de vraag niet slaat op de situatie van de geïnterviewde. Formeel gesproken is er dan meestal het volgende aan de hand. De geïnterviewde behoort niet tot de A- verzameling (zie 8.2) van de variabele in kwestie, terwijl de vraag dit wel veronderstelt. Een voorbeeld is een vraag aan een gymnasiumleerling over zijn rapportcijfer voor het vak lastechnieken, of een vraag naar een oordeel over een film, terwijl de ondervraagde persoon de film niet kent.

Antwoordsystemen, die zijn afgeleid uit *ordinale* en *intervalvariabelen,* hebben een enigszins andere gedaante. Hier is een verzameling van geordende antwoordalternatieven nodig, die op een of andere wijze oplopen van laag tot hoog. In het eenvoudigste geval zijn die alternatieven gewoon getallen. Voorbeelden van variabelen, die zich daartoe lenen zijn:
- leeftijd, in jaren uitgedrukt;
- aantal part-time medewerkers;
- bruto jaarinkomen (aantal guldens);
- lesbevoegdheid (eerste-, tweede-, derdegraads).

Bij veel interval- of ordinale variabelen bestaan de antwoordverzamelingen echter niet uit getallen, maar uit verbaal te omschrijven antwoordalternatieven. Schema 8.9 geeft voorbeelden.

De verzamelingen van geordende antwoordalternatieven worden in vragenlijstenjargon 'schaaltjes' genoemd. Bij de vormgeving van deze ordinale en intervalschaaltjes staat men voor een aantal beslissingen.[15] De meest fundamentele beslissing is gelegen in de keuze tussen een even of oneven aantal antwoordalternatieven. Voordeel van een oneven aantal is dat daarin automatisch een neutraal alternatief voorkomt, de zogenaamde middencategorie. Dat is vooral prettig voor de respondent, wanneer deze moeilijk tot een besluit kan komen, of wil komen. De middencategorie stelt hem dan in staat een vlees-noch-vis antwoord te geven. Uit het oogpunt van de interviewdoelen moet dit echter vaak een nadeel genoemd worden, vooral wanneer het van belang is onderscheid te kunnen maken tussen respondenten die een

A Frequentie van alcoholgebruik

☐ nooit
☐ zelden
☐ soms
☐ geregeld
☐ vaak
☐ zeer vaak
☐ geen antwoord

B Frequentie van alcoholgebruik

☐ 0 glazen per week
☐ 1-3 glazen per week
☐ 4-12 glazen per week
☐ 13-25 glazen per week
☐ 26-60 glazen per week
☐ > 60 glazen per week
☐ Geen antwoord

C Frequentie van alcoholgebruik

☐ Nooit
☐
☐
☐
☐
☐ Zeer vaak
☐ Geen antwoord

D Mate van instemming met de uitspraak. 'In een democratisch bestel past geen perscensuur'

☐ In zeer sterke mate mee eens
☐
☐
☐
☐
☐ In zeer sterke mate mee oneens
☐ Geen mening

E Mate van instemming met de uitspraak 'In een democratisch bestel past geen perscensuur'

☐ Roerend mee eens
☐ Mee eens
☐ Half mee eens, half mee oneens
☐ Mee oneens
☐ Fel mee oneens
☐ Geen mening

Schema 8.9 Voorbeelden van antwoordsystemen voor enkele ordinale variabelen. Elk hokje is één antwoordalternatief.
a, b en e: alle alternatieven benoemd, c en d: alleen uitersten benoemd.

– misschien minieme – voorkeur hebben voor antwoorden aan de linkerzijde van het schaaltje en respondenten die de rechterkant prefereren. Met een even aantal alternatieven dwingt men zo'n keuze af.

Afgezien van het dilemma even/oneven is er nog een beslissing nodig over de hoeveelheid antwoordalternatieven. Een groot aantal (acht, negen of meer) stelt de respondent in staat meer nuances in zijn beantwoording aan te brengen, en resulteert ook in fijnmaziger informatie, dan kleinere aantallen. Daar staat tegenover dat kleinere aantallen in veel gevallen voldoende blijken te zijn. In de praktijk komen allerlei aantallen voor, maar vijf, zes of zeven lijken als resultante van de bovenstaande afwegingen wel min of meer de grootste populariteit te genieten. Men spreekt dan van vijf-, zes- of zevenpuntsschaaltjes.

Tot slot ligt er nog de beslissing hoe de afzonderlijke alternatieven benoemd moeten worden. De keuze gaat om de benoeming van elk alternatief apart of de benoeming van alleen de uiterste alternatieven en eventueel ook het middelste alternatief. Bij de laatste mogelijkheid wordt dan als extra instructie gegeven dat de niet benoemde, tussenliggende alternatieven dienovereenkomstig tussenliggende betekenissen hebben. In die extra instructie is het enige nadeel gelegen. Bij een enkele vraag kost zo'n instructie onevenredig veel aandacht van de respondent. Maar bij een serie vragen waarbij men maar één keer die instructie hoeft te geven, is dat probleem minder groot. De meeste geïnterviewden blijken uitstekend in staat te werken met onbenoemde tussenalternatieven. Hetzelfde geldt voor interviewers die er in fieldcoding situaties mee te maken hebben.

Ter afsluiting moeten we nog even stilstaan bij één aandachtspunt in verband met de formulering van antwoordalternatieven voor ordinale en intervalvragen, zowel de verbale als de getalsmatige varianten. Net als bij de nominale vragen dienen meestal extra alternatieven te worden toegevoegd, zoals, 'niet van toepassing' en 'geen mening'. Bij schaaltjes voorzien van een neutrale middencategorie wordt het 'geen mening'-alternatief wel eens achterwege gelaten, omdat men aanneemt dat respondenten zonder mening hun positie genoegzaam kenbaar kunnen maken met die neutrale middencategorie. Dit is echter een misverstand. Er kunnen altijd respondenten zijn, die wel degelijk een mening hebben, maar een die niet links of rechts te lokaliseren is op het aangereikte schaaltje. Voor hen is de middencategorie bedoeld. Deze respondenten kunnen niet gelijkgesteld worden aan degenen, die in het geheel geen mening hebben.

Het is bovendien maar de vraag of mening-loze respondenten zich tot de middencategorie voelen aangetrokken. Gebleken is[16] dat zij soms neigen tot antwoorden waarin op een of andere wijze instemming met een in de vraagformulering verpakte stellingname doorklinkt. Er moet dus een geheel eigen antwoord-alternatief worden gereserveerd voor de mening-loze respondent. En dat alternatief kan alleen maar een onomwonden 'geen mening' zijn.

8.5.3 Antwoordinstructies

Antwoordalternatieven leidt men af uit de waardenverzamelingen van de ruwe variabelen (zie 8.5.1). Dat betekent niet dat elke waarde altijd precies overeenkomt met één uitgeschreven antwoordmogelijkheid. Bij een variabele als 'geslacht' is dat wel zo, maar anders ligt dit bij een variabele als 'denksporten die men leuk vindt' (zie schema 8.10). Gegeven de vier antwoordmogelijkheden 'schaken', 'dammen', 'bridgen' en 'go', zouden we bijvoorbeeld 16 waarden kunnen onderscheiden, zoals 'geeneen', 'alle vier' en 'alleen dammen en go'. Dat 16-tal ontstaat wanneer men de instructie geeft: 'Wijs de denksporten aan die je leuk vindt'. Andere antwoordinstructies zouden (bij de-

Antwoordmogelijkheden: schaken/dammen/bridgen/go

	Mogelijke antwoordinstructies	**Formele omschrijving**
a	Orden de vier sporten van meest naar minst geprefereerde	Orden alle vier
b	Wijs meest geprefereerde en één na meest geprefereerde aan	Orden twee van de vier
c	Wijs de meest geprefereerde aan	Kies één van de vier
d	Wijs de twee meest geprefereerde aan	Kies twee van de vier
e	Wijs de drie meest geprefereerde aan	Kies drie van de vier
f	Wijs aan welke allemaal leuk gevonden worden	Kies zelf te bepalen aantal van de vier
g	Wijs aan welke allemaal leuk gevonden worden en orden deze van meest naar minst geprefereerd	Orden zelf te bepalen aantal van de vier

Schema 8.10 Overzicht en illustratie van typen van antwoordinstructies.

zelfde vier sporten) tot andere waardenverzamelingen hebben geleid.

We hebben de keuze uit verschillende soorten van antwoordinstructies. Daarbij lopen meerdere keuzen door elkaar, zoals schema 8.10 laat zien.[17] De eerste keuze is die tussen een kiesinstructie en een ordeningsinstructie: men kan de geïnterviewde vragen een aantal mogelijkheden *uit te kiezen* dan wel *op volgorde te plaatsen*. De tweede keuze betreft het wel of niet vrijlaten van het aantal (uit te kiezen of te rangordenen) mogelijkheden. De derde en laatste keuze is alleen van toepassing als dat aantal niet wordt vrijgelaten: dan dient dat nog te worden vastgesteld. De keuze ligt daarbij tussen de getallen 1 tot en met n, als n het totale aantal antwoordmogelijkheden is.

Welke keuzen dienen we in concrete situaties nu te maken? Het antwoord hierop is eenvoudig: het hangt volledig af van de in voorgaande stappen gedefinieerde ruwe variabelen, want dáárin liggen de te definiëren verzamelingen van antwoordalternatieven besloten.

8.5.4 Noteerinstructies

Een kleinigheid resteert nog. We moeten nog vastleggen hoe de interviewer de antwoorden noteert. Het gaat hier niet om de precieze bewoordingen, waarmee men de bedoeling duidelijk maakt, maar om de inhoud van die aanwijzingen. De keuzemogelijkheden zijn nu:

- *Het antwoord aankruisen in een lijst* Dit is de aangewezen methode voor de meeste gesloten vragen en voor de field-coding situaties.
- *Voluit opschrijven wat de geïnterviewde zegt* Dit is vooral een mogelijkheid voor open vragen zonder field-coding. In de praktijk is deze methode

nogal omslachtig, zodat men bij open vragen zonder field-coding doorgaans uitwijkt naar een van de twee volgende mogelijkheden.

- *Samenvatten van antwoorden* Meestal komt deze methode neer op het verzamelen van steekwoorden, die te zamen de kern van het relaas van de geïnterviewde weergeven. Een goed gebruik is de genoteerde samenvatting ter goedkeuring aan de geïnterviewde voor te leggen, alvorens naar de volgende vraag over te gaan.
- *Niets noteren* Men kan de bandrecorder het werk laten doen. De voordelen, maar ook de negatieve bij-effecten hiervan zijn al eerder uiteengezet (1.7)

8.5.5 Een illustratie van stap 5

Uitgangspunt vormen de 17 ruwe variabelen, die uit de voorgaande stadia te voorschijn gekomen zijn (zie schema's 8.5 en 8.6). Voor de motivatievariabelen (de nummers 1.1-1.3 en 2.1-2.4) kiezen we de open vraagvorm. Voor een gesloten vraagvorm ontbreekt de voorkennis, die nodig is om een lijst van antwoordalternatieven op te kunnen stellen. Field-coding komt om dezelfde reden niet in aanmerking. De antwoordinstructies bij deze vragen worden: 'Kies (noem) maar zoveel verschillende motieven als u zelf wilt.' Er is geen reden om het aantal te fixeren, en in rangordeningen is ook niemand geïnteresseerd. De noteerinstructies worden van het steekwoordtype. Ook zullen de betreffende interviewgedeelten uitgetikt worden. Daartoe is een geluidsopname nodig.

De gedragsvragen (de nummers 3, 1-4) lenen zich het beste voor gesloten vragen. Ze zijn bedoeld om aan de geïnterviewden scores voor actiebereidheid te geven, en om hen vervolgens onderling te vergelijken. Daartoe moeten hun antwoorden perfect vergelijkbaar zijn, zodat de gesloten vraagvorm de best passende is. Field-coding zou ook kunnen, maar biedt geen duidelijke voordelen in dit verband. De antwoord- en noteerinstructies voor deze variabelen zijn niet moeilijk te bedenken: 'Eén uitkiezen' en 'aankruisen' zijn de enige mogelijkheden, die in aanmerking komen.

De variabele 'leeftijd' wordt bij deze gelegenheid enigszins getransformeerd. Hij wordt nu omgebouwd tot 'jaar waarin men geboren is'. Van dichotoom wordt hij polychotoom gemaakt, dat wil zeggen met een veelheid van waarden. Dit puur om praktische redenen. Van de oorspronkelijke variabele gaat niets verloren, want die zit nog altijd vervat in de getransformeerde variabele. Deze laatste is fijnmaziger en levert dus méér, maar geen andere informatie op. De antwoord- en noteerinstructies worden er niettemin eenvoudiger door: simpelweg een jaartal noemen respectievelijk noteren.

De filtervariabele wordt ook om praktische redenen enigszins getransformeerd, weer zonder dat er informatie verloren zal gaan. Zij wordt omgezet in een tweetal dichotome variabelen:wel/geen lid van X op 1-9-89, en, wel/geen werknemer van Y op 1-9-89. Antwoordinstructie en noteerinstructie worden: uitkiezen en aankruisen.

De theoretische variabelen, voortgekomen uit stap 4 (schema 8.6) moeten tot slot ook nog een behandeling krijgen. Ze zijn allemaal van het gesloten type en lenen zich alleen voor de uitkies- en opschrijfformules. Van antwoordinstructies is overigens praktisch gezien niet echt sprake, omdat de geïnterviewde niet betrokken behoeft te worden bij de beantwoording.

In schema 8.5 en 8.6 zijn de bovenstaande uitwerkingen van stap 5 globaal aangegeven. De finesses zijn terug te vinden in het uiteindelijke interviewschema, zoals dat aan het slot van dit hoofdstuk staat afgedrukt.

8.6 Stap 6: instructies voor het stellen van de vragen

In deze stap gaan we de aanwijzingen formuleren voor het stellen van de vragen tijdens het interview. We kunnen daar nu pas aan beginnen, omdat de voorgaande stappen nodig waren om duidelijk te maken wat de functie is van de vragen. De functie kunnen we nu zo omschrijven: een vraag is een definitie van een verzameling van antwoordalternatieven, plus de uitnodiging aan de gesprekspartner één alternatief uit de verzameling te kiezen.[18] De eerste keuze, waar men bij deze stap voor komt te staan, is die tussen gestructureerde en ongestructureerde vragen.

8.6.1 Gestructureerd of ongestructureerd

Zoals in 1.3 al uiteengezet is, worden in gestructureerde interviewschema's de vraagformuleringen voorgeschreven, terwijl deze bij ongestructureerde schema's aan het inzicht van de interviewer worden overgelaten. Het grote voordeel van ongestructureerde schema's is dat de manier van vragen stellen afgestemd kan worden op de persoon en de situatie van de geïnterviewde. Als het in een interview om moeilijke, diepliggende materie gaat, is dat zelfs een noodzaak. Het nadeel is echter dat zulke schema's de deur open zetten voor ongecontroleerde beïnvloeding van de geïnterviewde door de interviewer. Dit laatste resulteert in zogenaamde *'interviewervariantie'*, dat wil zeggen in verschillen tussen uitkomsten van interviews, die niet aan verschillen tussen geïnterviewden, maar aan verschillen tussen interviewers zijn toe te schrijven. Hoe groot is de kans hierop?

Onderzoek naar interviewervariantie lijkt uit te wijzen dat het verschijnsel niet onontkoombaar is. Het algemene beeld dat naar voren komt, is dat goed getrainde, sociaal vaardige, en zakelijk ingestelde interviewers hun eigen invloed op de geïnterviewde aardig binnen te perken weten te houden.[19] Het gebruik van ongestructureerde vragen levert dan weinig risico's op.

'Ongestructureerd' wordt ten onrechte vaak gelijkgesteld aan 'zonder instructies'. Als gevolg daarvan komt het voor dat interviewers worden toegerust met niets dan een lijst met gespreksonderwerpen, waaraan ze 'aandacht moeten besteden'. Als argument daarvoor wordt dan opgegeven dat het om een open, ongestructureerd interview gaat, waarvoor vooraf geen strikte instructies te geven zouden zijn. Dit laatste moge juist zijn ten aanzien van de exacte formuleringen van de vragen. Instructies voor het stellen van vragen omvatten echter méér. De interviewer moet om te beginnen inzicht krijgen in *het doel* van elke vraag, vooral als hij zelf voor formuleringen moet zorgen. Voorts moet hij ook weten wat er van hem verwacht wordt als het op *doorvragen* aankomt. Hiermee zijn dus twee aandachtspunten gegeven voor de samensteller van interviewschema's, of deze nu gestructureerd of ongestructureerd zijn.

8.6.2 Uitleg van het doel van elke vraag

Vraagformuleringen en vraagbedoelingen (ofwel de middelen en de doeleinden van het interview[20], kan men beide meer of minder vastleggen. In beide gevallen beoogt men zodoende het gedrag van de interviewer overeen te laten stemmen met het doel van het interview. Deze twee manieren vullen elkaar aan, en in de meeste gevallen is er alles voor te zeggen beide manieren toe te passen. Wel zal nu eens nadruk op de ene, dan weer op de andere manier vallen. Bij interviewschema's, die voor honderd procent ongestructureerd zijn, ligt de nadruk volledig op de uiteenzetting van het doel van de vragen.

Die uitleg kan men per vraag geven. Aan de interviewers wordt dan uitgelegd met welke reden elke vraag opgenomen is, en van welke theoretische variabele deze afstamt. Interviewers dienen minimaal van elke vraag te weten wat de verzameling van antwoordalternatieven is. De uitleg kan ook over het interview als totaliteit gegeven worden. De totale onderneming waar het interview deel van uitmaakt wordt dan uiteengezet. In de praktijk wordt een groot deel van deze uitleg mondeling gegeven.

8.6.3 Doorvraaginstructies

Het tweede element van vragen stellen, dat evenmin mag ontbreken, (ook niet in ongestructureerde schema's) is gelegen in de wijze van *doorvragen*. Een interviewer dient vooral te weten waar hij aan toe is, als de situatie zich leent voor wat genoemd werd 'gericht doorvragen' (6.2.4.), een methode waarbij bepaalde aspecten van het vraagonderwerp door de interviewer naar voren worden gehaald. Of dit toegestaan is, en, zo ja, welke aspecten dan expliciet onder de aandacht van de geïnterviewde moeten worden gebracht, moet zwart op wit in het interviewschema vermeld staan.

8.6.4 De formulering van de vragen

Gestructureerde schema's bevatten nauwkeurig geformuleerde vragen. Ze bestaan zelfs voor het grootste deel uit niets anders. De stof uit hoofdstuk 5 is hier van toepasing. Daar ging het over aanwijzingen voor interviewers, die voorzien van een ongestructureerd schema vragen moesten formuleren. Dezelfde aanwijzingen zijn van toepassing op het werk van de samensteller van gestructureerde interviewschema's. Ook deze zal moeten zorgen voor goede overgangen tussen de vragen, voor goede inleidingen op de vragen, voor vragen, die in begrijpelijke termen en zonder sturende ondertoon gesteld zijn, en ten slotte voor de nodige toelichtende aanwijzingen; dit alles om de respondent in staat te stellen met een adequaat antwoord voor de dag te komen. Kortom, voor dit aspect van de constructie van het interviewschema kan de lezer volledig teruggrijpen naar hoofdstuk 5. Slechts enkele aanwijzingen zijn daaraan in dit verband toe te voegen.

Het komt voor dat men – alle preventieve maatregelen ten spijt – onzeker blijft over de kwaliteit van een geformuleerde vraag. In zo'n geval kan het raadzaam zijn die vraag *meer dan een keer* in het interview op te nemen, in enigszins wisselende gedaantes, om zodoende althans na te kunnen gaan of deze aan de geïnterviewde steeds hetzelfde antwoord ontlokken.

Interviewschema's voor oog-in-oog situaties kunnen vaak aan bruikbaarheid winnen als ze worden aangekleed met speciale hulpmiddelen, de zogenaamde *respondentkaarten*. Op zulke kaarten staan op een goed leesbare wijze antwoordmogelijkheden geschreven. De geïnterviewde krijgt ze aangereikt als ondersteuning bij het zoeken naar en weergeven van zijn eigen antwoord. Het grootste nut hebben respondentkaarten bij vragen naar voorkeur- en andersoortige volgordes van allerlei zaken. Een illustratie vormt de vraag naar motieven om te studeren. Uitgaande van tien mogelijke motieven, kan men een stapeltje van tien respondentkaarten klaarmaken, met op elk daarvan één omschrijving van een motief. Dit stapeltje wordt tijdens het interview aan de respondent overhandigd. Hij moet ze dan op volgorde leggen, en wel zodanig dat het meest werkzame motief bovenop komt te liggen, gevolgd door het op één na meest werkzame motief etcetera. Op deze manier is het antwoorden voor de respondent heel wat makkelijker dan wanneer hij de motieven voorgelezen zou krijgen, of wanneer hij de tien motieven op één lijstje onder ogen zou krijgen met het verzoek daar rangnummers op aan te geven.

In telefonische interviews kan men zulke hulpmiddelen uiteraard niet aan de geïnterviewde geven. Deze handicap kan men verhelpen door de geïnterviewde vooraf een pakketje met hulpkaarten en formulieren toe te zenden.

Met de afsluiting van deze stap zijn alle bouwstenen van het uiteindelijke schema klaargemaakt. De resterende stappen dienen, om van die bouwstenen een geheel op te trekken.

8.6.5 Een illustratie van stap 6

Het vervolgverhaal over het interviewschema in wording is in 8.5.5 gevorderd tot en met vaststelling en vormgeving van alle ruwe variabelen. Dertien daarvan moeten verder met behulp van vragen aan de geïnterviewden worden afgehandeld (zie schema 8.5). In deze paragraaf staat hoe die vragen eruit komen te zien.

De vragen naar motieven (de nummers 1.1-1.3 en 2.1-2.4) zijn nogal lastig qua inhoud. Het is niet makkelijk daarvoor een goede formulering te vinden. Om die reden wordt dat maar niet aan de inspiratie van de interviewers overgelaten, en wordt er dus voor gestructureerde vragen gekozen. Tegelijk krijgen de interviewers ruime doorvraaginstructies, eveneens omdat de inhoud van de vragen niet zo makkelijk is. Ze mogen dus alles doen wat hun goed voorkomt om de vraag in tweede instantie te verhelderen. Daarbij mogen ze echter niet in bepaalde richtingen doorvragen. In deze geest zullen dus doorvraagopdrachten in het interviewschema worden opgenomen, waarbij ook de (door)vraagbedoelingen nog eens geëxpliciteerd worden.

Voor de gedragsvragen (de nummers 3.1-3.4) wordt dezelfde formule gekozen, zij het om een iets andere reden. De keuze voor gestructureerde vragen berust nu op de overweging dat de scores die uit deze vragen voortkomen, absoluut eenduidig te interpreteren moeten zijn.

Resteren nog de feitelijke vragen naar leeftijd, vakbondslidmaatschap en werknemerschap. Met deze vragen kan niet zoveel misgaan. Om ze niet uit de toon te laten vallen geeft de samensteller van het interviewschema ze dezelfde behandeling als de motivatie- en gedragsvragen.

Aan het slot van dit hoofdstuk waar het uiteindelijk geconstrueerde schema te bezichtigen is, is te zien hoe de bovenstaande beslissingen tot concrete instructies voor het vragen stellen hebben geleid (pagina 136-138).

8.7 Stap 7: de vragen in volgorde zetten

Om de afzonderlijke vragen goed tot hun recht te laten komen is het van belang dat men hen in een geschikte volgorde zet. Het ligt voor de hand dat de vragen eerst per onderwerp bijeen worden gezet. Aldus uitgaande van een aantal onderwerpen, elk met een bijbehorende verzameling van vragen, ziet men zich vervolgens gesteld voor twee problemen ten aanzien van de volgorde. Het ene betreft de bepaling van de meest verkieslijke volgorde van de te behandelen onderwerpen. Het andere probleem ligt in de bepaling van de optimale volgorde van vragen binnen elk onderwerp.

8.7.1 De volgorde van vraagonderwerpen

Bij de bepaling van de volgorde van onderwerpen dient men vooral voor ogen te houden dat elk goed geleid interview een leerproces inhoudt, dat zowel de interviewer als de geïnterviewde, maar vooral de laatste ondergaat. Beiden raken naarmate het gesprek vordert beter ingespeeld op hun eigen specifieke rol. Zij leren van hun eigen fouten en van de reacties van de gesprekspartner daarop. Door dat voortgaande leerproces verloopt het contact tussen interviewer en geïnterviewde steeds makkelijker, en wordt de communicatie tussen hen beiden beter. Hun competentie als gesprekspartner neemt toe, naarmate het gesprek vordert.

De gespreksonderwerpen en de afzonderlijke vragen kunnen verschillen wat betreft de competentie, die ze vereisen van de interviewer en de geïnterviewde. Open vragen vergen meer denkwerk van de geïnterviewde en zijn daardoor lastiger te beantwoorden dan gesloten vragen. Zo ook zijn vragen naar oordelen en opinies lastiger te beantwoorden dan vragen naar concrete feiten. Vragen ten slotte die de respondent in verlegenheid kunnen brengen laten zich vaak moeilijker beantwoorden en ook moeizamer stellen dan onschuldige, neutrale vragen. Er zijn kortom allerlei vragen die op een of andere wijze de interviewer en de geïnterviewde voor problemen stellen. Met zulke vragen kan men het interview beter niet laten beginnen vanwege het eerder genoemde leerproces. Tijdens de opstartfase van het interview zijn eenvoudige vragen nodig. Gaandeweg kunnen deze dan plaatsmaken voor moeilijke vragen, die al een achtergrond van roltraining vereisen. Deze volgorderegel is heel in het kort ook zo te formuleren: *vragen die contact bevorderen in het begin, vragen die contact vereisen aan het eind.*

Deze regel impliceert dat men zich van elk onderwerp goed moet afvragen of het op een of andere wijze belastend zou kunnen zijn voor de te interviewen personen of voor de op pad te sturen interviewers. Ook de laatsten mogen niet vergeten worden. Illustratief in dit verband is een onderzoek,[21] waaruit geconcludeerd werd, dat vragen over seksualiteit bij de onderzochte respondenten niet of nauwelijks weerstanden opriepen. Toch leverden deze vragen problemen op, maar deze moesten primair worden toegeschreven aan onzekerheden van de interviewers. Men moet zich bij dit soort overwegingen voorts ook goed realiseren dat een bepaalde vraag in de ene interviewcontext belastend kan zijn en in de andere totaal niet. Zo kan een vraag naar de leeftijd voor de ene respondent een inbreuk op zijn privacy betekenen, terwijl het voor de andere respondent om niet meer dan een simpel feitje gaat. En een open vraag kan zeer aangenaam zijn voor de geïnterviewde, omdat ze hem zoveel vrijheid geeft, maar evenzogoed kan ze hem in een lastig parket brengen, wanneer hij over een te armoedig arsenaal aan reacties denkt te beschikken.

Door de interviewvragen per onderwerp in het interviewschema te groeperen, voorkomt men dat er een van de hak op de tak springend gesprek ontstaat. In dit kader past ook het streven de onderwerpen zodanig aan elkaar te rijgen dat er een enigszins logische lijn in het gesprek ontstaat. Of beter nog: een psychologische lijn[22] waarbij de successievelijke onderwerpen op een of andere wijze in de beleving van de geïnterviewde op elkaar aansluiten. De introductie van nieuwe onderwerpen wordt zo voor de interviewers ook makkelijker. Hierin is dus nu een tweede volgorderegel gelegen, overigens ondergeschikt aan de eerste regel.

Er zijn ook nog andere regels te formuleren. Deze blijven nu nog even buiten beschouwing omdat ze eveneens van toepassing zijn op de bepaling van de volgorde van vragen *per onderwerp*. In de volgende paragraaf gaan we daar nader op in.

8.7.2 De volgorde van vragen per onderwerp

Het tot nu toe besprokene betrof de volgorde van onderwerpen, dus van groepen van vragen. Als die volgorde vastgesteld is, moeten de *vragen binnen die groepen* nog geordend worden. Overwegingen aangaande het leerproces, dat elk interview(gedeelte) is, en de psychologische eenheid, die dat zoveel mogelijk dient te zijn, zijn bij deze kwestie wederom van toepassing. Maar er is nog iets anders aan de hand, dat van fundamentelere aard is.

Elke vraag, die tijdens een interview gepresenteerd wordt, laat bij de geïnterviewde sporen na, die hun uitwerking hebben op de beantwoording van later gestelde vragen. Klassieke voorbeelden hiervan zijn te vinden in de dialogen, op schrift gesteld door de Griekse filosoof Plato, waarin de 'interviewer' Socrates steeds een uitgewogen serie vragen formuleert, met als uiteindelijk gevolg dat de 'geïnterviewden' in hun antwoorden blijk gaan geven van inzichten, die ze bij de aanvang van de dialoog nog verwierpen. Louter door in een bepaalde volgorde vragen te stellen en antwoorden te eisen dwong Socrates aldus zijn gesprekspartners in een bepaalde richting. De gekozen volgorde kan, kortom, van grote invloed zijn op de interviewresultaten.

De mechanismen die in dit proces werkzaam zijn, worden aangeduid met twee termen: *consistentie* en *saillantie*. Consistentie is het omgekeerde van tegenstrijdigheid. Consistente antwoorden zijn antwoorden die elkaar niet tegenspreken. Het is een psychologisch gegeven dat mensen consistentie nastreven in al wat ze doen, denken en zeggen. Ook geïnterviewden hebben die neiging. Door die neiging zullen ze ervoor zorgen dat hun antwoorden kloppen met wat ze eerder in het interview beweerd hebben, in antwoord op eerdere vragen. Men spreekt wel van de bevriezende werking die er van eerdere vragen uitgaat.[23]

Saillantie, het tweede mechanisme, is te definiëren als de mate waarin, en de manier waarop een onderwerp leeft voor de geïnterviewde. Een lage saillantie uit zich in veelvuldige reacties van het type 'geen mening', of in uiterst summiere antwoorden op open vragen. De saillantie van een onderwerp kan tijdens het interview toenemen, doordat de geïnterviewde er door allerlei vragen over aan het denken wordt gezet. Aldus kan het voorkomen dat een vraag aan het eind van een interviewgedeelte een rijkdom aan antwoorden losmaakt, terwijl dezelfde vraag, aan het begin gesteld, weinig opgeleverd zou hebben.

Deze verschijnselen maken consistentie en saillantie tot mechanismen waarmee men rekening moet houden bij het ordenen van vragen. Kahn en Cannell hebben twee grondpatronen voor deze vragenordening beschreven, namelijk het *trechter*patroon en het *omgekeerde trechter*patroon.[24] Deze patronen zijn standaardbegrippen geworden in de methodologie van het interviewen.

Volgens het trechterpatroon worden vragen geordend, zoals de naam al suggereert, van 'breed' naar 'smal'. Men begint met zeer globaal geformuleerde vragen, die voorzien zijn van zeer ruime (open) antwoordmogelijkheden, en eindigt met gesloten detailvragen. Het patroon is dus van toepassing op situaties waarin een onderwerp aangepakt wordt met zowel globale als detailvragen, en zowel open als gesloten vragen. Ter illustratie kan men denken aan een interview over arbeidsomstandigheden, waarin brede vragen voorkomen van het type 'Kunt u iets vertellen over uw eigen arbeidsomstandigheden?' en 'Zijn er dingen op uw werk, die volgens u voor verbetering in aanmerking komen?' naast engere vragen, zoals 'Wat vindt u van de manier waarop uw chef leiding geeft?' en 'Bent u tevreden over de koffievoorziening?' Als de eerst genoemde vragen vóór die van het tweede type komen, hebben we een trechterpatroon. Het voordeel daarvan is dat het *consistentiemechanisme* dan geen vat heeft op de globale oordelen die de respondent moet geven. In genoemd voorbeeld zal hij zijn verhaal over zijn werkomstandigheden niet disproportioneel laten kleuren door zijn opvattingen over de koffie en andere details. Positief gesteld is dit in de woorden van Kahn en Cannell zo te formuleren: de respondent praat vanuit zijn eigen referentiekader, zijn eigen begrippenkader.

Dit laatste is doorgaans te verkiezen boven antwoorden die vanuit een aangereikt referentiekader gegeven worden, vooral, wanneer een doelstelling van het interview inhoudt dat dat eigen referentiekader in kaart wordt gebracht. Het veronderstelt echter dat de respondent van zichzelf ook daadwerkelijk over zo'n referentiekader beschikt, ofwel, dat het onderwerp al voldoende *saillantie* voor hem heeft. Als aan deze voorwaarde niet voldaan is, heeft het weinig zin te beginnen met brede vragen. In zo'n geval is het omgekeerde trechterpatroon te verkiezen: eerst een serie vragen over deelonderwerpen (deze zullen nu vanwege het op te bouwen referentiekader het onderwerp zoveel mogelijk in al zijn facetten moeten belichten), gevolgd door vragen over het onderwerp als geheel. Ook wanneer het voor de vergelijkbaarheid van verschillende interviews van belang is, dat alle ondervraagde respondenten vanuit één en hetzelfde referentiekader reageren, is dit de aangewezen volgorde.

Bij de constructie van een interviewschema zal men op grond van deze overwegingen nu eens kiezen voor het trechterpatroon, dan weer voor de tegenhanger daarvan, het omgekeerde trechterpatroon. Ook andere overwegingen kunnen daarbij overigens een rol spelen, veelal gaat het dan om overwegingen van praktische aard. Zo kan een brede beginvraag de functie krijgen van een *filter* (zie 8.3.2), zodat een selectie gemaakt kan worden van daarna nog te stellen detailvragen. Op grond van een globaal antwoord op de vraag naar arbeidsomstandigheden kan de interviewer bijvoorbeeld besluiten de vervolgvragen over de relatie met ondergeschikten over te slaan, simpelweg omdat er geen ondergeschikten in het verhaal voorkomen. Aldus voorkomt hij dat de geïnterviewde vragen gepresenteerd krijgt, die in zijn oren als een tang op een varken slaan.

De overwegingen rond saillantie en consistentie bieden ook houvast, wanneer men ten aanzien van twee bij elkaar behorende vragen moet bepalen welke van de twee het beste als eerste gesteld kan worden. Er zijn voorbeelden bekend van dramatische effecten van op het oog onschuldige variaties in vraagvolgordes.[25] Schema 8.11 vertoont er een paar.

Vraag	Percentage ja-antwoorden bij volgorde a-b	Percentage ja-antwoorden bij volgorde b-a
1*a* Zouden de Verenigde Staten hun burgers moeten toestaan te dienen in de Britse en Franse strijdkrachten?	45%	40%
1*b* Zouden de Verenigde Staten hun burgers moeten toestaan te dienen in de Duitse strijdkrachten?	31%	22%
2*a* Moet abortus legaal worden?	61%	48%
2*b* Moet abortus legaal worden in het geval van potentieel ernstig gehandicapte babies?	83%	84%

Schema 8.11 Twee voorbeelden van invloed van vraagvolgorde. Voorbeeld 1 stamt uit de Tweede Wereldoorlog, Voorbeeld 2 uit 1979.[26]

Het eerste voorbeeld stamt uit een Amerikaans onderzoek uit de Tweede Wereldoorlog, vóórdat de Verenigde Staten op het Europese strijdtoneel meededen. De vragen betroffen de kwestie of Amerikaanse staatsburgers in een van de Europese strijdkrachten mochten meevechten. Het consistentieprincipe verklaart waardoor personen, die met de *a-b* volgorde ondervraagd werden, dit eerder goedkeurden dan degenen die de vragen in de *b-a* volgorde kregen aangereikt. Amerikanen voelden een overwegende verbondenheid met Engeland en Frankrijk. Op grond van dat gevoel antwoordden velen bevestigend op de vraag of Amerikanen onder Franse of Engelse vlag zouden moeten mogen dienen. Maar puur juridisch gezien was er geen reden om in deze zaak ten aanzien van Duitsland een andere lijn te trekken. Vandaar dat een aantal respondenten de Duitsland-vraag ook bevestigend beantwoordde. Het consistentiemotief won het van bestaande antipathiegevoelens. Bij de *b-a* volgorde had hetzelfde consistentieprincipe precies de omgekeerde uitwerking.

Het tweede voorbeeld laat zien hoe een vraag van invloed kan zijn op het begrippenkader, waarmee een volgende vraag wordt begrepen. De betekenis van de vraag 'Moet abortus legaal worden?' was vermoedelijk in de *a-b* volgorde anders dan in de *b-a* volgorde. Als eerste gesteld had deze vraag in de oren van de respondenten nog betrekking op alle mogelijke abortussituaties, inclusief de gevallen van ernstig gehandicapte baby's. In tweede positie verwees ze alleen nog naar die situaties waarin dergelijke indicaties afwezig waren. Een deel van het gras was als het ware al door de andere vraag weggemaaid.

Deze voorbeelden ondersteunen de stelling dat de bepaling van de volgorde van de vragen zeer serieuze aandacht behoeft. Terzijde zij opgemerkt dat ze tevens illustreren hoe gevaarlijk het is met een enkele losse vraag een mening of attitude te peilen. Allerlei irrelevante factoren kunnen het antwoord op zo'n losse vraag beïnvloeden. Zonder enig doorvragen blijft het moeilijk de betekenis te schatten, die men aan zo'n antwoord kan toekennen.

Nog een, veel voorkomende, situatie verdient aandacht in het licht van deze volgordeproblematiek. Het gaat om de situaties waarin een flink aantal (tien of meer) vragen gesteld moeten worden, die qua vorm en inhoud erg op elkaar lijken. Attitudeschalen zijn hier het duidelijkste voorbeeld van. Deze bestaan vaak uit een serie uitspraken, waarop de respondent steeds moet reageren met (bijvoorbeeld) een cijfer tussen de 1 en 5, om daarmee zijn mate van instemming met de betreffende uitspraken aan te geven. Die uitspraken zijn zo gekozen dat ze – elk in andere bewoordingen – allemaal dezelfde attitude representeren. Als voorbeeld kan dienen de attitude 'houding ten opzichte van woonwijk X'. Om deze attitude te peilen kan men aan bewoners van X een serie uitspraken voorleggen met het verzoek aan te geven hoe zeer ze het ermee eens zijn. Te denken valt aan uitspraken als 'In X is het prettig wonen', 'De mensen in X zijn aardig', 'Ik woon nergens liever dan in X', maar ook: 'De mensen in X leven langs elkaar heen' en 'Ik zou nog liever vandaag dan morgen uit X verhuizen'. Uit de reacties op deze positief dan wel negatief gestelde uitspraken is de algemene attitude ten opzichte van wijk X te distilleren.

Wanneer een respondent nu een serie van dit soort uitspraken gepresenteerd krijgt en wanneer deze allemaal positief gesteld zijn (of allemaal negatief gesteld), dan kan er een consistentiemechanisme een rol gaan spelen dat niet zo zeer resulteert in inhoudelijke gelijkgerichtheid, maar primair in formele uniformiteit van alle antwoorden. Als een respondent op drie achtereenvolgende uitspraken gereageerd heeft met het antwoord 'geheel mee eens', zal zijn neiging groot zijn eensluidend te reageren op de vierde en vijfde uitspraak, wat die ook precies mogen inhouden. Door antwoordgeneralisatie ontstaan er aldus interviewresultaten waar weinig informatieve waarde aan kan worden toegekend. Dit verschijnsel staat bekend onder de term antwoordtendentie.[27]

De remedie die tegen dit verschijnsel vaak wordt voorgeschreven, bestaat uit het veelvuldig *afwisselen* van positief en negatief geformuleerde vragen of uitspraken.

Een volgordemaatregel dus, die voorkómt dat er antwoordtendentie kan ontstaan. De respondenten merken namelijk dat elke vraag weer een verrassing inhoudt, en dat ze elke vraag derhalve apart tot zich moeten laten doordringen om een adequaat antwoord te kunnen geven. Een andere remedie, ook een volgordemaatregel, gebaseerd op dezelfde gedachtengang, bestaat uit het *opknippen* van de serie vragen, om vervolgens de deelseries te verspreiden over het interviewschema.

Beide remedies zijn dus gebaseerd op de veronderstelling dat ze de geïnterviewde stimuleren elke vraag afzonderlijk te behandelen. Niet altijd gaat die veronderstelling op. Vaak valt er namelijk niets te stimuleren, omdat de geïnterviewden toch al zorgvuldig vraag na vraag afwerken. Bij zeer korte vragen, die makkelijk te begrijpen zijn, mag men daar meestal wel van uitgaan. Als er dan niettemin kunstmatige afwisseling in de vragenlijst wordt aangebracht, of wanneer deze dan toch kunstmatig opgeknipt wordt, leidt dat onnodig tot verwarring en irritatie.

Afwisseling van positief en negatief geformuleerde vragen kan in sommige gevallen ook een averechts effect hebben. Stel dat we aan de geïnterviewde eerst drie positief geformuleerde vragen voorleggen, en daarna voor de afwisseling een negatief geformuleerde vraag. Als de geïnterviewde nu even niet goed oplet, zou hem wel eens kunnen ontgaan dat we bij die vierde vraag overgestapt zijn van positief naar negatief. Hij antwoordt dan op deze vraag in de veronderstelling dat zij net als de drie voorgaande positef geformuleerd is. Zijn antwoord verliest daardoor elke validiteit. Vermoedelijk heeft de interviewer dat wel in de gaten en weet hij het nog tijdig recht te zetten. Maar dan nog heeft hij alleen maar last van de richting-afwisseling. De boodschap is duidelijk: *beter géén afwisseling, dan een afwisseling die aan de aandacht van de geïnterviewde ontsnapt.*

8.7.3 Een illustratie van stap 7

Het interviewschema-in-wording voor het onderzoek ten behoeve van de vakbond heeft in 8.6.5 het stadium bereikt van een serie vragen, compleet met antwoordsystemen (zie schema's 8.5 en 8.6). Daarbij gaat het om vijf vraagonderwerpen:

1 Motivatie bij standpuntbepaling tegenover acties.
2 Motivatie bij beslissing wel of niet mee te doen aan acties.
3 Feitelijke deelname aan acties.
4 Leeftijd.
5 Bondslidmaatschap en werknemersschap (filtervraag).

Door de vorm, waarin de ruwe variabelen gegoten zijn, zijn de nummers 2 en 3 tot één onderwerp samengevoegd (2/3). Voor deze 2/3-combinatie vormde nummer 5 een filter, zodat qua volgorde al vaststaat: 5-2/3. Er is dus nog vrijheid wat betreft de plaats van de nummers 1 en 4. Nummer 4, leeftijd, wordt achteraan geplaatst, omdat het psychologisch merkwaardig aandoet, wanneer een gesprek over de vakbond begint met of onderbroken wordt door een vraag naar de leeftijd. Blijft over de plaatsbepaling van nummer 1. Dat onderwerp bevat nogal lastige open vragen, en is om die reden minder geschikt voor het begin van het interview. Van de andere kant is het gevoelig voor saillantie- en consistentie-effecten, indien het na de vragen over concreet gevoerde acties (nummer 3) zou komen. Deze laatste overweging geeft de doorslag, zodat de volgorde wordt: 1-5-2/3-4.

Dan moeten we nog kijken naar de volgorde van de vragen binnen de onderwerpen. Het gaat daarbij om de nummers 1 en 2/3, die samengesteld zijn uit meer vragen. Veel lijkt het allemaal niet uit te maken. Alleen bij nummer 2/3 is er wat voor te zeggen de vragen chronologisch te ordenen, dus die over de oudste acties het eerst en die over de meest recente het laatst.

8.8 Stap 8: lay-out, introductie en afsluiting

Als stap 7 afgerond is, hoeft het interviewschema alleen nog maar te worden aangekleed. De instructies voor de losse vragen zijn gereed. Er moeten nu nog instructies opgenomen worden voor de presentatie van het geheel. Dat komt vooral neer op aanwijzingen voor de introductie en afsluiting van het gesprek. De inhoud van deze beide onderdelen is in eerdere hoofdstukken al aan de orde geweest (4.2 en 7.2.3). Wat de vorm betreft valt hier ook niet veel meer te vermelden. In principe zou er net als ten aanzien van de vraaginstructies tussen een gestructureerde en een ongestructureerde vorm gekozen kunnen worden. In de praktijk draait het echter altijd op een ongestructureerde vorm uit: een lijstje met feiten, die onder de aandacht van de geïnterviewde moeten worden gebracht. Het voorbeeldschema aan het slot van dit hoofdstuk laat zien hoe zoiets eruit kan komen te zien.

Dan, tot slot, nog de lay-out van het geheel. Bij computer-ondersteund interviewen (zie 8.9) valt daaraan niet zo veel te doen, omdat de gebruikte software grotendeels vastlegt hoe de vraag- en noteerinstructies op het scherm komen. Bij de constructie van een papieren interviewschema voor een handmatig af te nemen interview echter moet men zelf nog een of andere vorm voor het schema bedenken, waardoor het een verzorgd en enigszins professioneel ogend uiterlijk krijgt, maar waardoor het bovenal in de praktijk prettig te gebruiken is. Wat voor vorm men kiest is een kwestie van eigen smaak en creativiteit. Enige suggesties zijn niettemin te doen:

- Toepassing van een, liefst gekleurde, frontpagina met de nodige aanduidingen van de interviewende instantie, van het project waarbinnen het interview valt, en van andere karakteristieken, zoals de tijdsperiode, of het tijdstip van afname, en eventueel al invulruimte voor technische gegevens. Zo'n front doet het schema opvallen te midden van een of andere papierwinkel waarin het verzeild kan raken.
- Herhaling, op elke nieuwe pagina, van een steekwoordachtige aanduiding van het onderwerp, of een andere kenmerkende eigenschap van het interview. Als er een pagina losraakt, zal deze hierdoor minder snel verdwalen.
- Om dezelfde reden: herhaling op elke pagina, van interview- of respondentnummer. De pagina's ook nummeren.
- Zo groot mogelijk grafische uniformiteit door het hele schema heen. Bijvoorbeeld alle letterlijk voor te lezen vragen tussen aanhalingstekens; alle instructies voor de interviewer cursief; bij alle open vragen stippellijntjes, om de antwoorden op te schrijven; alle lijstjes van antwoordalternatieven op dezelfde afstand van de kant etcetera.
- Niet te veel zuinigheid, als het gaat om schrijfruimte voor de antwoorden op open vragen. Voorkomen moet worden dat de interviewer uit ruimtegebrek moet uitwijken naar hulpblaadjes.
- Duidelijke afscheidingen tussen de vragen. Dus niet zoveel mogelijk vragen op één pagina persen.

- Bij filtervragen: werken met pijlen, waardoor de interviewer gevoerd wordt van het aangekruiste antwoord, langs de vragen die overgeslagen moeten worden, naar de volgende vraag.
- Eventuele respondentkaarten in kleur uitvoeren, waardoor ze eruitspringen.

Door het geheel nu volgens de ontworpen lay-out samen te stellen, rondt men – ten langen leste – de hele constructie-operatie af. We hebben nu een eerste concept voor het interviewschema (stap 9). Alvorens er definitief mee aan het werk te gaan, kunnen we het beste nog eens commentaar vragen aan mensen die enige ervaring hebben met interviews op het betreffende terrein. Ook is het raadzaam een aantal proefafnames te organiseren. Hieruit volgen meestal nog de nodige verbeteringen. Wanneer die eenmaal zijn aangebracht (stap 10, de allerlaatste), kan er bij de echte afname niet veel meer fout gaan. Aan het interviewschema kan het in elk geval niet meer liggen.

Op de volgende bladzijden staat als illustratie een compleet interviewschema. Het is bedoeld voor de interviews onder vakbondsleden. Het is het eindprodukt van de voorbereidende stappen, die in de voorgaande paragrafen al gezet zijn. In het schema wordt hier en daar verwezen naar genummerde blanco antwoordbladen. Deze staan niet afgedrukt. Voor de rest is het compleet.

8.9 Computer-ondersteunde schemaconstructie

Voor computer-ondersteund interviewen (zie 2.3) moet men het interviewschema de vorm geven van een computerprogramma. Dat lijkt ingewikkelder dan het is. De software pakketten voor CAPI en CATI (zie 2.3.3) bevatten altijd een onderdeel waarmee men zo'n programma interactief kan aanmaken.

De computer vraagt dan om allerlei informatie: de formuleringen van de vragen die gesteld moeten worden, de antwoordmogelijkheden bij elke geformuleerde vraag, de regels voor de volgorde waarin de vragen gesteld moeten worden, de regels voor de selectie van de te stellen vragen, het overzicht van verdachte antwoorden of antwoordcombinaties (zie 2.3.1) etcetera. Het is precies de informatie die met de hiervoor behandelde stappen, met name de stappen 5 tot en met 8, gegenereerd is.[28]

Zodra al deze informatie is ingetypt (het programma geeft zelf aan hoe dat moet) is de computer in staat om bij het afnemen van het interview de interviewer steeds op tijd via het beeldscherm te instrueren over wat hij allemaal moet doen: vragen stellen, antwoorden noteren, en alle andere handelingen die hij tijdens het interview moet verrichten.

IPO Instituut voor Politicologisch Onderzoek 1990

Interview vakbondsparticipatie blad 1 respondentnummer ______

Naam interviewer ______________________

Datum afname. Jaar __________, maand __________, dag __________

Aanwijzingen voor de interviewer:

1 Aangewezen vraagvolgorde strikt aanhouden.
2 Vragen, die vet gedrukt zijn *letterlijk* voorlezen; rustig voorlezen.
3 Vooraf controleren of cassetterecorder het doet.
4 Elk interview op een aparte cassette.
5 Respondentnummer en eigen naam (zie boven) op cassette-etiket noteren.
6 Onmiddellijk na afloop dit interviewformulier, *volledig ingevuld*, en cassette inleveren op het bureau.
7 Noteer begintijdstip vlak voor eerste vraag.
8 Blijkt respondent geen lid (meer) van X te zijn, interview niet door laten gaan.
9 Bereid je goed op de hele afname voor. Heb je nog vragen over onderdelen van de vragenlijst, of over het onderzoek als geheel, neem dan tijdig contact op met het bureau.
10 Begin met jezelf voor te stellen. Verwijs naar de aankondigingsbrief, die de respondent heeft gekregen. Verwijs ook naar de door IPO telefonisch gemaakte afspraak voor de afname. Breng vóór de vragen eerst nog de volgende punten onder de aandacht:

- Instantie, verantwoordelijk voor het onderzoek: IPO.
- Samenwerking met vakbond X, die ook opdrachtgever is.
- Naam, en telefoonnummer van respondent via X verkregen.
- Alle leden van X, werkzaam bij Y, worden ondervraagd.
- Doel van de interviews: inzicht in deelname aan vakbondsacties en motieven, die daarbij een rol spelen, bij oudere en jonge leden.
- De vragen zullen vooral gaan over acties die geweest zijn en over meningen die respondent heeft over allerlei actievormen.
- Er zal worden gerapporteerd aan het districtsbestuur van X dat formeel de eigenaar van het onderzoeksverslag wordt.
- Eind van het jaar vindt eindrapportage plaats.
- Bandopname dringend gewenst. Bandjes worden uitgetikt zonder dat respondent herkenbaar is. In totaal krijgen drie IPO-functionarissen de uitgetikte tekst onder ogen. Verder niemand.
- Anonieme behandeling van de gegevens. Vertrouwelijkheid gegarandeerd. Functionarissen van X krijgen geen inzage in interviewverslagen. Van Y idem.
- Duur interview plusminus 30-45 minuten.
- Heeft de respondent nog vragen of problemen? Zo nee, start.

Noteer: tijdstip begin: __________

Schakel nu de bandrecorder in.

Vraag 1

Stel u voor dat er weer CAO-onderhandelingen zijn.Op een bijeenkomst van vakbond X is besloten, dat er acties gevoerd gaan worden. Het gaat alleen nog om de keuze tussen

- ***een algehele staking van 24 uur***

en

- ***een algehele staking van onbepaalde duur.***

Ik vraag u nu niet wat voor keuze u zou maken. Wel vraag ik u wat voor overwegingen u zou hebben bij de afweging tussen beide actievormen. Wat voor soort redenen u zou aanvoeren om voor of tegen die actievormen te zijn.
(Probeer respondent zoveel mogelijk motieven te laten vertellen. Verduidelijk de vraag zonodig in eigen woorden. Geef géén voorbeelden. Noteren van antwoorden door middel van steekwoorden op antwoordblad nr. 1)

Vraag 2
De volgende vraag is weer hetzelfde als de vorige. Nu gaat het om de afweging tussen
- ***een bedrijfsbezetting voor onbepaalde duur***
en
- ***een algemene staking voor onbepaalde duur.***
Wat zouden nu uw overwegingen zijn?
(Toelichting: zie vraag 1: noteren op antwoordblad nr. 2)

Vraag 3
En nu nog een keer zo'n vraag. Nu over de afweging tussen
- ***een stiptheidsactie van uw eigen afdeling***
en
- ***een protestbijeenkomst, tevens werkonderbreking van een uur.***
(Toelichting: zie vraag 1, noteren op antwoordblad nr. 3)

Vraag 4
Sinds wanneer bent u lid van vakbond X?
(Kruis antwoord aan)

Lid geworden voor 1 september 1989. ☐ Door naar vraag 5
Lid geworden na 1 september 1989. ☐ Door naar vraag 10 (blad 3)

Vraag 5
Sinds wanneer bent u werkzaam bij Y?
(Kruis antwoord aan)

Voor 1 september 1989. ☐ Door naar vraag 6a
Na 1 september 1989. ☐ Door naar vraag 10 (blad 3)

Vraag 6a
Vorig jaar was er de kwestie van ontslag van uw collega Jansen. Er is toen een verklaring tegen dat ontslag opgesteld. Alle werknemers is gevraagd die verklaring te ondertekenen. Kunt u zich herinneren of u die verklaring ondertekend heeft?
(Kruis antwoord aan)

Wel ondertekend ☐ Door naar vraag 6b
Niet ondertekend ☐ Door naar vraag 6b
Weet niet meer/geen antwoord ☐ Door naar vraag 7a (blad 3)

Vraag 6b
Wat voor overwegingen had u om (niet) te ondertekenen?
(Probeer respondent zoveel mogelijk motieven te laten vertellen. Geef géén voorbeelden. Noteer met steekwoorden op antwoordblad nr. 6)

IPO Instituut voor Politicologisch Onderzoek 1990

Interview vakbondsparticipatie blad 3 respondentnummer ____

Vraag 7a

Vorig jaar is er een korte werkonderbreking geweest in het kader van de landelijke vakbondacties tegen het regeringsbeleid. Kunt u zich herinneren of u daaraan hebt meegedaan?

(Kruis antwoord aan)

Wel meegedaan	☐ Door naar vraag 7b
Niet meegedaan	☐ Door naar vraag 7b
Weet niet meer/geen antwoord	☐ Door naar vraag 8a

Vraag 7b

Wat voor overwegingen had u om (niet) mee te doen?

(Toelichting: zie vraag 6b; noteren op antwoordblad nr. 7)

Vraag 8a

Vorig jaar is hier twee dagen gestaakt. Hebt u toen meegestaakt?

(Kruis aandwoord aan)

Niet meegestaakt	☐ Door naar vraag 8b
Eén dag meegestaakt	☐ Door naar vraag 8b
Twee dagen meegestaakt	☐ Door naar vraag 8b
Weet niet meer/geen antwoord	☐ Door naar vraag 10

Vraag 8b

Wat voor overwegingen had u om (niet) mee te staken?

(Toelichting: zie vraag 6b; noteren op antwoordblad nr. 8)

Vraag 9 (Alleen stellen indien meegestaakt)

Was u bij die stakingsacties lid van het organisatiecomité?

(Kruis antwoord aan; eventueel op een steekwoord)

☐ Geen lid organisatiecomité
☐ Wel lid organisatiecomité
☐ Anders nl. ____________

Vraag 10

In welk jaar bent u geboren?

(Vul in: 19 ____)

- Afsluiten
- Bedanken
- Nog opmerkingen?

Slot

8.10 Discussiestof

1. Met een studiegroepje wil je een tijdschriftartikel gaan schrijven over de 'Jeugd in Nederland'. Elk lid van het groepje gaat om materiaal te verzamelen vijf interviews houden met jongeren van ongeveer 18 jaar. Afgesproken wordt dat in die interviews de volgende onderwerpen de revue moeten passeren: relatie met ouders, werk(loosheid), school, seksualiteit, godsdienst, politiek, relaties met leeftijdgenoten en vrijetijdsbesteding. Verdere afspraken en inperkingen worden niet gemaakt, omdat het idee is dat elke geïnterviewde zoveel mogelijk zijn of haar eigen verhaal moet kunnen vertellen.
   Vraag: zou je als interviewer behoefte hebben aan meer instructies? Zo ja, wat voor instructies?
2. De tekst bevat een pleidooi om de interviewer zo goed mogelijk te informeren over de bedoeling van het interview. Als bezwaar hiertegen wordt wel aangevoerd dat de interviewer daardoor misschien onbewust de geïnterviewde gaat beïnvloeden, zodat deze precies die antwoorden gaat geven, die de ontwerper van het interviewschema verwacht. Een voorbeeld:
   de afdeling Personeelszaken heeft de indruk, dat vooral laag opgeleide werknemers veel problemen krijgen, wanneer ze met pensioen gaan. Alvorens voor deze groep speciale pensioen-voorbereidende cursussen te gaan organiseren, wil ze eerst weten of die indruk juist is. Interviews onder recentelijk gepensioneerden moeten uitsluitsel geven.
   Vraag: zou je de interviewers nu moeten vertellen, dat het de bedoeling is die indruk van Personeelszaken te onderzoeken? Of zou je ze liever onwetend laten over dit aspect van de interviewbedoelingen?
3. Wat is je oordeel over het interviewschema voor het onderzoek onder vakbondsleden? Wat vind je van de beslissingen die er tijdens de constructie van dat schema genomen zijn?
4. Field-coding is een tussenvorm van open en gesloten vragen. Welke kenmerken van open vragen en welke van gesloten vragen heeft deze vraag- en antwoordformule? Neem de lijst in 8.5.1 door.
5. In schema 8.4 staan voor sommige theoretische variabelen twee verschillende indicatoren. Het gaat om de volgende variabelen:
   - geïnteresseerdheid in de politiek;
   - smaak voor muziek;
   - sportiviteit;
   - sollicitatiemotivatie, en
   - kwaliteit als wetenschapper.

   Geef van elk tweetal indicatoren aan welke je zou preferen, en waarom.
6. Een schoolhoofd wil van alle docenten het oordeel weten over leerling X. Het gaat om de vraag of X geschikt is om over te gaan of niet. Er moeten dus oordelen over de geschiktheid gegeven worden. Een driepuntsschaaltje wordt daartoe opgesteld.

Vraag: wat is in deze context de betekenis van de antwoordalternatieven:
- 'niet van toepassing';
- 'geen mening', en
- de middencategorie?

Geef duidelijk de verschillen aan tussen deze alternatieven.

7 De variabele 'autobezit', zoals uitgewerkt in schema 8.8, zou men zowel een nominale als een ordinale variabele kunnen noemen. Waarom?

De drie antwoordmogelijkheden lenen zich slechts voor één antwoordinstructie, namelijk: 'Kies één van de drie' (even afgezien van de toegevoegde alternatieven 'anders' en 'geen antwoord'). Andere soorten van antwoordinstructies, zoals die in schema 8.10 staan, komen niet in aanmerking. Waarom niet?

8 Zie in de bijlage het oefen-interviewschema nummer 1, over 'jeugdsituatie' (pagina 178-180).

Wijs hierin aan:
- een open vraag;
- een gesloten vraag;
- een field-coding vraag.

9 Zie in de bijlage het oefenschema nummer 2 over 'recreatie' (pagina 181-183).

Wijs hierin aan:
- nominale variabelen;
- ordinale variabelen;
- intervalvariabelen;
- dichotome variabelen;
- 'kies'-antwoordinstructies;
- 'orden'-antwoordinstructies.

10 Zie in de bijlage het oefenschema nummer 3 over 'vervoer' (pagina 184-187).

De laatste vraag bevat een serie gelijkgerichte subvragen. Is hier kans op antwoordtendentie?

Is er reden voor de remedie van afwisselen of voor die van opknippen?

11 Twee vragen uit één interview:

a In hoeverre bent u het eens met de uitspraak: 'In een democratisch bestel past geen perscensuur'.

b In hoeverre bent u voor wetgeving die verspreiding van antidemocratische geschriften verbiedt?

Vraag: bespreek eventuele consistentie- en saillantiemechanismes, die op kunnen treden bij de volgorde *a-b* en bij de volgorde *b-a*.

12 Zelfde vraag. De interviewvragen luiden nu:

a Biedt uw wijk voldoende winkelgelegenheid?

b Zijn er andere wijken, waarin u liever zou willen wonen? Zo ja, welke?

13 Hoeveel antwoordalternatieven horen er bij a tot en met g in schema 8.10 (blz. 122)?

Deel 4

Leren interviewen

9 Interviewtraining[1]

In de voorgaande hoofdstukken heeft de lezer kunnen kennis maken met de verschillende facetten van het verschijnsel interview. Het onderwerp van dit slothoofdstuk is hoe men kan leren die kennis in praktijk te brengen, ofwel hoe men kan leren interviewen. Laten we eerst eens bekijken om welke leerdoelen het daarbij precies gaat.

Uiteindelijk gaat het erom dat men zich de interviewvaardigheden, die beschreven staan in deel 2 van dit boek, eigen maakt. *Vaardigheden* staan echter nooit op zichzelf, maar vormen altijd te zamen met bepaalde *inzichten* en *houdingen* een psychologische totaliteit. Wat die inzichten betreft kunnen we in dit verband verwijzen naar de stof uit de voorgaande hoofdstukken. En wat die houdingen betreft kan men denken aan zaken als zelfvertrouwen, doortastendheid en respect voor de geïnterviewde.

In de volgende paragrafen staan verschillende ingrediënten voor interviewtrainingen beschreven, die te zamen de hierboven genoemde leerdoelen bestrijken. We onderscheiden vier methoden: theoriestudie, schriftelijke oefeningen, rollenspelen en praktijkoefening. Het verband tussen de leerdoelen en de methoden staat hieronder schematisch weergegeven. De verschillen tussen de methoden, zoals

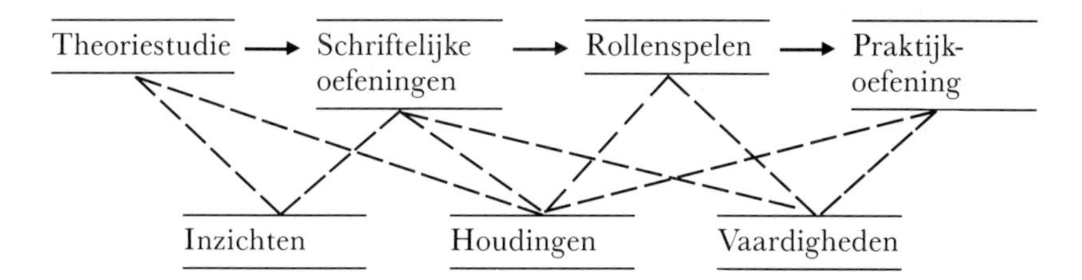

die in deze schematische voorstelling tot uitdrukking komen, zijn overigens niet meer dan accentverschillen. Door de samenhang van kennis, houdingen en vaardigheden komen ze alle drie in elke leersituatie wel enigermate aan bod.

Er ligt nog een andere gedachte ten grondslag aan de keuze van de bovenstaande vier methoden. Van links naar rechts zit er een cumulatieve lijn in. De praktijkoefening geheel rechts is het meest omvattend. Alle vaardigheden, houdingen en inzichten komen daar bij elkaar.

Links daarvan staan de rollenspelen. Deze zijn beperkter van opzet en kunnen dienst doen als vóóroefening voor de praktijkoefening. Op dezelfde wijze hoort bij elk rollenspel een aantal voorbereidende schriftelijke oefeningen, terwijl theoriestudie weer de functie heeft van voorstadium voor de schriftelijke oefeningen. Hiermee is een grondpatroon gegeven voor de opzet van interviewtrainingen.[2]

In de volgende paragrafen zal achtereenvolgens uiteengezet worden hoe men vorm kan geven aan schriftelijke oefeningen, rollenspelen en de praktijkoefening. Als bijlage bij dit hoofdstuk zijn ten slotte nog volledig uitgewerkte, 'panklare' schriftelijke oefeningen en scenario's voor rollenspelen te vinden. Al met al voldoende om er een trainingsprogramma mee te vullen. Op de methode van 'theoriestudie' zullen we verder niet ingaan. Daar valt niet méér over te zeggen dan dat het gaat om de verwerking van de stof uit de voorgaande hoofdstukken, vooral die uit deel 2, waarbij de discussiestof, die aan elk hoofdstuk is toegevoegd, kan dienen als aangrijpingspunt om dieper op onderdelen in te gaan.

9.1 Schriftelijke oefeningen

Interviewen leert men uiteindelijk alleen door het veel te doen. Maar om het te doen moet men het eerst geleerd hebben. De eerste stappen in de praktijk zullen daardoor altijd onzeker zijn. Schriftelijke oefeningen zijn geschikt om toch nog enigszins geoefend aan de start te kunnen verschijnen. Ze bereiden voor op de praktijk, zoals droogzwemmen op een sprong in het diepe. Ze bevatten concrete beschrijvingen van situaties. De interviewer-in-opleiding dient steeds op te schrijven wat voor beslissingen hij in die situaties zou nemen, wat hij zou doen, wat hij zou zeggen. De oefeningen die als bijlage bij dit hoofdstuk zijn opgenomen (p. 157-167) volgen de tekst van de hoofdstukken 4 tot en met 8 op de voet. De taken en vaardigheden van de interviewer, zoals behandeld in die hoofdstukken, komen successievelijk in de oefeningen aan bod.

9.2 Rollenspelen

Oefening baart kunst. Deze wijsheid is in hoge mate van toepassing op de kunst van het interviewen. Veel doen schept zelfvertrouwen en maakt de diverse vaardigheden tot een tweede natuur. Ook rollenspelen kunnen deze effecten opleveren, in een paar opzichten zelfs sneller en beter dan afnames van echte interviews. Bij een rollenspel speelt men een interviewsituatie na. Dat kan een fictieve situatie zijn, die zodanig is vorm gegeven dat ze zich goed leent voor het oefenen van allerlei vaardigheden. Het kan ook een reële situatie zijn, die nagebootst wordt. Van deze laatste mogelijkheid maakt men gebruik bij de voorbereiding van interviewers die voor een bepaald project ingezet worden. Voordelen van rollenspelen zijn:

- Ze bieden een veilige oefensituatie. Men kan risicoloos experimenteren met nieuwe gedragswijzen. Fouten maken is niet erg.
- Men kan de interviewsituatie zo vorm geven dat er in korte tijd een beroep gedaan wordt op allerlei vaardigheden. Men kan de situatie op maat snijden door speciaal die vaardigheden naar voren te halen, waar de interviewende rolspeler nog moeite mee heeft.

Men kan een en ander bewerkstelligen door:

- de keuze van een geschikt interviewschema, of een fragment uit een interviewschema;
- instructies aan degene die de geïnterviewde speelt, zodat deze het de interviewer op bepaalde punten even moeilijk maakt;
- door de situatie met speciale moeilijkheden aan te kleden.

Een rollenspel kan onmiddellijk na afloop worden nabesproken. De interviewer krijgt dan feed-back over zijn gedrag. Dat kan aanleiding zijn om een deel van de oefening nog eens over te doen. In ieder geval heeft het een bewustmakende werking. Met behulp van video-opname is die nog te versterken.

Deze voordelen verkrijgt men niet gratis. Voor optimale leereffecten moet aan een aantal voorwaarden voldaan zijn.

9.2.1 De rol van geïnterviewde

Veel hangt af van de geïnterviewde. Meer dan wie ook creëert deze de interviewsituatie, die zo levensecht mogelijk moet zijn. Dat wil nog wel eens mislukken, doordat de geïnterviewde uit zijn rol valt. Hij gaat dan om zijn eigen optreden lachen, of hij gaat opmerkingen maken over het rollenspel. De oefensituatie is dan doorbroken. Dit gevaar doet zich vooral voor als de geïnterviewde een vreemde rol moet spelen, bijvoorbeeld die van een bewoner van een bejaardentehuis, terwijl hij zelf nog geen twintig is. Zolang het gehanteerde interviewschema het enigszins toelaat kan men dus het beste zichzelf spelen. Hoe minder toneelspel, hoe beter het rollenspel.

Kiest men toch voor een vreemde rol, dan is een gedegen voorbereiding vereist. Antwoorden en reacties moet men in dezelfde mate paraat hebben als een echte geïnterviewde die zou hebben. Er mag voor de interviewer nooit aanleiding zijn te veronderstellen dat zijn gesprekspartner in het echt heel anders zou reageren. Dat tast de leersituatie aan. De feed-back tijdens de nabespreking kan er door ontkracht worden.

Van de geïnterviewde wordt ook vereist dat hij de interviewer gelegenheid biedt om de te oefenen vaardigheden toe te passen. Dat kan inhouden dat hij in het ene geval overdreven zwijgzaam doet, in het andere geval ontwijkende antwoorden geeft, in weer een ander geval zijpaden inslaat of wat dan ook. Zulke niet altijd even natuurlijke gedragswijzen blijken in de praktijk vaak moeilijk vol te houden. Ze vereisen veel concentratie van de geïnterviewde, en daarin ligt een reden te meer om zijn taak voor het overige zo gemakkelijk mogelijk te houden.

9.2.2 De rol van observator

Voor het welslagen van een rollenspel kan een *aparte observator* eigenlijk niet worden gemist.[3] Deze dient het gedrag van de interviewer zodanig te observeren, dat hij na afloop kan rapporteren over de manier, waarop de vaardigheden uit de verf kwamen. In theorie kan de geïnterviewde die taak erbij nemen, maar het is toch te verkiezen hiertoe een aparte persoon aan te stellen.

Feed-back heeft alleen zin, wanneer deze verwijst naar concrete gedragingen van de interviewer. Vage observaties over hoe het rollenspel in het algemeen verliep bieden geen houvast. Ze zeggen niets over goede en foute gedragingen en hoe deze beter hadden gekund. De observator moet derhalve letten op concreet gedrag. Nu is het onmogelijk alles, dat wil zeggen alle gedragingen, te observeren. Er moet een selectie worden gemaakt. Daarom komt alleen dat soort gedrag voor observatie in aanmerking dat relevant is voor de te oefenen vaardigheden. Voorafgaand aan het rollenspel moeten observator en interviewer dus afspreken om wat voor soort gedrag het zal gaan. De interviewer kan daarbij zwakke punten uit eerdere optredens naar voren brengen.

De observaties moeten tijdens het rollenspel ook nog worden vastgelegd, want herinneringen vervagen snel. Hoe concreter de weergave van een voorval, hoe meer de interviewer er aan heeft bij de nabespreking. De observator zal dus moeten noteren. Deze werkzaamheid concurreert met het eigenlijke observeren. Ze zal ertoe leiden dat hij soms niet in staat is goed op te letten, met als gevolg dat er interessante episodes gemist worden. Dat moet men op de koop toenemen. Door met meer dan een observator te werken ondervangt men dit probleem enigszins. Wat in dit verband ook helpt is een goed observatieformulier. Een voorbeeld staat in figuur 9.1. In drie kolommen legt men zowel het gehele gespreksverloop vast als de incidenten die bij de nabespreking het vermelden waard zijn. Kolom 1 is voor de gespreksbijdragen van de interviewer, kolom 2 voor die van de geïnterviewde (beide met steekwoorden noteren, als kapstok voor herinnering tijdens de nabespreking), terwijl kolom 3 gereserveerd is voor de eigenlijke observaties van de manieren waarop de interviewer vorm gaf aan de vaardigheden. Aan de hand van een dergelijk formulier kan de observator na afloop gedocumenteerd en gedetailleerd voor de dag komen: Toen jij... zei, reageerde hij met..., en toen deed jij..., met als gevolg... .

De taak van de observator wordt aanzienlijk verlicht wanneer men video kan gebruiken. De nabespreking blijft echter nodig en de obser-

Vaardigheden:	Interviewer:
	Geïnterviewde:
	Observator:
	Interviewschema:

Interviewer: (steekwoorden)	**Geïnterviewde: (steekwoorden)**	**Opmerkingen over gedrag van interviewer**

Figuur 9.1 Voorbeeld van formulier dat men als observator bij rollenspelen kan hanteren.

vator dient daarin net zo goed concrete feed-back te geven. In plaats van de intensieve noteerarbeid kan hij nu evenwel bij de recorder postvatten, en alleen even de tellerstand noteren, als er iets opmerkenswaardigs gebeurt. Bij de nabespreking kunnen dan de aldus aangemerkte fragmenten een of enkele malen worden afgedraaid, waarbij de observator uitlegt wat hem opgevallen was.

De observator – of iemand anders – krijgt ook de taak van spelleider, die aangeeft wanneer er begonnen wordt, wanneer onderbreking nodig is, en wanneer het afgelopen is. Aldus voorkomt men dat de spelers zich door dit soort zorgen laten afleiden, met als gevolg, dat ze uit hun rol vallen.

9.2.3 De nabespreking

Over de nabespreking is reeds het een en ander gezegd. Een goed verloop daarvan bevordert de leereffecten. Er zijn echter ontsporingen mogelijk:

- Er ontstaat een welles-nietes spelletje tussen observator en spelers.
- De interviewer voelt zich persoonlijk aangevallen.
- De observator is bang de interviewer te kwetsen en houdt zich daarom op de vlakte.
- De nabespreking waaiert uit naar de kwaliteit van het interview in het algemeen. Op zichzelf is dat niet erg, maar de bespreking van de specifieke vaardigheid komt zo in de verdrukking.

De onderstaande procedure is erop gericht dit soort ontsporingen te voorkomen:

1 Allereerst worden de beide spelers in de gelegenheid gesteld stoom af te blazen. Beiden vertellen in het kort hoe ze het beleefd hebben.

Meestal hebben ze wel het een en ander dat ze graag even kwijt willen. Een gesprek over hun belevenissen mag er evenwel nog niet uit volgen. Daartoe moet eerst de bijdrage van de observator worden afgewacht.

2 Vervolgens doet de observator zijn relaas al of niet onder verwijzing naar videobeelden. Hij houdt daarbij de volgende feed-back regels in acht:
- Concrete gedragingen en incidenten vermelden (Terwijl je ... zei, deed je ..., met als gevolg ...).
- Zowel positieve als negatieve elementen uit het optreden van de interviewer naar voren halen.
- Aan elke negatieve opmerking een suggestie koppelen voor hoe het beter gekund zou hebben.
- Nog geen totaal-oordeel uitspreken.

Deze regels maken de feed-back zakelijk en ontnemen er het eventuele veroordelende karakter aan. Om het niet te moeilijk te maken vallen de spelers de observator nog niet in de rede.

3 Nu volgt de reactie van de interviewer op de observaties. Gedrieën wordt daarop doorgepraat. Ook andere dan de geobserveerde punten kunnen daarbij naar voren komen.

4 Afronding vindt plaats doordat de interviewer met behulp van zijn gesprekspartners leerpunten voor zichzelf vastlegt: gedragswijzen die nog niet zo goed gingen, vooral op het gebied van de geoefende vaardigheden. Deze leerpunten kunnen aanleiding zijn om het rollenspel nog eens over te doen, of om bij volgende gelegenheden de observaties mede daarop te richten.

9.2.4 De rol van de interviewer

De interviewer is tot nu toe voornamelijk als lijdend voorwerp naar voren gekomen. Er werd voor hem een oefensituatie gecreëerd en er werd hem vervolgens een spiegel voorgehouden. Het leek misschien of hij alleen maar hoefde te reageren. Toch is hij de eigenlijke hoofdrolspeler en de eerst verantwoordelijke voor het welslagen van het geheel. Van hem worden dan ook eveneens de nodige investeringen verwacht.

Het voornaamste is dat hij zich vooraf theoretisch verdiept in de vaardigheden die aan bod komen. Het mag niet voorkomen dat hij er pas tijdens het interview of tijdens de nabespreking achter begint te komen wat de bedoelingen waren. Het rollenspel als leersituatie zou daardoor ontkracht worden.

Van groot belang is ook de voorbereiding op de specifieke taak. De interviewer dient zich daarop voor te bereiden, alsof hij echt gaat interviewen. Als hij aan de start verschijnt moet hij dus het interviewschema in het hoofd hebben, en moet hij ook een beeld hebben van doel en achtergrond van het gesprek. Zo wordt voorkomen dat hij uit zijn rol valt, zoals een toneelspeler die zijn tekst kwijt is.

Nu is het nooit helemaal te voorkomen dat iemand in zijn rol vastloopt. Dat gebeurt in de realiteit evenzeer. In de realiteit moet de interviewer daar dan een of andere oplossing voor vinden en kan hij niet ontsnappen door uit zijn rol te stappen. Een van de hoofdregels van het rollenspel is nu dat de interviewende rollenspeler ook niet van die ontsnappingsroute gebruik maakt. Gebrek aan voorbereiding mag geen excuus zijn.

Voor het overige mag de interviewer in principe onbeperkt fouten maken. Fouten en vergissingen vormen het beste startpunt voor het afleren van inadequate gedragswijzen.

9.2.5 Mise-en-scène van rollenspelen

Als laatste voorwaarde voor de effectiviteit van een rollenspel kan de mise-en-scène of de programmering genoemd worden. Deze omvat:

- Instructie voor de geïnterviewde:
  Op welke vaardigheden van de interviewer moet hij met zijn optreden een beroep doen?
  Hoe doet hij dat?
  Eventueel nog rolinstructies, voor wie een vreemde rol moet spelen.
- Instructie voor de observator:
  Wat is relevant (en dus te observeren) gedrag?
  Na hoeveel tijd, of na hoeveel relevante observaties moet het eindsignaal worden gegeven?
- Instructie voor de interviewer:
  Wat behelzen de vaardigheden?
- Uitleg over het te hanteren interviewschema.
- Keuze van te spelen interviewsituatie:
  Selectie van (fragment van)interviewschema, om de te oefenen vaardigheden optimaal uit de verf te laten komen.
- Soms nog situatie optuigen met aparte lastige elementen, om nog eens extra een beroep op de vaardigheden te doen.
- Zorg voor goede fysieke spelomgeving:
  Adequate (zit)opstelling mogelijk maken. Zie 4.5 voor oog-in-oog interviews. Men kan een ‘telefonisch’ rollenspel vormgeven door een opstelling met de ruggen naar elkaar toe.
  Een positie voor de observator, met goed zicht op het gebeuren en gelegenheid om notities te maken.
  Eventueel installatie van video.

9.2.6 Rollenspelen in interviewtrainingen

Nog enige opmerkingen over de toepassing van rollenspelen in interviewtrainingen. Ze zijn primair bedoeld om de rolspelende interviewer te trainen. Voor de observator en de geïnterviewde bieden ze echter evenzeer instructieve ervaringen. Uit didactisch (en ook uit praktisch) oogpunt kan men daarom alle drie de rollen door deelnemers aan een training laten vervullen. Wanneer er met een trio gewerkt wordt kan één rollenspel dus driemaal gedaan worden met wisselende rolbezettingen.

Het probleem met trainingsdeelnemers in de rol van geïnterviewde, maar vooral ook in die van observator, is dat er ook veel mis kan lopen. De hiervoor gegeven gedragsregels voor beide rollen lijken op papier heel eenvoudig, maar in de praktijk verwateren ze snel. Eigenlijk vergen ze een aparte training vooraf. Minimaal is het volgende nodig.

De trainingsdocent demonstreert eerst een paar keer hoe aan beide rollen kan worden vormgegeven. Dit wordt nabesproken. Afgezien van het model-leren, dat zo plaats vindt, heeft zo'n demonstratie ook de functie de deelnemers ervan te doordringen dat het gaat om meer dan een spelletje. Wanneer de deelnemers zich vervolgens aan hun eerste rollenspel wagen, zit de docent er als tweedelijnsobservator bij. Na afloop van het geheel, dus na afloop van de nabespreking, becommentarieert hij de uitvoering. Het gedrag van de uitvoerenden wordt zo nog eens bijgestuurd.

Als bijlage bij dit hoofdstuk (pagina 168-176) zijn negen programmeringen voor rollenspelen opgenomen. Ze zijn steeds gericht op één vaardigheid. Ze kunnen allemaal in tien minuten of minder gespeeld worden.

Bij een aantal daarvan wordt gebruik gemaakt van speciale oefeninterview-schema's. Deze staan na de rollenspelen afgedrukt (pagina 177 e.v.). Het zijn allemaal 'confectie'-schema's. Ze zijn geschikt voor rollenspelen met alle mogelijke soorten deelnemers. De onderwerpen zijn meestal zo algemeen dat ze op ieders situatie slaan. Vaak is het overigens motiverend andere schema's ervoor in de plaats te stellen, die specifiek op de situatie van de deelnemers betrekking hebben, of de deelnemers zelf schema's te laten maken.

De vaardigheden, waarvoor de rollenspelen bedoeld zijn, zijn:

1	afspraak maken;	hoofdstuk 4
2	gespreksintroductie;	
3	begrijpelijk formuleren en inleiden van vragen;	hoofdstuk 5
4	niet-sturend vragen;	
5	expliciet ongericht doorvragen;	hoofdstuk 6
6	doorvragen door middel van samenvatten;	
7	luistergedrag;	
8	corrigerend optreden;	hoofdstuk 7
9	gevoelsreflectie.	

Uit alle hoofdstukken 4 tot en met 7 zijn dus enige vaardigheden genomen. Alle deeltaken van de interviewer komen daardoor aan bod. De meeste hoofdstukken bieden overigens nog aanknopingspunten voor andere rollenspelen, met andere vaardigheden. De hier gepresenteerde programmeringen kunnen daartoe als voorbeeld dienen.

9.3 Praktijkoefening

Rollenspelen, zoals beschreven in de vorige paragraaf hebben een microkarakter. Ze beslaan slechts een klein fragment van een interview, en ze doen voornamelijk op één soort vaardigheid een beroep, niet op het hele scala tegelijk. Het voordeel daarvan is dat men zich ongestoord op één in te oefenen vaardigheid kan concentreren. De beperking ervan is evenwel dat men nog niet leert de verschillende vaardigheden te integreren. Voor dit laatste is ervaring met complete interviewafnames nodig. Die kunnen ook weer in de vorm van een rollenspel gegoten worden, inclusief de didactische aankleding met video, observatie, ingebouwde valkuilen en nabespreking. Het verschil met de eerder beschreven microrollenspelen is dat ze nu aanzienlijk meer tijd kosten. In cursusverband wil dat nog wel eens een bezwaar zijn, omdat men dan met meer deelnemers zit, die allemaal aan de beurt moeten kunnen komen.

Er is ook een andere, uiterst praktische, aanpak mogelijk. Deze houdt in dat de interviewer-in-opleiding meteen in het diepe gegooid wordt. Hij wordt er dan op uitgestuurd om een echt interview af te nemen, en aldus de volle realiteit van het interviewen door te maken. Een betere leersituatie bestaat er niet. Een keer moet het er bovendien toch van komen. Zo'n praktijkoefening is dus eigenlijk het meest effectieve en het meest natuurlijke sluitstuk van een interviewtraining. Het leereffect ervan is nog te vergroten met enkele aanvullende procedures en arrangementen. In de volgende, tevens laatste, paragrafen worden enige ideeën geboden.

9.3.1 Feed-back procedures

De feed-back faciliteiten van rollenspelen worden gemist bij echte interviewafnames. Daaraan valt echter wel wat te doen. Als er voor de telefonische vorm gekozen wordt, kan er een observator naast gezet worden. Maar er zijn ook andere, en betere mogelijkheden, die ook in oog-in-oog situaties toe te passen zijn. Zo kan men van het interview een geluidsopname maken. Door deze achteraf te beluisteren steekt men veel op over de eigen sterke en zwakke punten. Ook kunnen anderen ingeschakeld worden om de band te beluisteren en commentaar te leveren. Minstens zo leerzaam, maar minder arbeidsintensief voor anderen, is ook de volgende methode.

De interviewer schrijft – van de band – zijn hele interview woord voor woord uit. Zowel zijn eigen tekst als die van de geïnterviewde, inclusief stopwoordjes en korte verbale aanmoedigingen. Eventueel ook nog indicaties van non-verbale communicaties ('zuchtend', 'aarzelend' en dergelijke). Het uitgeschreven script voorziet hij vervolgens zelf van commentaar. Dit dwingt tot grondige reflectie over het eigen optreden. Met dat commentaar benoemt en beoordeelt hij wat er tijdens het interview gebeurde. De volgende procedure is daartoe geschikt:

1 Bij elke uitgeschreven reactie van de interviewer geeft hij aan welke taakcomponenten erin besloten liggen. Hij doet dit met behulp van de volgende labels[4] (zie hoofdstuk 3, zie ook voorbeeld in figuur 9.2).
TL = taakgericht leiding geven. Hier in de beperkte betekenis van puur taakgericht-sturend bedoelde acties (zie 7.2), anders zou elke reactie met het label TL behangen kunnen worden.
SL = sociaal-emotioneel leiding geven.
IN = introductie van het gesprek (niet de introductie van losse vragen, dat valt onder VR, hieronder).

Weergave interview door: Hans Enkel
Datum: 7-2-1990
Titel interviewschema: interviews bridgen

Gesproken tekst	**Commentaar**
Interviewer: 'Nou, dan komen nu de vragen over het bridgen.'	VR+ (prima introductie)
Geïnterviewde: 'Ha ..., leuk, vragen over bridgen.'	Geen antwoord.
Interviewer: 'Dat lijkt je wel leuk?'	SL + (gevoelsreflectie)
Geïnterviewde: 'Nou, heel leuk'.	Nog geen antwoord op interviewvraag.
Interviewer: 'De eerste vraag dan maar, die luidt: Hoeveel tijd besteed je aan bridgen?'	TL + (prima draad-oppakken na zijsprongetje) VR +
Geïnterviewde: 'Per dag of per week?	Geen antwoord
Interviewer: 'Eh, per dag of nee per week, niet dat het eh ..., nou ja het heeft eh ...'	DV – (onbegrijpelijke vraagverduidelijking) SL – (hij raakt in paniek, en verzuimt dan hardop na te denken) alternatief: 'Even denken, eh ..., nou doe maar per week.'
Geïnterviewde (onderbreekt): 'Nou als ik dus een beetje train (er volgt nu een zeer lang, en boeiend verhaal over toernooien, reizen, biedsystemen, drives, bridgestudie, diverse bridgepartners, en nog veel meer).'	Irrelevant Onduidelijk
Interviewer: 'Ja, ja, ja, ja, ja, stop maar even. Zou je misschien willen proberen te schatten, hoeveel uur per week je gemiddeld, het héle jaar door, aan bridge besteedt?'	TL – (veel te late interventie) TL + (beter laat dan nooit) SL – (onterechte ondertoon van irritatie) DV + (goede vraagverduidelijking) Alternatief: 'Ik onderbreek je even, we moeten niet afdwalen, zou je misschien ecetera.'

Figuur 9.2 Lay-out van becommentarieerde interviewweergave. Voorbeeld van ingevuld formulier (fragment).

VR = het stellen van een vraag.
DV = doorvragen.
Antwoordevaluaties en notaties, de andere taken van de interviewer (hoofdstuk 3), komen niet in het rijtje voor, omdat deze geen deel uitmaken van de waarneembare communicatie met de geïnterviewde.

2 Bij elke aldus aangeduide taakcomponent plaatst hij een plus- of een minteken, om aan te geven of de deeltaak wel of niet goed (terecht, adequaat) is uitgevoerd. Ook een niet-uitgevoerde deeltaak kan daarbij betrokken worden, namelijk in geval van een verzuim. Wanneer bijvoorbeeld de interviewer een nieuwe vraag stelt (VR), in plaats van dóór te vragen op een nog niet afgehandeld onderwerp, kan er in het commentaar de score 'DV-'verschijnen.
3 Bij elke minaanduiding vermeldt hij een betere alternatieve handelwijze. Verder zoveel mogelijk ook toelichting bij elke plus en elke min.
4 Elke reactie van de geïnterviewde voorziet hij eveneens van een schriftelijke evaluatie. Is zij in alle opzichten adequaat dan noteert hij dat met een plusteken. In andere gevallen noteert hij een of meer van de volgende diskwalificaties of twijfels:

- geen antwoord (= er is nog geen sprake van een antwoord op een interviewvraag);
- invalide? (= twijfel over validiteit);
- onvolledig? (= twijfel over volledigheid);
- onvolledig (= antwoord is niet volledig);
- irrelevant (= antwoord is niet relevant);
- onduidelijk (= antwoord is niet duidelijk).

Voor de overzichtelijkheid kunnen de interviewtekst en de bijbehorende commentaren het beste te zamen één geheel vormen. De lay-out van het voorbeeld in figuur 9.2 is daarom aan te bevelen. De aldus becommentarieerde interviewweergaves kunnen aan anderen worden voorgelegd, die er vanuit een tweedelijnspositie nog eens commentaar op kunnen geven. Aldus wordt de interviewer, alles bij elkaar, ruim en indringend van feed-back voorzien.

9.3.2 Recrutering van te interviewen personen

Voor zo'n eerste praktijkervaring is een levensechte geïnterviewde nodig. Waar moet men die vandaan halen? Een mogelijkheid is de interviewer-in-opleiding aan de gang te laten gaan met een interview dat toch al op stapel stond. Hij krijgt dan met een in alle opzichten echte respondent of informant te maken. Het probleem hiermee is dat men van de kwaliteit van zo'n eerste afname nog niet veel mag verwachten, terwijl de onderneming het vermoedelijk niet kan hebben dat er brokken gemaakt worden. Daar komt bij dat de trainingscontext voor een geïnterviewde een extra drempel kan zijn om mee te doen aan het interview. Het idee dat hij niet alleen op de band komt, maar ook nog op allerlei formulieren, waarover bovendien gediscussieerd gaat worden, staat hem misschien niet zo aan.

Een andere mogelijkheid is dat de interviewer een vrijwilliger opzoekt. Hier kleven weer heel andere bezwaren aan. Het draait er al gauw op uit dat het iemand uit de familie of de naaste omgeving wordt. Het interview krijgt dan automatisch het karakter van een alledaags contact. In een aantal opzichten wordt het gesprek daardoor makkelijker voor de interviewer. In een aantal andere opzichten krijgt hij het ook moeilijker (de rolinstructie moet bestaande patronen doorbreken). Maar hoe dit ook zij, het bezwaar is dat er niet van een leersituatie sprake is, die model staat voor de werkelijkheid.

Er resteert nog één mogelijkheid. Er kunnen vreemden worden benaderd om zich te laten interviewen, kortom: proefkonijnen. Dat vergt een hele organisatie. Wanneer er een interviewtraining in groepsverband wordt gegeven kan dat echter heel praktisch geregeld worden. Men kan afspreken dat de deelnemers elkaar hun kennissenkring ter beschikking stellen. Bij de aanvang van de training moet er dan een soort respondentenmarkt georganiseerd worden, waar vraag en aanbod op elkaar worden afgestemd. Het afspraak maken (4.4) kan dan verder aan de interviewer worden overgelaten. Deze procedure combineert de levensechtheid van de eerstgenoemde mogelijkheid met de veiligheid van de tweede. Echte bezwaren zitten er niet aan vast.

9.3.3 Combinatie met de constructie van een interviewschema

De praktijkoefening kan, net als een rollenspel, zowel aan de hand van een bestaand als aan de hand van een zelfgemaakt interviewschema gedaan worden. Het voordeel van het laatste is dat er een combinatie ontstaat met een heel ander stukje interviewtraining. De constructie van zo'n eigen interviewschema wordt dan een aparte oefenactiviteit, die men met de praktijkoefening kan integreren.

Door zelf met een eigengemaakt schema aan het werk te gaan ondervindt de interviewer-in-opleiding aan den lijve wat de mankementen van zijn produkt zijn. Concretere feed-back is niet denkbaar. De hele oefenactiviteit is nu als volgt te arrangeren:

a De interviewer werkt de stappen 1 tot en met 9 van de interviewschema-constructie (zie hoofdstuk 8, schema 8.1) successievelijk af. Hij kiest daartoe allereerst een interviewonderwerp dat van toepassing is op de te interviewen persoon. Het tussentijdse produkt van elke stap legt hij ter becommentariëring aan anderen voor, alvorens de volgende stap te zetten. Als voorbeeld bij dit alles kan het vakbondsinterview worden genomen, dat als illustratie door heel hoofdstuk 8 heenloopt.

b Aan de hand van het aldus geconstrueerde (concept)interviewschema neemt de interviewer vervolgens het feitelijke interview af. Dit wordt op de band opgenomen, uitgeschreven en becommentarieerd, zoals beschreven in 9.3.1. Deze afname krijgt tegelijk de functie van proefafname van het concept-interviewschema.

c Bijstelling van het schema vindt plaats op basis van de ervaringen met de proefafname. Dit is stap nummer 10 in de constructie van het interviewschema.

d Met het definitieve schema *laat* de interviewer zich nu tot slot nog eens zelf interviewen, bijvoorbeeld door een andere deelnemer aan de training. Dat mag geen probleem zijn, want de gesprekshandleiding, die besloten ligt in het interviewschema, behoort voor iedereen begrijpelijk te zijn. Zelf speelt de interviewer-in-opleiding nu dus de rol van geïnterviewde. Voor die rol kan hij zonodig stof ontlenen aan zijn ervaringen als interviewer tijdens de afname van het conceptschema.

Op deze manier wordt hij nog eens met feed-back geconfronteerd. Nu uit een geheel nieuwe hoek. Hij merkt hoe het zijn geesteskind vergaat in de handen van een ander. Verrassingen zijn daarbij niet uitgesloten.

9.4 Tot slot

Met de beschrijving van de praktijkoefening zijn we gekomen aan het slot van dit hoofdstuk en daarmee van het hele boek.

In een uiteenzetting over interviewen ontkomt men er niet aan alle afzonderlijke elementen, waaruit dit fenomeen bestaat, apart te behandelen. Dat is ook in dit boek gebeurd. Noodgedwongen doet men de realiteit daarmee enigszins geweld aan, want, kort gezegd: alles hangt met alles samen. In de praktijk vloeien alle afzonderlijke vaardigheden en regels samen tot één organisch geheel. Dat zal men zeker ook ervaren hebben bij de oefeningen die op afzonderlijke vaardigheden gericht waren. Het zal soms moeite gekost hebben om zo'n losse vaardigheid scherp in het vizier te houden, doordat er altijd wel tegelijkertijd op andere vaardigheden een beroep werd gedaan.

In zekere zin werd van de gebruiker van dit boek als gevolg hiervan een grote dosis gedisciplineerdheid gevergd. Hij moest zich steeds op afzonderlijke vaardigheden concentreren en niet bezwijken voor de verleiding daar van alles en nog wat bij te halen. Als hij echter op deze wijze de diverse vaardigheden goed heeft leren beheersen kan hij vervolgens vol vertrouwen de volgende stap zetten, en die houdt in dat hij daadwerkelijk gaat interviewen. Al doende zal hij dan een eigen routine en stijl ontwikkelen waarin alle geleerde vaardigheden op een of andere wijze een plaats krijgen, ook al zullen ze op den duur misschien nog maar nauwelijks afzonderlijk te herkennen zijn.

Bijlagen

Bijlage 1
Schriftelijke oefeningen per hoofdstuk

Schriftelijke oefeningen bij hoofdstuk 4
(De introductie van het gesprek)

1 Formuleer op schrift een introductie op het gesprek voor de volgende situatie (tot en met de vraag of het voor de geïnterviewde duidelijk is).
Te interviewen: vader van twee kinderen; uit toevalssteekproef uit alle Nederlandse vaders
Doel van het onderzoek: attitudes van vaders tegenover opvoeding te inventariseren
Interviewinstantie: redactie van feministisch tijdschrift X
Aard van de vragen: meningen over opvoedingskwesties
Duur van het interview: 50 minuten
Rapportage: over vier maanden in themanummer van X
Gegevensverwerking: anoniem
Geluidsopname: alleen voor gebruik interviewer
Introductiebrief: bevat alle informatie, is veertien dagen tevoren toegezonden
Verdere contacten: een week tevoren is er een telefonische afspraak gemaakt voor dit tijdstip.

2 Voor een ander interview in hetzelfde kader moet je nog een telefonische afspraak maken. Je hebt de betreffende vader aan de lijn, je vertelt wat de bedoeling is, en je krijgt dan te horen: 'Dat is echt niets voor mij.'
Formuleer je reactie hierop.
Formuleer ook reacties voor het verdere vervolg van dit telefoongesprek, wanneer de opgebelde vader nog een aantal malen herhaalt, dat het zijns inziens toch niets voor hem is.

3 Je moet een huisvrouw interviewen over politieke opvattingen. Afwezigheid van derden is voorgeschreven. Het interview vindt thuis, in de huiskamer plaats. De echtgenoot komt er belangstellend bijzitten. Op jouw opmerking dat het voor het interview nodig is dat je met zijn vrouw alleen gelaten wordt, reageert hij heel stellig: jullie zullen van

hem geen last hebben, en zijn vrouw is mans genoeg om d'r eigen zegje te doen.
Formuleer jouw reactie.

Schriftelijke oefeningen bij hoofdstuk 5 (Vragen stellen)

1 Even terug naar 4.3. Daar staat een tekst, uit te spreken door een interviewer. Hoe zou deze tekst paralinguïstisch het best kunnen worden vormgegeven?
Geef ritme en accentueringen aan.
Doe dit met afscheidingstekens en onderstrepingen.
Dus:
Ik wilde beginnen // met nog even de hele bedoeling // van het interview uiteen te zetten etcetera.

2 Interview met jonge moeder. De interviewer heeft net de laatste vraag over zindelijkheidstraining afgehandeld, en is nu toe aan de laatste serie vragen. Deze gaan over contacten met de huisarts. Schrijf een introductie (overgang, inleiding) uit voor deze situatie.

3 Formuleer betere vragen in plaats van de onderstaande:

a 'U begrijpt zelf zeker ook niet hoe het komt dat dat flutboekje van u zo goed verkocht en gelezen wordt?'

b Bent u het eens met de klanten die zeggen dat door het personeel, dat zaterdags invalt, over te weinig kennis van zaken beschikt wordt?

c 'Hoe staat u tegenover oprotpremies, om allochtone Nederlanders tot remigratie te stimuleren?

d Situatie: interviewer houdt man aan, die in gezelschap van twee kleine kinderen loopt te winkelen.
'Dag meneer, mag ik u één vraag stellen, gaat u wel eens met uw kinderen naar culturele manifestaties?'

e 'Merkt u iets van de toenemende last van heroïnegebruikers in uw wijk?'

f Hoe vaak per week gemiddeld wordt er door uw man en kinderen meegeholpen met afwassen, eten koken en huis schoonmaken?'

Schriftelijke oefeningen bij hoofdstuk 6 (Evalueren en doorvragen)

Evalueer in de onderstaande situaties de gegeven antwoorden (in termen van validiteit, relevantie, volledigheid en duidelijkheid).
Formuleer een doorvraagreactie bij elk antwoord. Geef daarbij ook aan hoe de gebruikte techniek heet. Alles is toegestaan, behalve gericht, expliciet doorvragen.

a Interviewer: 'Zijn er naar uw oordeel voldoende veiligheidsmaatregelen getroffen?'
Geïnterviewde: 'Er schijnt nogal wat aan te mankeren.'

Evaluatie: ______________________________

Interviewer: ______________________________

____

____

____

b Interviewer: 'Bent u voor of tegen belastingverlaging?'
Geïnterviewde: 'Belastingverlaging is niet meer tegen te houden, wie ertegen vecht, vecht tegen windmolens.'

Evaluatie: ______________________________

Interviewer: ______________________________

____

____

____

c Interviewer: 'Gelooft u dat gebedsgenezers mensen echt kunnen genezen?'
Geïnterviewde: 'Ze trekken volle zalen, dus ga maar na.'

Evaluatie: ______________________________

Interviewer: ______________________________

____

____

____

d Interviewer: 'Vindt u de angst van mensen voor kernenergie reëel?'
Geïnterviewde: 'Die angst is mijns inziens onnodig, overdreven, maar ik zie er de realiteit wel van in.'

Evaluatie: ______________________________

Interviewer: ______________________________

____

____

____

e Interviewer: 'Overweegt u wel eens van baan te veranderen?'
Geïnterviewde: 'Ach dat doet iedereen toch wel eens denk ik.'

Evaluatie: ______________________________

Interviewer: ______________________________

____

____

____

f Interviewer: 'Wat zou u doen als u ontslagen wordt?'
Geïnterviewde: 'Zover komt het niet.'

Evaluatie: ______________________________

Interviewer: ______________________________

____

____

____

g Interviewer: 'In hoeverre acht u de kerk een maatschappelijk nuttig instituut?'
Geïnterviewde: 'We gaan nooit naar de kerk.'

Evaluatie: ______________________________

Interviewer: ______________________________

____

____

____

h Interviewer: 'Hoe vaak eet u vlees bij het warme eten?'
Geïnterviewde: 'Best wel vaak, soms.'

Evaluatie: ______________________________

Interviewer: ______________________________

____

____

____

i Interviewer: 'Welke redenen hebt u om op vakantie te gaan?'
Geïnterviewde: 'Eh...., moeilijke vraag.'

Evaluatie: ______________________________

Interviewer: ______________________________

____

____

____

j Interviewer: 'Kunt u de adviezen noemen, door uw commissie het afgelopen kalenderjaar uitgebracht, die door het bestuur zijn overgenomen?'
Geïnterviewde: 'Even denken, ik weet er op dit moment één, dat was het advies om de toelatingsnormen te versoepelen.'

Evaluatie: ______________________________

Interviewer: ______________________________

____

____

____

k Interviewer: 'Kunt u het gedrag van de krakers billijken?'
Geïnterviewde: 'Ik heb volledig begrip voor de situatie van de krakers, maar ik heb ook begrip voor het standpunt van de andere partij.'

Evaluatie: ______________________________

Interviewer: ______________________________

____

____

____

l Interviewer: 'Hoeveel nieuwe auto's hebt u de vorige maand verkocht?'
Geïnterviewde: 'Dat waren er ... elf.'

Evaluatie: ______________________________

Interviewer: ______________________________

____

____

____

m Interviewer: 'Hoe bevalt uw nieuwe studie u?'
Geïnterviewde: 'Wel goed.'

Evaluatie: ______________________________

Interviewer: ______________________________

____

____

Schriftelijke oefeningen bij hoofdstuk 7 (Gespreksleiding)

1 Situatie: interview met 50-jarige havenwerker. De interviewer heeft de vraag gesteld: 'Zoudt u enige voordelen – voor uzelf – kunnen noemen van het werken in ploegendienst?'
Hieronder staat een aantal antwoorden die allemaal in deze situatie gegeven zouden kunnen worden door de geïnterviewde. Formuleer een verbale reactie door de interviewer op elk van die antwoorden.

a Geïnterviewde: 'Kunt u niet wat voorbeelden noemen?'

Interviewer: ______________________________

____

b Geïnterviewde: 'Ja, dat je eerder in de ziektewet belandt, verder niets.'

Interviewer: ______________________________

____

c Geïnterviewde: 'Maar dat heb ik net allemaal al zitten vertellen.'

Interviewer: ______________________________

____

d Geïnterviewde: 'Ik dacht dat het interview over de ondernemingsraad zou gaan.'

Interviewer: ______________________________

____

e Geïnterviewde: 'Vraag dat maar aan die collega dáár, die weet er veel meer van.'

Interviewer: ______________________________

____

f Geïnterviewde: begint een lang verhaal over vroeger, toen er nog een andere arbeidsmoraal was; herhaalt zichzelf.

Interviewer: ____

____

g Geïnterviewde: 'Even tussendoor: kent u die mop van die Belg en die Nederlander in die auto?'

Interviewer: ____

____

h Geïnterviewde: 'Het tikt lekker aan hè, autootje, caravannetje...'

Interviewer: ____

____

i Geïnterviewde: 'Bedoelt u of het goed verdient of zo?'

Interviewer: ____

____

j Geïnterviewde: 'Ja, hebt u zelf wel eens in ploegendienst gezeten?'

Interviewer: ____

____

2 Schrijf gevoelsreflecties uit, door de interviewer uit te spreken in de volgende situaties:

a Situatie: interview over sollicitatie-ervaringen
Interviewer: 'Hoe lang bent u al zonder werk?'
Geïnterviewde: 'Lang.' (zucht)

Interviewer: ____

____

b Situatie: interview over recreatiegewoontes
Interviewer: 'En wat voor sport of sporten bedrijft u?'
Geïnterviewde: 'Ik ben de grootste ijshockeygek, die er rondloopt, pardon, rondschaatst.'

Interviewer: ____

____

c Situatie: interview met ex-gedetineerde
Interviewer: 'Hoe reageerde men in het dorp toen u terugkwam?'

Geïnterviewde: kan geen woord uitbrengen, verbergt zijn hoofd in zijn handen.

Interviewer: ____________________

____

3 Schrijf een geruststellende formulering uit, uit te spreken door de interviewer, in de volgende situatie.
Situatie: interview over politieke voorkeuren; de geïnterviewde heeft zojuist de partij vermeld waarop hij bij de laatste verkiezingen gestemd heeft.
Interviewer: 'Had u bepaalde redenen om op die partij te stemmen?'
Geïnterviewde: 'Hè, ik geloof toch echt dat dit interview voor mij te moeilijk is. Ik zei al: van politiek heb ik geen verstand.'

Interviewer: ____________________

____

4 Schrijf een reactie uit voor de interviewer in de volgende situaties.

a Geïnterviewde: 'Die andere mensen, die u geïnterviewd hebt, zeggen die nu ongeveer hetzelfde, of vertellen die heel andere dingen dan ik?'

Interviewer: ____________________

____

b Een geïnterviewde kijkt opdringerig mee in het interviewschema, zowel naar de vragen als naar de genoteerde antwoorden, wat zou je doen in die situatie?

Interviewer: ____________________

____

Schriftelijke oefeningen bij hoofdstuk 8 (Constructie van een interviewschema)

1 Er worden interviews afgenomen onder zoveel mogelijk ex-patiënten van ziekenhuis X, die in de afgelopen zes maanden in X gelegen hebben. De ziekenhuisdirectie wil een beeld krijgen van de tevredenheid over een aantal zaken:
- de medische behandeling;
- het eten;
- de verpleging;
- de sanitaire voorzieningen.

Formuleer wat voor informatie de interviews moeten opleveren, ofwel: stel een lijst van theoretische variabelen op (stap 1).

2 Zelfde vraag voor de volgende situatie. Een schoolbegeleidingsdienst heeft de indruk dat het onderwijs op basisschool X nogal botst met het milieu, waar de meeste leerlingen uit komen. Andere normen, andere gedragswijzen. Door middel van interviews met de leerlingen wil men daar zicht op krijgen.

3 Zelfde vraag. Situatie: als buitenstaander word je door de staf van een vormingscentrum gevraagd te bemiddelen in een conflict tussen de huishoudelijke en de cursusstaf. Je weet alleen nog maar dat er ruzie is. Met elk lid van de staf ga je nu een oriënterend gesprek voeren, om meer zicht op het probleem te krijgen.

4 Bedenk indicatoren, geschikt voor verwerking in interviews, voor de theoretische variabelen in kolom 1 van onderstaand schema. Noteer in kolom 2 steeds een feitindicator, in kolom 3 een gedragsintentie-indicator, en in kolom 4 een indicator van het type zelf-beschrijving.

1	2	3	4
Theoretische variabele	**Feitindicator**	**Gedragsintentie-indicator**	**Zelfbeschrijving**
Liefde voor de natuur	______	______	______
Tevredenheid met scheerapparaat, type X	______	______	______
Lesgeef-ervarenheid	______	______	______

5 Hieronder volgt een aantal ordinale variabelen. Hoeveel antwoordalternatieven zou je bij elk daarvan kiezen? Ontwerp een bijbehorend schaaltje. Vergeet de 'extra' antwoordalternatieven niet.

a Mate, waarin men geneigd zou zijn een vriend aan te raden te solliciteren, wanneer er een vacature was in het team, waarvan men zelf deel uitmaakt.

b Hoe goed de respondent zichzelf als wetenschapper vindt.

c Of men de schilders Klee en Kandinsky erg op elkaar vindt lijken, of juist erg vindt verschillen, of iets ergens daar tussenin.

d Of men een liefhebber van de schilder Matisse is.

e Hoe vaak de respondent ter kerke gaat.

6 Bedenk een geschikte volgorde voor de vraagonderwerpen in de volgende situaties:

a Situatie: interview onder leerkrachten van een scholengemeenschap

Onderwerpen: de invloedsverdeling tussen de directie en de rest van het team op het gebied van:
- leermiddelenkeuze;
- personeelsaangelegenheden;
- verdeling van financiën;
- het totale schoolgebeuren.

b Situatie: interview met ex-politicus
Onderwerpen:
- Of hij nog wel eens spijt heeft, de politiek vaarwel gezegd te hebben.
- Zijn oordeel over het huidige functioneren van zijn partij.
- Zijn succesvolle optreden bij de behandeling in de Tweede Kamer van....
- Zijn huidige hobby's.
- Zijn huidige werkzaamheden.
- Zijn huidige inkomen.

Bijlage 2
Programma's voor rollenspelen

Rollenspel 1: AFSPRAAK MAKEN

Theorie: Paragraaf 4.4

Vaardigheid: In een eerste contact komen tot een afspraak voor interview. Uitleg over interview en overredende activiteiten vallen hieronder.

Interviewsituatie: Telefonisch contact met een respondent. Het gaat om een van de oefeninterviews 1-3 (pagina 178 e.v.).
De respondent is al een brief toegestuurd. Hij kan dus weten dat er een telefoontje zou komen.

Instructie geïnterviewde: Speel bij voorkeur jezelf. Zorg ervoor dat er flink wat uit te leggen en te overreden valt. Vraag dus om toelichting, en reageer een aantal malen met vage bedenkingen (zie 4.4).
Niet: concrete bezwaren inbrengen, die al bij voorbaat de deur dichtdoen zoals 'helaas ga ik morgen emigreren'.

Instructie observator: Let op
- of de uitleg duidelijk is;
- of de uitleg volledig is (zie 4.4);
- of de uitleg niet te uitgebreid is;
- of de manier van overreden adequaat is (zie 4.4);
- of de afspraak voor beiden duidelijk is.

Het spel is afgelopen na beëindiging van het gesprek. Dus niet voortijdig affluiten, tenzij er geen eind aan lijkt te komen.

Instructie interviewer: Prepareer je door de aanwijzingen uit 4.4 goed in te studeren. Zorg ervoor een heel arsenaal aan overredingsmethoden paraat te hebben. Prepareer je ook op het betreffende interviewschema. Zorg dat je de inhoud ervan goed in je hoofd hebt. Dit in verband met mogelijke vragen van de respondent.

Opmerkingen: Variaties zijn mogelijk door uit te gaan van een situatie zonder introductiebrief (lastiger voor de opbeller) of door de afspraak aan de deur te laten maken.

Rollenspel 2: GESPREKSINTRODUCTIE

Theorie: Hoofdstuk 4, tot en met 4.3

Vaardigheid:
- Duidelijkheid verschaffen aan de geïnterviewde over wat hem te wachten staat en wat zijn taak is.
- Vragen of de geïnterviewde akkoord gaat.
- Niet terzake doende zijpaden afstoppen.

Interviewsituatie: Beide gesprekspartners hebben zich al geïnstalleerd. Een van de oefen-interviewschema's 1-3 (pagina 178 e.v.) moet geïntroduceerd worden tot en met de inleiding op de eerste vraag.

Instructie geïnterviewde: Speel bij voorkeur jezelf. Stel eens een vraag om de interviewer te verleiden een zijpad in te slaan. Vraag ook eens om verduidelijking van het een of ander. Verder geen moeilijkheden inbouwen. Het is al moeilijk genoeg voor de interviewer.

Instructie observator: Let op
- of de uitleg duidelijk is;
- of de uitleg volledig is (zie 4.2);
- of er een 'akkoord' gevraagd en verkregen wordt;
- of zijpaden adequaat uit de weg gegaan worden.

Het spel is klaar, zodra de opstap naar de eerste vraag wordt gemaakt. Dus niet voortijdig eindsignaal geven, tenzij de spelers in de introductie vastlopen.

Instructie interviewer: Bereid je mentaal voor. Dat wil zeggen bedenk vooraf hoe je de introductie, volgens de aanwijzingen in 4.2 en 4.3 zal gaan vormgeven. Zorg ervoor ook het interviewschema zodanig in het hoofd te hebben dat je antwoorden kunt geven op alle mogelijke vragen van de geïnterviewde.

Rollenspel 3: BEGRIJPELIJK FORMULEREN VAN VRAGEN EN VRAAG-INTRODUCTIES

Theorie: 5.6 en 5.8

Vaardigheid: Zorgen, dat een vraag goed overkomt door:
- aankondigingen, voorafgaand aan de eigenlijke formuleringen van die vragen;
- begrijpelijke formuleringen.

Interviewsituatie: Oefen-interviewschema 2 (pagina 181 e.v.), vanaf de eerste vraag. De introductie is dus al achter de rug. De geïnterviewde zit klaar voor de eerste vraag.

Instructie geïnterviewde: Zorg ervoor dat je de introductie in het interviewschema goed gelezen hebt. Speel bij voorkeur jezelf. Creëer zoveel mogelijk gelegenheden voor je gesprekspartner om vragen te formuleren (en dus om formuleringsfouten te kunnen maken). Doe dit door regelmatig een herhaling van de vraag of formulering ervan af te dwingen met zinnen als: 'Kunt u het nog eens zeggen?' en 'Hoe bedoelt u precies?' of met andere uitingen van onbegrip (aarzeling in het antwoorden, vragende blik en gebaren). Hou het echter wel realistisch.

Instructie observator: Let op
- of er voldoende aankondiging vooraf bij de vragen was;
- of er adequate aankondigingen waren,

en verder op alle overtredingen op het gebied van de begrijpelijkheid:
- meervoudige vragen?
- meerduidige vragen?
- moeilijke woorden?
- lange samengestelde zinnen? Onvoldoende opknipping?

Het spel kan na tien minuten worden afgebroken. Dan zijn in elk geval de lastige formuleringen van de vragen 7 tot en met 13 uit het interviewschema aan bod geweest.

Instructie interviewer: Prepareer je door alle vragen in het schema langs te gaan en daarbij te bedenken:
- of en hoe je ze zult inleiden;
- hoe je ze kunt formuleren.

Maak bij de voorbereiding maximaal gebruik van de suggesties uit 5.6 en 5.8. Zorg dat je op de hoogte bent van de informatie uit de gespreksintroductie. Start het gesprek bij de eerste vraag. Doe dus, alsof de gespreksintroductie zojuist afgerond is. Vergeet niet de antwoorden te noteren.

Opmerking: Omdat de vaardigheid grotendeels uit verbale elementen bestaat leent het rollenspel zich bij uitstek voor een telefonische opstelling (geen visueel contact). Het komt dan voor 100% aan op adequaat formuleren.

Rollenspel 4: NIET-STUREND VRAGEN

Theorie: 5.7

Vaardigheid: Zodanige formulering van de vragen, dat geen enkel antwoordalternatief extra aantrekkelijk of voor de hand liggend wordt.

Interviewsituatie: Een interview over een brandende kwestie. De persoon die de interviewer speelt, voelt zich sterk bij de zaak betrokken, en heeft zelf uitgesproken opvattingen. De introductie blijft beperkt tot de aankondiging van het gespreksonderwerp.
Als provisorisch interviewschema dient een lijst met vragen, die de interviewer zelf vooraf heeft opgesteld. Daaronder bevinden zich geen 'brede' vragen; dat zijn vragen die in één klap tot een breed scala aan antwoorden uitnodigen. Het nadeel van brede vragen in deze oefencontext is tweeërlei. Ten eerste impliceren ze te weinig actie van de interviewer. Ten tweede bieden ze te veel gelegenheid voor omzichtige en ontwijkende antwoorden, zodat eventuele sturing door de interviewer niet zo zichtbaar wordt.
'Smalle' vragen daarentegen dwingen antwoorden af die aan duidelijkheid niets te wensen overlaten. Een goed voorbeeld vormen gesloten ja-nee vragen, waarop de respondent alleen met ja of nee kan antwoorden. Of vragen naar hoe vaak iets gebeurt. Of vragen naar instemming met, dan wel afwijzing van, bepaalde standpunten. Het interview zal voornamelijk uit dit soort smalle vragen moeten bestaan.

Instructie geïnterviewde: Het is een atypische situatie, omdat het gesprek nauwelijks wordt geïntroduceerd. Maak daar geen probleem van, en werk mee, alsof je wel goed ingeleid bent. Speel verder zoveel mogelijk jezelf.
Schep maximaal gelegenheid voor de interviewer om vragen te (her)formuleren, en dus fouten te maken. Dit kan door middel van ontwijkende reacties, zoals:
- 'Hoe bedoelt u?'
- 'Kunt u niet wat voorbeelden noemen?'
- 'Ik begrijp het geloof ik nog niet goed.'

Een andere manier om het de interviewer moeilijk te maken bestaat uit het geven van extreme, ja zelf extremistische antwoorden, die de interviewer in de verleiding brengen om zijn eigen (instemmende of afwijkende) visie te laten merken.

Instructie observator: Let in de formuleringen op (5.7)
- geladen woorden, extreme omschrijvingen;
- antwoorduitsluitingen;
- antwoordillustraties;
- doorklinken van visie van interviewer zelf of van een andere bron;
- suggestie, opdringen van feiten.

Dit is al veel om allemaal in het vizier te houden. Let niettemin ook, zoveel als nog mogelijk is, op non-verbale, sturende elementen zoals:
- aanmoedigende reacties op uitspraken van geïnterviewde;
- terughoudende of verbaasde reacties;
- suggestieve stemmelodie en gelaatsuitdrukking met name bij ja-nee vragen.

Het spel kan na ongeveer tien minuten worden afgesloten.

Instructie interviewer: Kies een onderwerp waarin je goed thuis bent, en dat je niet koud laat. Stel hierover een serie (ongeveer 20) vragen op. Geen of weinig brede vragen. ('Hoe denkt u over....' 'Kunt u iets vertellen over... '), wel, smalle, toegespitste vragen (of de geïnterviewde het eens is met...., of hij verwacht dat.... zal gebeuren etc.). Stel een volgorde op voor deze vragen.

De vragen hoeven niet, maar mogen wel, vooraf exact geformuleerd worden. In ieder geval wel van tevoren goed nadenken over de formulering. Houd daarbij 5.7 voor ogen. Behoud tijdens het gesprek de vrijheid om de formuleringen aan de situatie aan te passen.
Begin het interview door het onderwerp te noemen. Doe alsof je het gesprek voor de rest al geïntroduceerd hebt. Vergeet tijdens het gesprek niet de antwoorden te noteren.

Opmerkingen: Het kan bij dit rollenspel raadzaam zijn twee observatoren op te stellen. Eén voor de verbale, en één voor de non-verbale elementen.

Rollenspel 5: EXPLICIET ONGERICHT DOORVRAGEN

Theorie: 6.2.3 en voor 't contrast 6.2.4

Vaardigheid: De minst gecompliceerde vorm van doorvragen: door varianten van het zinnetje 'Hebt u nog meer te vertellen?' de geïnterviewde tot meer antwoorden aanzetten.

Interviewsituatie: Oefen-interviewschema 1 (pagina 178 e.v.) vanaf vraag 1). De introductie is dus al afgesloten. De gesprekspartners moeten weten wat hen te wachten staat. Voor de oefening gaat het vooral om de vragen 5 en 6.

Instructie geïnterviewde: Zorg dat je de introductie goed in het hoofd hebt. Geef op de vragen 1 tot en met 4 snel antwoord (deze hebben slechts een aanloopfunctie). Zorg dat je voor deze vragen, maar vooral ook de vragen 5 en 6 antwoorden paraat hebt. Vergaar dus vooraf een arsenaal aan activiteiten (5) en levensbestemmingen (6), verzonnen, dan wel uit het eigen leven gegrepen. Tijdens het gesprek evenwel één voor één noemen, met denkpauzes ertussen. De interviewer moet iets aan te moedigen hebben.

Instructie observator: Let op
- of er voldoende wordt doorgevraagd;
- of er niet overbodig wordt doorgevraagd (stiltes kunnen functioneler zijn);
- of de doorvraagformuleringen inderdaad niet richtinggevend zijn.
  (zie tekst 6.2.3 en 6.2.4.)

Let zo goed mogelijk ook nog op elementen van luistergedrag (zie rollenspel 7, 'luistergedrag').
Het spel kan worden afgebroken na vraag 6.

Instructie interviewer: Bereid je goed voor op het interviewschema, ook op de introductie en de vragen 1 tot en met 4. Verzamel vooraf voor jezelf zoveel mogelijk uitlatingen van het type 'Kunt u nog meer noemen', die zich bij de vragen 5 en 6 laten toepassen.
Tijdens het gesprek deze uitlatingen benutten om door te vragen, in combinatie met stiltes en luisterhouding. Geen andere doorvraagtactieken dus. Vergeet niet te noteren.

Rollenspel 6: DOORVRAGEN DOOR MIDDEL VAN SAMEN-VATTEN

Theorie: 6.2.2; zie ook 7.2.1

Vaardigheid: Lange antwoorden samenvatten met het doel de geïnterviewde te prikkelen tot uitbreiding of bijstelling van zijn antwoord.
De timing is van belang. De geïnterviewde moet ofwel uitgepraat zijn, ofwel in herhaling vervallen.

Interviewsituatie: Oefen-interviewschema 4 (pagina 188). Start na de introductie. De bedoelingen van het gesprek zijn helder.

Instructie geïnterviewde: Zorg dat je goed op de hoogte bent van de inhoud van de introductie. Bereid je voor op de vragen, door alvast een uitgebreid antwoord in te studeren. Tijdens het gesprek mag je niet om stof verlegen zitten. Het eenvoudigst is het jezelf te spelen. Vertel in elk geval in de nabespreking of je alles meende wat je zei.
Die stof moet je overigens slechts mondjesmaat vrijgeven. Dus: na een gedeelte gepresenteerd te hebben, een stilte laten vallen, alsof je helemaal uitgepraat bent. Ook kan: twee of drie keer zo'n gedeelte herhalen, hetgeen de indruk wekt dat je niets nieuws meer te melden hebt. In beide gevallen is het effect dat je de interviewer dwingt om door te vragen.

Instructie observator: Let op
- of de samenvattingen onnodig vroeg of juist te laat komen;
- of de manier van samenvatten uitnodigt tot verder nadenken en doorpraten;
- of de samenvattingen bondig en begrijpelijk zijn;
- of ze compleet zijn;
- of ze correct zijn, en kloppen met wat de geïnterviewde gezegd heeft;
- of ze vrij zijn van een waarderende ondertoon;
- of er *gericht* doorgevraagd wordt (volgens interviewschema verboden).

Er kan worden afgebroken, zodra zich vier à vijf keer een samenvattingssituatie heeft voorgedaan.

Instructie interviewer: Om goed te kunnen doorvragen moet je voor alles goed luisteren naar wat de geïnterviewde zegt. Wees dus sterk gericht op wat de geïnterviewde zegt. Hiervoor is nodig dat je het interviewschema volledig in je hoofd hebt, zodat je niet al te frequent hoeft te 'spieken'.
Alle vormen van *ongericht* doorvragen zijn toegestaan. Op gezette tijden moet je echter samenvatten. Zorg dat je dit op een uitnodigende manier doet. (Lees 6.2.2.) Dus geen concluderende, afsluitende samenvatting (Lees 7.2.1.)
Start bij de eerste vraag. Doe dus alsof de introductie zo juist is afgerond. Zorg dat je de punten uit de introductie en de rest van het schema goed voor de geest hebt. Vergeet niet te noteren.

Opmerking: Met twee observatoren kan er een taakverdeling worden afgesproken. De een kan op de inhoud van de samenvatting letten (compleet, bondig, begrijpelijk, correct?). De ander op de formele kanten (de andere observatiepunten).

Het oefen-interviewschema kan worden aangepast aan de situatie van de trainingsdeelnemers, door een ander evaluatieobject te kiezen, dat misschien meer tot de verbeelding spreekt. Het moet wel iets zijn dat veel facetten heeft.

Rollenspel 7: LUISTERGEDRAG

Theorie: 6.2.5

Vaardigheid: Op een actieve manier luisteren. Dat wil zeggen op alle mogelijke manieren duidelijk maken dat je aan het luisteren bent, aldus de geïnterviewde stimulerend om te (blijven) praten.
Non-verbale elementen zijn:
- ontspannen houding;
- gerichtheid op de spreker;
- aanmoedigend knikken;
- aanmoedigende hm's;
- periodiek aankijken.

Verbale elementen zijn:
- stiltes niet vullen, zwijgen;
- meeresoneren met hetgeen gezegd wordt; dit kan door:
  uitingen als 'ja', 'nee', 'o', 'zo';
  'papegaaien', dat is het herhalen van de laatste woorden van de geïnterviewde.
  Beide reacties geven aan dat het gezegde overkomt.

Interviewsituatie: Interviewer stelt een beginvraag; bijvoorbeeld: 'Hoe vind je het wonen in ..., zou je daar zoveel mogelijk over willen vertellen, zowel wat je misschien prettig als wat je misschien onprettig vindt, of wat je ook maar het vertellen waard vindt?'
Elke andere vraag is goed, zolang ze de geïnterviewde maar gelegenheid biedt op eigen kracht een tijdlang aan het woord te blijven. Vooraf kan er in overleg met de geïnterviewde een geschikte vraag bedacht worden.

Instructie geïnterviewde: Bij voorkeur jezelf spelen. Rustig een en ander vertellen. Regelmatig ook een stilte laten vallen, alsof je even uitgepraat bent, zodat je kunt worden aangemoedigd.

Instructie interviewer: Na de beginvraag alleen maar luistergedrag vertonen. Als het echt niet anders kan, mag je ook wel eens *ongericht* doorvragen, maar andere gedragsvormen laat je achterwege. Volhouden totdat de observator het eindsignaal geeft.

Instructie observator: Let op
- lichaamshouding en gebaren;
- kijkgedrag;
- aanmoedigingen;
- stiltes;
- overtredingen tegen het verbod op gericht doorvragen.

Geef eindsignaal na ongeveer vijf minuten.

Opmerkingen: Een variant is de oefening tweemaal te doen. Eerst een keer in telefonische opstelling (geen visueel contact). Daarna oog-in-oog. Door het contrast komt het nut van nonverbale communicatie extra naar voren.

Dit rollenspel is heel geschikt om een trainingsprogramma mee te beginnen.

Rollenspel 8: CORRIGEREND OPTREDEN

Theorie: 7.2.2 en 7.3.3

Vaardigheid: Omgaan met situaties, waarin de geïnterviewde dysfunctionele, inadequate gespreksbijdragen levert. Dit houdt achtereenvolgens in: afkappen, hiervan verantwoording geven, draad weer oppakken. Probleem is vooral de combinatie van duidelijkheid en vriendelijkheid, ofwel taakgerichtheid en sociaal-emotionele gerichtheid.

Interviewsituatie: Oefen-interviewschema 3 (pagina 184) vanaf begin, dus inclusief introductie. De introductie verloopt zonder noemenswaardige strubbelingen. Pas daarna, als de geïnterviewde dus akkoord is gegaan met de onderneming, wordt hij lastig.

Instructie geïnterviewde: Lees het schema vooraf goed door en studeer een aantal dysfunctionele gespreksbijdragen in, zoals: zelf vragen gaan stellen, eigen gespreksonderwerpen inbrengen, corrigerende opmerkingen maken richting interviewer, meelezen in interviewschema, suggesties doen voor overslaan van vragen of wijziging van vraagvolgorde, commentaar geven op de kwaliteit van de vragen. Speel overigens zoveel mogelijk jezelf.

Instructie observator: Let op
- of er tijdig gecorrigeerd wordt;
- of er vriendelijk gecorrigeerd wordt: sociaal-emotioneel;
- of er duidelijk gecorrigeerd wordt: taakgericht;
- of het corrigeren verantwoord wordt.

Instructie interviewer: Lees goed van tevoren de theorie, en zorg dat je het interviewschema beheerst. Leg vooraf voor jezelf een arsenaal aan van ingrepen om zonodig de geïnterviewde af te stoppen en te corrigeren. Vergeet niet te noteren.

Opmerkingen: Dit rollenspel geeft de geïnterviewde de gelegenheid er een glansrol van te maken. Tegelijkertijd vergt het meer dan andere rollenspelen een zekere vertrouwdheid met de spelsituatie. Vandaar, dat het zich slecht leent voor het begin van een trainingsprogramma.

Rollenspel 9: GEVOELSREFLECTIE

Theorie: 7.3.4

Vaardigheid: Laten merken oog te hebben voor de emotionele geladenheid van antwoorden. Doel hiervan is dat de geïnterviewde merkt dat hij met een begrijpende gesprekspartner te maken heeft. Doel is hier niet: aanzet geven tot verdere exploratie van gevoelens. Na de gevoelsreflectie wordt de gewone interviewdraad dus weer opgevat.

Interviewsituatie: Oefen-interviewschema 5 (pagina 188), vanaf begin, dus inclusief introductie. De vaardigheid veronderstelt emotioneel geladen antwoorden van de geïnterviewde. Om die reden leent dit rollenspel zich bij wijze van uitzondering slecht voor geïnterviewden die zichzelf spelen. Plaats van handeling: op de kamer van de geïnterviewde.

Instructie geïnterviewde: Verplaats je in de positie van een bejaarde die op een of andere wijze problemen heeft met de tehuisbewoning, maar die evengoed soms blij, trots of vertederd reageert op vragen naar zijn/haar situatie. Je stelt je veel voor van het gesprek.

Instructie observator: Let op
- of er genoeg gevoelsreflecties zijn;
- of er niet te veel gevoelsreflecties zijn;
- of er adequate gevoelsreflecties zijn: verbaal;
- of er adequate gevoelsreflecties zijn: non-verbaal.

Instructie interviewer: Je hebt het interviewschema perfect in het hoofd, want je hebt het zelf opgesteld. Je bent lid van de directie van het tehuis. Zorg dat je allerlei verbale en non-verbale gevoelsreflecties achter de hand hebt.

Opmerkingen: Dit schema vergt enige acteervaardigheden van de geïnterviewden. Daarom is het af te raden deelnemers zonder enige rollenspelervaring als geïnterviewde te laten optreden. Na een paar maal ervaring te hebben opgedaan in andere rollenspelen, kan iedereen echter wel wat van de bejaarderol maken.

Bijlage 3
Oefen-interviewschema's

De interviewschema's op de volgende bladzijden, drie (half) gestructureerde en twee ongestructureerde, zijn bedoeld voor gebruik in oefeningen. Ze zijn daartoe ook gemodelleerd. De aard van de vragen bij de meeste is zodanig gehouden dat ze op alle mogelijke geïnterviewden van toepassing zijn. Dit is gedaan, opdat in oefeningen waarin iemand geïnterviewd moet worden, deze persoon niet al te sterk hoeft te acteren. Verder is er bij de gestructureerde schema's gezorgd voor een bonte afwisseling van vraagconstructies. Dit is gedaan om zoveel mogelijk aanknopingspunten in het oefenmateriaal te hebben voor struikelblokken die in de oefeningen kunnen worden gelegd. Die bonte afwisseling heeft tegelijk ook een illustratieve functie. Men treft zo een variëteit van vragen aan. Daar kan men zijn voordeel mee doen, om op ideeën te komen voor de constructie van eigen schema's. Die ideeën zijn overigens ook, en meestal beter, op te doen door middel van inspectie van echte schema's.

In één opzicht zijn die bont gemodelleerde interviewschema's in deze paragraaf niet realistisch. Normaal gesproken zijn interviewschema's homogener, meer logisch van opbouw, en springen ze minder van de hak op de tak.

Oefen-interviewschema 1: JEUGDSITUATIE
Vragenlijst onderzoek jeugdsituatie 1990.

Naam interviewer ______________________

Nummer respondent ______________________

Datum interview ______________ Tijdstip aanvang ______________

Plaats ______________________

Instructie
Met de respondent is telefonisch een afspraak gemaakt voor bovenstaande plaats en tijd. Wees stipt op tijd! De respondent heeft twee dagen voor bovengenoemde datum een bevestigingsbrief ontvangen met als inhoud (samengevat):

- *Doel* van het onderzoek: zuiver wetenschappelijke studie naar jeugdachtergrond van studenten en werkende jongeren tot 30 jaar;
- *Soort vragen:* informatie over jeugd;
- *Verantwoordelijke instantie:* de universiteit;
- *Duur:* vijf kwartier;
- *Publikatie resultaten:* over één jaar;
- *Steekproef:* toevalssteekproef van 150 jongeren uit deze gemeente;
- Gebruik *geluidsopname*, alleen voor interviewer zelf;
- *Anonieme* verwerking.

Deze punten moeten voor het vragen stellen nog aan de respondent in herinnering worden gebracht.

De vragen (N.B.: tekst tussen aanhalingstekens letterlijk zeggen)

1 *'De eerste vragen betreffen de situatie, waarin u opgroeide van uw 10e tot 16e jaar. Bent u in gezinsverband opgegroeid?'*

N.B. Vraag door tot onderstaand schema is ingevuld.
N.B. Vul het schema steeds *'maximaal'* in, d.w.z. bij vader ook ja invullen in geval van pleegvader en/of tijdelijke afwezigheid, bij moeder: idem, bij broers/zussen: ook pleegbroers/zussen meerekenen, ook later geboren, overleden, uit huis geplaatste kinderen.
N.B. Let op: het gaat om de leeftijdsperiode 10-16 jaar.

Vader aanwezig:	*ja/nee*	(aankruisen)
Moeder aanwezig:	*ja/nee*	(aankruisen)
Oudere broers:	________	(aantal)
Oudere zussen:	________	(aantal)
Jongere broers:	________	(aantal)
Jongere zussen:	________	(aantal)

2 *'Wat was de opleiding van uw vader?'*

N.B. Noteer alleen volledig afgeronde opleidingen.
N.B. Opleidingen in hobbysfeer niet noteren.
N.B. Lagere opleidingen eventueel weglaten als deze toegang gaven tot hogere opleiding, die wél genoteerd wordt.

a ______________________

b ______________________

c ____________________

d ____________________

e ____________________

3 *'Wat was de opleiding van uw moeder?'*

N.B. Zie vraag 2.

a ____________________

b ____________________

c ____________________

d ____________________

e ____________________

4 *'Kunt u vijf vakanties noemen, uit de tijd tussen uw 10e en 16e jaar? Het gaat om de vijf, die het verst van uw woonplaats verwijderd waren. Het kan dus vijfmaal dezelfde plaats zijn.'*

N.B. Alleen onderstaand schema aankruisen.

N.B. Een vakantie=minimaal vijf etmalen achter elkaar.

	Binnenland	Buitenland
1		
2		
3		
4		
5		

5 *'Met wat voor activiteiten bracht u buiten de vakanties zoal uw vrije tijd door?'*

N.B. Kruis aan wat respondent aan activiteiten uit de onderstaande lijst opnoemt. Geef geen voorbeeldantwoorden. Moedig wel aan.

- ☐ Straatactiviteiten
- ☐ Filmbezoek
- ☐ Muziekbezoek (ook pop)
- ☐ Museumbezoek
- ☐ Theaterbezoek
- ☐ Bezoek jongerencentrum/disco
- ☐ De natuur in
- ☐ Zelf toneel spelen
- ☐ Zelf musiceren
- ☐ Zelf beeldende kunst

Handvaardigheid
- ☐ – ongeorganiseerd
- ☐ – in clubverband

Sporten
- ☐ – ongeorganiseerd
- ☐ – in clubverband
- ☐ Bezoek sportevenementen
- ☐ Gezellig thuis
- ☐ Lezen

6 *'Kinderen hebben vaak allerlei fantasieën en idealen over wat ze later willen worden. Hebt u die vroeger ook gehad?'*

N.B. Als geïnterviewde pertinent nee zegt op deze vraag, doorgaan naar vraag 7, anders vervolgen met:

'Kunt u eens opnoemen, wat u als kind allemaal hebt willen worden?'

N.B. Geef géén voorbeelden. Moedig wél aan. Noteer op een apart blad de genoemde beroepen en andere idealen. Voluit noteren, bijvoorbeeld: 'vader, bergbeklimmer, kerkcollectant, professor, piloot'.

7 *'Bent u het eens met de volgende uitspraken?'*

N.B. Noteer ja = 1, tussen beide = 2, nee = 3, weet niet = 9 (omcirkelen).
N.B. Niet van formulering afwijken. Alleen zonodig de uitspraken letterlijk herhalen.
N.B. 'Jeugd' is weer 10-16 jaar; wijs hierop!

	ja		nee	wn
Sommige leerkrachten op school hebben veel voor mij betekend.	1	2	3	9
Ik heb in mijn jeugd kansen gemist.	1	2	3	9
Ik wou dat ik meer van de wereld gezien had in mijn jeugd.	1	2	3	9
In mijn jeugd heb ik veel gehad aan contacten met vrienden of vriendinnen.	1	2	3	9

8 *'In welk jaar bent u geboren?'* 19 ______________(invullen)

9 *Geslacht respondent: man/vrouw* (aankruisen)

Afsluiting:
Vergeet niet te bedanken.

Oefen-interviewschema 2: RECREATIE

I.M.O. Interview recreatieonderzoek

Naam interviewer ____________________

Nummer respondent ____________________

Datum interview ____________ Tijdstip aanvang ____________

Plaats ____________________

Instructie voor de interviewer

Met de respondent is telefonisch een afspraak gemaakt voor bovengenoemde plaats en tijd. Deze afspraak is per brief bevestigd een week voor bovengenoemde datum.

Bij de inleiding van het gesprek moeten de volgende zaken onder de aandacht worden gebracht:

- onderzoek is opdracht van provinciale overheid;
- doel is beleidsondersteuning t.b.v. recreatievoorzieningen;
- uitvoerende instantie is het Instituut voor Markt Onderzoek;
- respondent is één uit steekproef van 1000 uit hele provincie;
- duur interview: maximaal half uur;
- soort te verwachten vragen: over recreatiegewoontes en behoeftes;
- anonieme verwerking van gegevens;
- vertrouwelijk gebruik bandrecorder (opname niet toegankelijk voor derden);
- onderzoeksrapport over acht maanden naar provincie.

De vragen (instructie: formuleer zelf zoveel vragen als nodig is, gericht op het verkrijgen van onderstaande informatie)

1 *Geslacht respondent?* (kruis aan)

☐ Man ☐ Vrouw

2 *Leeftijd in jaren?* (vul in) ______ jaar

3 *Welke omschrijving is van toepassing op samenlevingsvorm van respondent?* (kruis aan):

☐ Gehuwd of samenwonend met partner
☐ Gehuwd geweest, ongehuwd, niet samenwonend

4 *Bij respondent inwonende kinderen, waarover deze ouderlijk toezicht heeft* (vul leeftijden kinderen in):

a ______ jaar *e* ______ jaar *i* ______ jaar
b ______ jaar *f* ______ jaar *j* ______ jaar
c ______ jaar *g* ______ jaar *k* ______ jaar
d ______ jaar *h* ______ jaar *l* ______ jaar

5 *Heeft respondent de beschikking over een eigen tuin bij het huis?* (kruis aan)

☐ ja ☐ nee

6 *Heeft respondent de beschikking over balkon bij het huis?* (kruis aan)

☐ ja ☐ nee

7 *Wat zijn de dagelijkse werkzaamheden van de respondent?* (Vul in aantal uren gemiddeld per week, buiten vakantieperiodes, besteed aan ondergenoemde bezigheden.)

Betaald werk	______	uur per week
Studie	______	uur per week
Huishouden/zorg voor kinderen	______	uur per week
Ander onbetaald werk (geen hobby's!)	______	uur per week

Vragen naar recreatiegewoontes

8 *Hoeveel tijd besteedt respondent – buiten vakantieperiode – per week gemiddeld aan de in het onderstaande schema genoemde activiteiten?* (kruis aan in schema)

Aantal uren	**10 +**	**5 – 10**	**2 – 5**	**1 – 2**	**0 – 1**
Krant lezen	___	___	___	___	___
Tijdschriften lezen (geen vaklit.)	___	___	___	___	___
Boeken lezen (geen vaklit.)	___	___	___	___	___
TV-kijken	___	___	___	___	___
Hobby's in huis (ook tuin)	___	___	___	___	___

9 *Welke hobby's zijn dat?* (Noteer hieronder wat respondent noemt.)

1 ______
2 ______
3 ______
4 ______
5 ______
6 ______

10 *Hoe vaak* per jaar *doet de respondent, buiten de vakantieperiodes, de volgende activiteiten?*

± Aantal keren:	**25 +**	**10–25**	**4 – 10**	**0 – 4**	**0**
Binnen de provincie					
De natuur ingaan	___	___	___	___	___
Fietstocht maken	___	___	___	___	___
Museum bezoek	___	___	___	___	___
Bezoek sport-evenement	___	___	___	___	___
Zwemmen	___	___	___	___	___
Bezoek toneel	___	___	___	___	___
Bezoek concert	___	___	___	___	___

Vragen naar recreatievoorkeuren

Van elk der hieronder genoemde drietallen van recreatievormen dient de respondent aan te geven welke hij voor zichzelf het leukste zou vinden om te doen en waarom. Met steekwoorden reden noteren. Voorkeuren aankruisen.

11 *a Op een terras in de zon zitten*
b Naar een concert gaan
c Thuis naar een plaat luisteren
Reden: ______

12 *a Een wandeling in de buurt maken*
b Aan een autorally meedoen
c Tuinieren
Reden: ______

13 *a Knutselen aan het huis*
b Naar de dierentuin gaan
c Een goed boek lezen
Reden: ______

Vragen naar recreatiebehoeften

14 *Hoe belangrijk vindt de respondent de volgende voorzieningen?* (ongeacht of ze er wel of niet zijn)
Let wel: belangrijk voor zichzelf of voor het eigen gezin, in de huidige omstandigheden. Bij A gaat het om voorzieningen in de buurt. Bij B om voorzieningen in de wijdere omgeving. Zeg dat er duidelijk bij!
Kruis antwoorden in schema aan.

A. In de eigen buurt	**Totaal geen behoefte aan**	**Zou het wel leuk vinden**	**Onmisbaar**
Speeltuin			
Bos of park			
Café			
Restaurant			
Zwembad			
Sporthal/veld			
Buurthuis			

B. Binnen bereik voor dagrecreatie, dus ± 20 km of minder van huis vandaan	**Totaal geen behoefte aan**	**Zou het wel leuk vinden**	**Onmisbaar**
Bossen			
Zwembad			
Watersportgebied			
Pretpark			
Disco			
Bioscoop			
Concertzaal			
Schouwburg			

Afsluiting:
Heeft respondent nog wensen of ideeën voor provinciaal recreatiebeleid?
(Noteer hieronder)

Oefen-interviewschema 3: VERVOER

Vragenlijst Vervoer IMO

Instructie voor de interviewers

- Stel álle vragen, sla geen vragen over.
- Houd de volgorde aan zoals hieronder aangegeven.
- Houd u aan de formuleringen, zoals hieronder aangegeven. Alleen zonodig in tweede instantie vraag verduidelijken of anderszins op antwoord aandringen.
- Geef nooit uw eigen mening of noem nooit uw eigen vervoersgewoontes.

Naam interviewer ______________________

Nummer respondent ______________________

Datum interview ____________ Tijdstip aanvang ____________

Plaats ______________________

Gespreksintroductie

Vóór het vragen stellen het volgende aan de orde stellen:

- Verwijzen naar telefonische afspraak en bevestigingsbrief.
- Opdrachtgever onderzoek is Ministerie van Verkeer.
- Uitvoerder onderzoek is Instituut voor Marktonderzoek.
- Doel onderzoek: gegevens ter onderbouwing van beleid.
- Soort vragen: wensen en gewoontes ten aanzien van vervoer.
- Rapportage: intern naar Ministerie.
- Respondent is één van honderd ondervraagden uit dezelfde gemeente.
- Bandrecorder voor gebruik interviewer, niet voor derden.
- Anonieme verwerking.
- Duur interview vier kwartier.

N.B. Deze punten stonden reeds in bevestigingsbrief.

Vragen over vervoersgewoontes en motieven

1 *'Moet u voor werk, of andere vaste werkzaamheden regelmatig tussen uw huis en de werkplaats heen en weer reizen?'*

N.B. Verduidelijk zonodig: regelmatig = minstens 1 x per week.
Kruis antwoord aan:

☐ ja ↓ naar vraag 2
☐ nee → naar vraag 6

2 *'Wat is de afstand tussen uw huis en de werkplaats?'*

N.B. Verduidelijk zonodig: werkplaats = plaats waar werk het meest plaatsvindt.
Vul aantal km in.

Antwoord: ongeveer ________ km

3 *'Op wat voor wijze vervoert u zich tussen uw huis en deze werkplaats?'*

N.B. Als respondent er meerdere vervoersgewoontes op nahoudt, hieronder de geschatte percentages van gebruik van elke vervoersmogelijkheid noteren. Is er slechts één gewoonte, dan achter deze 100% noteren. Alleen dus percentages noteren!

a Te voet ______ %
b Per fiets ______ %
c Per bromfiets ______ %
d Per motor/scooter ______ %
e Per auto ______ %
f Per openbaar vervoer ______ %
g Per combinatie van bovenstaande nl. ______ en ______ %
h Idem, nl. ______ en ______ %
i Idem, nl. ______ en ______ %

4 *'Welke redenen hebt u om* ______ *te gaan?'*

N.B. Vul hier achtereenvolgens elke genoemde vervoersmogelijkheid in; geef deze aan met de letter uit bovenstaand lijstje. Noteer redenen met steekwoorden.

Vervoersmogelijkheid ____ Reden ______
Vervoersmogelijkheid ____ Reden ______
Vervoersmogelijkheid ____ Reden ______

5 *'Wat voor redenen hebt u om* niet *per* ______ *te gaan?*

N.B. Vul hier achtereenvolgens elke vervoersmogelijkheid *a-f* in, die niet 100% van de keren gebruikt wordt. Noteer als bij 4.

Vervoersmogelijkheid ____ Reden ______
Vervoersmogelijkheid ____ Reden ______
Vervoersmogelijkheid ____ Reden ______
Vervoersmogelijkheid ____ Reden ______
Vervoersmogelijkheid ____ Reden ______
Vervoersmogelijkheid ____ Reden ______

6 *'De volgende vragen gaan over uw vervoersgewoontes los van het bovengenoemde zogenaamde woon-werkverkeer. Ik noem u straks een aantal vervoersmogelijkheden en stel u dan de vraag hoe vaak u daar gebruik van maakt. Het gaat daarbij* niet *om reizen in verband met vakanties. Korte uitstapjes horen er wel bij.'*

'Hoe vaak maakt u gebruik van ______ *?'*

N.B. Noem achtereenvolgens de onderstaande vervoersmogelijkheden en kruis het antwoord van de respondent aan.

	Nooit	Zelden	Soms	Vaak
De fiets	____	____	____	____
De bromfiets	____	____	____	____
De motor/scooter	____	____	____	____
De auto	____	____	____	____
Een taxi	____	____	____	____
Bus of tram	____	____	____	____
De trein	____	____	____	____

Opinies over voorzieningen

7 *'Ik noem u straks een aantal voorzieningen op het gebied van vervoer. De vraag is steeds of u daar wel of niet tevreden over bent.'*

N.B. Noem achtereenvolgens onderstaande voorzieningen, en vraag door naar de overwegingen, afwegingen en redenen van die (on)tevredenheid (behoudens antwoord 'geen mening'). Kruis tevredenheidsantwoord aan en noteer redenen met steekwoorden.

Voorziening	**Zeer ontevr.**	**Ontevr.**	**Tevr.**	**Zeer tevr.**	**Geen mening**	**Redenen (steekwoorden)**
De wegen voor fietsers in uw omgeving						
De wegen voor auto's in uw omgeving						
Ruimte voor voetgangers in uw omgeving						
Veiligheid voor voetgangers in uw omgeving						
Openbaar vervoer in uw omgeving						

8 *'Wilt u nu aangeven of u het met de volgende uitspraken eens bent?'*

N.B. Lees onderstaande uitspraken voor en kruis antwoord erachter aan. Uitspraken *niet* toelichten of uitleggen, hooguit herhalen!

	Geheel mee oneens	**Oneens**	**Mee eens**	**Sterk mee eens**	**Zeer sterk mee eens**	**Weet niet**
Als het openbaar vervoer goedkoper werd zou ik er meer gebruik van maken						
Als de kosten van een eigen auto lager werden zou ik meer van een eigen auto gebruik maken						
Als de verbindingen van het openbaar vervoer beter werden zou ik er meer gebruik van maken						
Als de parkeergelegenheden beter werden zou ik meer van een eigen auto gebruik maken						

	Geheel mee oneens	Oneens	Mee eens	Sterk mee eens	Zeer sterk mee eens	Weet niet
Als de autowegen beter werden zou ik meer van een eigen auto gebruik maken	___	___	___	___	___	___
Als het voor fietsers veiliger zou worden zou ik meer gaan fietsen	___	___	___	___	___	___

Afsluiting:
'Hebt u nog andere opmerkingen over vervoersvoorzieningen? Hebt u nog wensen?'

N.B. Noteer hieronder met steekwoorden.
Vergeet na afloop niet te bedanken.

Oefen-interviewschema 4: EVALUATIEGESPREK

Evaluatie interviewtraining
Handleiding voor het voeren van de evaluatiegesprekken

De evaluatiegesprekken worden met deelnemers aan de interviewtraining gehouden. Het doel ervan is ideeën te verzamelen voor bijstelling van het lopende programma, of van programma's bij volgende gelegenheden. De uitkomsten van elk gesprek worden direct aan de trainingsleiding doorgegeven. Volstrekte anonimiteit is gewaarborgd. In principe wordt met elke deelnemer een keer een gesprek gevoerd. De gesprekken vinden plaats op verzoek van de trainingsleiding.

Begin elk gesprek met het bovenstaande onder de aandacht te brengen. Probeer tijdens het gesprek zoveel mogelijk informatie te verzamelen over de volgende kwesties:

a Wat hoopt de betrokkene te leren van de training?
b Hoe bevallen hem/haar de verschillende programmaonderdelen?
c Redenen voor antwoorden onder *b*.
d Bevat het programma overbodige onderdelen? Welke?
e Toelichting van antwoorden onder *d*.
f Ideeën voor verbetering van totale opzet of van losse onderdelen.

Noteer alle antwoorden zo uitgebreid mogelijk op A-4 formaat gelinieerd papier. Schrijf bovenaan elk blad:

- Eigen naam
- Datum gesprek
- Aanduiding van trainingsgroep
- Een nummer, wanneer je meerdere gesprekken op een dag voert.

Oefen-interviewschema 5: HET LEVEN IN BEJAARDENTEHUIS X

Bejaardentehuis X, richtlijnen bewonersgesprekken door directieleden

Legenda
Interviewer = directielid dat het vraaggesprek voert, geïnterviewde = de ondervraagde bewoner/bewoonster

a Opmerkingen vóóraf

- Voorstellen met naam en functie.
- Onderwerp gesprek uitleggen: hoe het de 'geïnterviewde' bevalt in X.
- Uitleggen: dit soort gesprekken worden geregeld door directieleden gevoerd, om optimaal op de hoogte te blijven.
- Uitleggen: wat geïnterviewde vertelt kan zonodig, als hij/zij dat wil, aanleiding zijn in directie bepaalde zaken aan te kaarten.
- Uitleggen: vertrouwelijkheid: wat 'geïnterviewde' over zichzelf vertelt zal nooit zonder zijn/haar toestemming doorverteld worden.
- Uitleggen: duur van het gesprek: meestal drie kwartier, langer of korter al naar het uitkomt. Als 'geïnterviewde' geen zin meer heeft moet hij/zij het maar zeggen.

b Beginvraag

'Hoe vindt u het leven hier?'

Daarna zoveel mogelijk 'geïnterviewde' zelf laten praten en onderwerpen laten aandragen.
De volgende belevingsonderwerpen moeten in elk geval aan de orde komen, desnoods aangedragen door interviewer (volgorde vrij):

- Vrijetijdsbesteding
- Weekends
- Vakantie
- Feestdagen
- Gezondheid
- Omgeving van het gebouw
- Privé-woonruimte
- Rest van het gebouw
- Contacten met familie en kennissen
- Contacten met personeel
- Contacten met medebewoners
- Contacten met anderen
- Maaltijden

Elk onderwerp, door wie van beiden ook ingebracht, als volgt afhandelen.

1 Zonodig: onderwerp noemen.
2 *Toestanden* en/of *gebeurtenissen* vergaren en deze noteren.
Vraagvorm: 'Kunt u daar wat (meer) over vertellen' e.d.
3 Bij elke toestand of gebeurtenis: *tevredenheid* nagaan.
Vraagvorm: 'Vindt u dat (on)prettig', 'Bent u daar tevreden over', 'Zoudt u willen dat het anders ging' en dergelijke.
4 Bij elke keer dat iets prettig of onprettig wordt genoemd, de *reden* hiervan vragen.
Vraagvorm: 'Kunt u zeggen wat u daar (on)prettig aan vond', 'Wat zou u dan anders willen' en dergelijke.

c Noteren (door middel van samenvattingen)

Eerst de genoemde toestand of gebeurtenis opschrijven, dan of deze als prettig of onprettig wordt ervaren, dan wat voor redenen daarvoor opgegeven worden. Notities zelf bewaren.

d Afsluiting van het gesprek

1 Bedanken.
2 Duidelijk maken, dat geïnterviewde als hij/zij dat wil altijd nog eens kan komen doorpraten over het een of ander.

Noten bij de hoofdstukken

Noten bij hoofdstuk 1 (Kenmerken van interviews)

1 Bridge, Reeder e.a., 1977.
2 Yalch, 1976.
3 Van de Sande, 1984, p. 49.
4 Zie voor een uitgebreide uitwerking van dit inzicht, toegepast op interviewsituaties, Groenendijk en Sombeek, 1977.
5 Op dit gebied is veel onderzoek gedaan. Overzichten bieden Sudman en Bradburn, 1974, en Dijkstra en Van der Zouwen, 1982.
6 Ook wel aangeduid met de Engelse termen interview guide en interview schedule (zie Gorden, 1980, p. 360-361 voor een precieze omschrijving van dit begrippenpaar), alsmede met termen die eigenlijk een wijdere betekenis hebben, zoals vragenlijst, enquête en questionnaire.
7 Men spreekt in dit verband ook van 'vrije antwoorden'.
8 Zie bijvoorbeeld onderzoeksresultaten van Dijkstra, Ormel en Van de Willige, 1979 en Freeman, 1976. Zie ook Hagenaars en Heinen, 1982, voor een overzicht.
9 Zie bijvoorbeeld onderzoeksresultaten van Singer, 1979.
10 Taïetz, 1962; de term 'familiehuishouden' is ontleend aan Kooy, 1978, p. 210.
11 Meer dan een illustratie mag men het niet noemen. Dit vanwege ernstige zwakten in het onderzoek, waar Taïetz aan voorbijgaat. Men mag verwachten dat aanwezigheid van kinderen eerder voorkomt bij interviews met bejaarden uit familiehuishoudens. De factor 'aanwezigheid van kinderen' valt daardoor ongetwijfeld samen met 'lidmaatschap van familiehuishouden'. Soortgelijke zaken spelen bij de factor 'aanwezigheid van echtgenoot/echtgenote'. Bewijzen over de invloed van derden mogen dus niet aan deze illustratie ontleend worden.
12 Dit bleek in een onderzoek van Blair, 1979.
13 Zanes en Matsoukas, 1979.
14 Blair, 1979, Koomen en Ravesteijn, 1968a, 1969b.
15 Er bestaat zelfs een methode met vraagkaartjes waarbij ook de interviewer niet kan weten om welke vraag het gaat, de zogenaamde randomized response technique (Dijkstra, 1983; Delameter, 1982; uitgebreide bespreking geeft Himmelfarb en Lickteig, 1982). Nadeel daarvan is natuurlijk dat de interviewer zijn greep op het interview voor een groot deel kwijt is.
16 Zie 't Hart (1983) en Emans (1989b) voor een uitgebreidere bespreking.
17 Reamer, 1979; vergelijkbare resultaten met schriftelijke enquêtes geven Wildman, 1977 en Fuller, 1974.
18 Een uitgebreid overzicht van voor- en nadelen van geluidsopnamen van interviews is te vinden bij MacDonald en Sanger, 1982.
19 Vgl. McCall en Simons, 1969, p. 62; 't Hart, 1983.
20 Sudman en Bradburn, 1974, p. 40-46; Dillman, 1978, p. 57 e.v.; Shosteck en Fairweather, 1979.
21 Zie Kinsey, Pomeroy en Martin, 1948, p. 47.

Noten bij hoofdstuk 2 (Twee varianten: telefonisch en oog-in-oog interviewen)

1 Vertaling van het Engelse 'face-to-face interview'. In het Nederlands gebruikt men ook wel de term 'persoonlijk interview', de pendant van de al langer gangbare term 'personal interview' (vlg. Colombotos, 1965), maar dit woordgebruik moet achterhaald genoemd worden: het suggereert dat de telefoon alleen geschikt zou zijn voor gesprekken over onpersoonlijke zaken. Dit blijkt niet zo te zijn.

2 Geen verschil wordt gemeld door Groves, 1979, en Bradburn en Sudman, 1979, hoofdstuk 1. Verschillen in het voordeel van telefonische interviews werden geregistreerd in onderzoek van Colombotos, 1965, Rogers, 1976, Klecka en Tuchfarber, 1978, en van Hochstimm (aangehaald in Sudman en Bradburn, 1974). Dillman, 1978, p. 63, haalt een aantal andere onderzoeken aan die hetzelfde resultatenpatroon vertonen. Zie ook Nederhof, 1981, p. 29-34. In een overzicht van Frey (1989, p. 64) komt het telefonische interview als het beste naar voren, en in een overzicht van De Leeuw het oog-in-oog interview. In beide gevallen gaat het echter niet om dramatische verschillen.

3 Bradburn en Sudman, 1979, hoofdstuk 1.

4 Zie Frey, 1989, p. 66, en De Leeuw, 1989.

5 Frey, 1989, p. 74, en De Leeuw, 1989.

6 Dijkstra en Van der Zouwen, 1982, p. 7; Groves en Kahn, 1979, p. 183.

7 Soms te ondervangen door interviewmateriaal vooraf toe te zenden aan de geïnterviewde. Er ontstaat dan een soort combinatie van interview en schriftelijke enquête.

8 Dillman, 1978, p. 206 e.v.

9 Dillman, 1978, p. 58 e.v.

10 Vgl. Gorden, 1980, p. 249, die op dit punt nog dezelfde pessimistische geluiden laat horen als in de eerdere druk van zijn boek uit 1969; vijf minuten acht hij het maximum.

11 Dillman, 1978, p. 55 maakt melding van telefonische interviews van een uur.

12 Peschar, 1977. In Amerikaanse studies wordt in verband met deze kwestie het probleem van geheime nummers nogal eens aangesneden. Random Digit Dialing is een methode waarmee dat probleem te omzeilen is, als het erom gaat een representatieve steekproef van geïnterviewden samen te stellen, zoals in sociaal onderzoek vaak de bedoeling is. Men belt dan willekeurige nummers en treft daardoor net zo makkelijk abonnees met geheime nummers als andere. Dit blijkt zeer bevredigend te werken (Klecka en Tuchfarber, 1978; Tull en Albaum, 1977; Kviz, 1978; Cummings, 1979; Groves en Kahn, 1982, hoofdstuk 3).

13 Meer uitgebreide beschrijvingen geven De Leeuw, 1988, Bethlehem, 1989, en Frey, 1989, pp. 206-215.

Noten bij hoofdstuk 3 (Taken van de interviewer)

1 Zie Peters, 1981, p. 117.

2 Begrippen uit de groepsdynamica (Alblas, 1983, p. 131-138). Alblas gebruikt overigens de term 'groepsgericht' in plaats van het meer klassieke 'sociaal-emotioneel'. Een andere gangbare term is 'deelnemergericht' (Oomkes, 1976) Het duo interviewer-geïnterviewde is in alle opzichten als een taakgroep op te vatten (zij het een kleine) met een complexe taak.

3 Het noteren als taak wordt niet apart behandeld. Niet dat dit een onbelangrijke taak is, of een eenvoudige. Er valt echter niet veel meer over te zeggen dan dat men er de tijd voor moet nemen.

Noten bij hoofdstuk 4 (De introductie van het gesprek)

1 Dijkstra, 1983, geeft een voorbeeld van een gespreksintroductie die uitmondt in een echte contractsafsluiting, compleet met ondertekening door beide partijen.
2 Rolinstructie is iets dat gedurende het hele interview blijft terugkeren. De gespreksintroductie is slechts een eerste les. In de loop van het gesprek, door vallen en opstaan, leert de geïnterviewde zijn rol pas goed. Een veel gebruikte Engelse term voor rolinstructie is role teaching.
3 Zie Emans (1989a) voor een meer uitgebreide uiteenzetting, en De Bie en Dijkstra (1989, hoofdstuk 7) voor een grote hoeveelheid praktische tips.
4 Dillman en Gallegos, 1976.
5 Dillman e.a. 1976.
6 Kahn en Cannell, 1957, p. 50. Met deze typen van bereidwilligheid bevorderende factoren is vooral geëxperimenteerd in verband met deelname aan schriftelijke enquêtes (zie bijvoorbeeld Dillman en Frey, 1974; Heberlein en Baumgartner, 1978).
7 De Leeuw, Hox en Duijx, 1985.
8 Kahn en Cannell, 1957, p. 85.
9 Singer en Kohnke-Aguirre, 1979; Singer 1979.

Noten bij hoofdstuk 5 (Vragen stellen)

1 Warwick en Lininger, 1975, p. 200.
2 Piët, 1980, p. 117; Duncan, 1969. De hier in de tekst besproken paralinguïstische en andere non-verbale communicatiemechanismen vormen overigens slechts een miniemе fractie van wat er zich op dat vlak allemaal afspeelt tijdens conversaties. Het is dan ook letterlijk een onuitputtelijk terrein van onderzoek. Waar zulk onderzoek toe kan leiden illustreert het werk van McQuown en zijn collega's (1971), die vijf dikke boekdelen nodig hadden, om één fragment van één gesprek te analyseren in paralinguïstische en andere non-verbale termen.
3 Van de Sande en Schouwenburg, 1982.
4 Duncan, 1972.
5 Duncan, 1972.
6 Barath en Cannell, 1976. Het betreft hier onderzoek met interviewvragen over gezondheidsklachten, die de respondenten wel of niet hadden.
7 Blair 1977-78. Nu betrof het een vrijwel identiek onderzoek, alleen onder minder kunstmatige condities.
8 Rutter, Stephenson, Ayling en White, 1978; Thomas en Bull, 1981; Kendon, 1967. In discussies binnen grotere groepen werden andere patronen waargenomen (Harrigan en Steffen, 1983).
9 Duncan, 1972.
10 Een ook in ons taalgebied veel gebruikte term is het Engelse 'leading questions'.
11 Kinsey, (in Kinsey, Pomeroy en Martin, 1948, p. 53 e.v.), heeft deze tactiek uitgevonden en toegepast in zijn interviews over seksueel gedrag: 'We gaan er altijd van uit, dat iedereen met alle soorten van seksuele activiteiten ervaring heeft. We beginnen dan ook altijd met de vraag wanneer voor het eerst.'
12 Molenaar, 1982.
13 Kahn en Cannell, 1957, p. 124.
14 Term van Payne, 1951.
15 Piët, 1980, p. 61
16 Gorden, 1980, p. 277.
17 Henson, 1974.

Noten bij hoofdstuk 6 (Evalueren en doorvragen)

1 Vgl. Vrolijk, Dijkema en Timmerman, 1972, het hoofdstuk over het vrije-attitude interview; en Gorden, 1969, p. 60 e.v.

2 Het begrip validiteit komt uit de onderzoeksmethodologie. De basisbetekenis ervan houdt in dat een methode van gegevensverzameling valide is, als zij de gegevens oplevert, die men ermee beoogde te verzamelen (Meerling, 1980, p. 159). Een vraagbeantwoording is op te vatten als een methode om achter bepaalde gegevens te komen, namelijk beschrijvingen van cognities van de geïnterviewde. Zijn nu de cognities, zoals verwoord in een antwoord, in strijd met de cognities van de geïnterviewde, dan is er dus sprake van een invalide antwoord, precies in de methodologische zin van het woord. De methodologie kent nog meer validiteitsconcepten, zoals constructvaliditeit, convergentievaliditeit en divergentievaliditeit (Meerling, 1980, p. 180 e.v., Van de Sande 1984). Dat lijkt verwarrend. Deze begrippen zijn echter allemaal specificaties van het hier gehanteerde validiteitsconcept. Ze specificeren methoden om de validiteit vast te stellen.
3 Warwick en Lininger, 1975, p. 202; Sudman en Bradburn, 1974, passim.
4 Engels: 'telescoping'.
5 Warwick en Lininger, 1975, p. 200.
6 Wat volgt is een ordening en samenvoeging van wat er allemaal aan technieken beschikbaar is. De volgende literatuur is hierbij geraadpleegd: Oomkes, 1976, p. 286 e.v.; Vrolijk, Dijkema en Timmerman, 1972, p. 13 e.v.; Hackett, 1981, p. 70 e.v.; Warwick en Lininger, 1975, p. 139 e.v., p. 213 e.v.; Kahn en Cannell, 1957, p. 207 e.v.; Van den Hout en Wester, 1978, p. 48; Bingham en Moore, 1959, p. 69 en Gorden, 1980, hoofdstuk 15, alsmede de literatuur, genoemd in de volgende noten.
7 Kraut, Lewis en Swezey, 1982; Dittman en Llewellyn, 1968.
8 Kendon, 1967; Ehrlichman, 1981.
9 Rutter, Stephenson, Ayling en White, 1978.
10 Duncan, 1972.

Noten bij hoofdstuk 7 (Gespreksleiding)

1 Bij het opstellen van deze categorieënlijst is van de volgende literatuur gebruik gemaakt: Kahn en Cannell, 1957, p. 45 e.v.; Richardson, Snell Dohrenwind en Klein, 1965, p. 59 e.v.; Cannell en Kahn, 1968, p. 537 e.v.; Gorden, 1980, p. 88-119 en p. 332.
2 Van den Hout en Wester, 1978, p. 47.
3 Vrolijk, Dijkema, Timmerman, 1972, p. 11 e.v.; Oomkes, 1976, p. 286 e.v.
4 Gorden, 1980, p. 325
5 Dijkstra, Ormel, Van de Willige, 1979. Zie ook Dijkstra, 1983.

Noten bij hoofdstuk 8 (Constructie van een interviewschema)

1 Deze vermanende woorden zijn van Scheuch 1973.
2 Meerling 1980, p. 52, Runkel, en McGrath, 1972, p. 327
3 Deze definitie van het begrip interval is geschikt voor dagelijks gebruik. Een preciezere definitie wordt gegeven door Meerling, 1980, p. 59 en p. 62.
4 Een intervalvariabele had ook gekund, maar is voor dit doel niet strikt nodig. Met een ordinale variabele maakt de constructeur van het interviewschema het zich niet moeilijker dan nodig is. Met een intervalvariabele zijn wel meer verfijnde vergelijkingen mogelijk. Om precies te zijn: de grootte van verschillen kan ermee worden bepaald. Met ordinale variabelen kan slechts worden bepaald of er een verschil is, en zo ja, welke richting dat verschil vertoont (a groter dan b, of b groter dan a).

5 Bij feiten is de persoon van de geïnterviewde vaak minder direct betrokken, zodat een gesprek erover minder op hemzelf terugslaat (Molenaar 1982 p. 70-72). Dit komt de validiteit van de antwoorden ten goede. Bovendien zijn feiten minder rekbaar dan innerlijke gesteldheden. Bij verdraaiing van feiten voelt men zichzelf eerder een leugenaar dan bij verdraaiing van meningen of attitudes. Janz (1982) heeft vanuit deze gedachtengang met succes geëxperimenteerd met een personeelsselectie-interview, dat geheel uit vragen over gedrag bestond.
6 Er zijn talloze regels en procedures bekend voor dit soort combinaties. Bekend zijn de verschillende 'schaaltechnieken' (zie Meerling 1980, p. 225 e.v., Edwards 1957). Bij schaaltechnieken gaat het overigens niet alleen om combinaties van *verschillende* detailvariabelen, maar ook vaak om combinatie van een aantal *equivalente* variabelen. Combinatie van equivalente variabelen heeft het voordeel dat er een totaalvariabele ontstaat, die zuiverder is dan elke losse variabele. In 8.7.2 staat een voorbeeld waarin de variabele 'houding tegenover woonwijk' aldus behandeld wordt. In de tekst wordt verder niet over dit soort combinaties gesproken. Daar gaat het slechts om combinaties die te vergelijken zijn met de samenvoeging van legpuzzelstukjes tot één plaat.
7 Bij de constructie van ruwe variabelen heeft men vaak nog een zekere vrijheid wat betreft het aantal waarden, waaruit men de B-verzamelingen laat bestaan. Men kan kiezen voor meer of minder fijnmazige variabelen. Deze kwestie blijft hier nog even onbesproken. In 8.5, waarin de vertaling van waardenverzamelingen in antwoordenverzamelingen besproken wordt, zal deze problematiek aandacht krijgen.
8 Schuman en Presser 1979, hoofdstuk 3.
9 Schuman en Presser, 1979, hoofdstuk 3.
10 Sudman en Bradburn, 1974, p. 47.
11 Sudman en Bradburn, 1974, p. 88.
12 Meestal aangeduid met de Engelse vakterm 'aided recall'.
13 Sudman en Bradburn, 1974, p. 91
14 Gorden, 1980, p. 289 e.v., p. 362 e.v.
15 Nu volgt de in noot 7 aangekondigde bespreking.
16 Van der Zouwen, 1989.
17 Deze systematisering is ontleend aan Runkel en McGrath, 1972, p. 197-200, die weer voortbouwden op een systeem van Coombs.
18 Zie Emans (1989b) voor een uitgebreidere analyse van het begrip 'vraag'.
19 Freeman en Butler, 1976; Dijkstra, Ormel en Van de Willige, 1979.
20 Termen van Gorden, 1980, p. 360.
21 Johnson en Delameter, 1976.
22 Term van Scheuch, 1973, p. 92.
23 Bridge, Reeder, e.a., 1977.
24 Kahn en Cannell, 1957, p. 158 e.v. De ook in het Nederlandse taalgebied gebruikelijke Engelse termen zijn 'funnel' en 'inverted funnel'.
25 Schuman en Presser, 1981, hoofdstuk 2.
26 Gegevens ontleend aan Schuman en Presser, 1981, p. 32 en p. 37.
27 Ook de Engelste term 'response set'.
28 Zie Bethlehem, 1989.

Noten bij hoofdstuk 9 (Interviewtraining)

1 Het model van interviewtraining, dat hieronder ontvouwd wordt, is een neerslag van een trainingsprogramma, dat ontwikkeld is ten behoeve van een practicum voor eerstejaars psychologiestudenten aan de Rijksuniversiteit Groningen. De concrete leermiddelen, in dit hoofdstuk beschreven, zijn ook aan dat practicum ontleend. Het programma voor dat practicum bestaat uit zes bijeenkomsten voor groepen

van negen deelnemers onder leiding van één docent. De bijeenkomsten duren elk vier uur. Daarnaast wordt er veel huiswerk gemaakt. In totaal vergt het practicum een investering van 60 uur van de deelnemers. Er zijn demonstratie-videobanden beschikbaar voor het programma. Voor meer details wende men zich tot de auteur, Vakgroep Psychologie, Rijksuniversiteit Groningen.

2 De tekst in dit hoofdstuk heeft betrekking op algemene opleidingen tot interviewer. Interviewtrainingen worden echter ook gegeven om interviewers te instrueren die voor een bepaald onderzoek of ander project worden ingezet. De doeleinden zijn dan minder algemeen. Het soort leermiddelen dat daarbij gebruikt wordt is echter niet anders dan bij algemene interviewtrainingen. De ideeën uit de volgende paragrafen zijn dan ook rechtstreeks te vertalen voor gebruik bij meer specifieke interviewtrainingen.

3 Veel ideeën over de rol van observator en de nabespreking, zoals die hier beschreven worden, zijn afkomstig uit de traditie van de gespreksvoeringspractica van de vakgroep Persoonlijkheidspsychologie van de Rijksuniversiteit Groningen; zie Lammers, Van der Molen en Verhey, 1977.

4 Er bestaan fijnmaziger scoresystemen. Daarmee kunnen meer details van de diverse deeltaken in kaart worden gebracht. (Oomkes, 1976, p. 286 e.v.: Vrolijk, Dijkema en Timmerman, 1972, p. 11 e.v.). In plaats van detaillering met een veelheid van labels en symbolen kan men ook door verbale commentaren de finesses van het interviewgebeuren naar voren halen. Voor deze laatste vorm wordt hier gekozen (zie punt 3).

Aangehaalde literatuur

Alblas, G., *Groepsprocessen, het functioneren in taakgerichte groepen,* Deventer. Van Loghum Slaterus 1983.

Barath, A., en C. Cannell, Effect of interviewers voice intonation, *The Public Opinion Quarterly,* 1976, 40, 3, p. 370-371.

Bethlehem, J.G., Proeven van Blaise, in: J. v.d. Zouwen, W. Dijkstra (red.), *Sociaal-wetenschappelijk onderzoek met vragenlijsten: methoden, knelpunten, oplossingen,* hoofdstuk 5, Amsterdam: VU-uitgeverij, 1989.

Bie, S.E. de, Dijkstra, W., *Interviewen cursusboek,* Amsterdam: Siswo, 1989.

Bingman, W.V., en B.V. Moore, *How to interview* (Nederlandse vertaling: *Gesprekstechnieken,* Utrecht: Spectrum, Markareeks, 1966), New York: Harper, 1959 (4e).

Blair, E., More on the effects of interviewers voice intonation, *The Public Opinion Quarterly,* 1977/1978, 41, 4, p. 544-548.

Blair, E., Interviewing in the presence of others, in: N.M. Bradburn en S. Sudman (eds.), *Improving interview method and questionnaire design,* p. 134-146, San Francisco: Jossey-Bass Publishers, 1979.

Bradburn, N.M., en S. Sudman (eds.), *Improving interview method and questionnaire design,* San Francisco: Jossey-Bass Publishers, 1979.

Bridge, R.G., L.G. Reeder, D. Kanouse, D.R. Kinder, V. Tong Nagy en Ch.M. Judd, Interviewing changes attitudes - sometimes, *The Public Opinion Quarterly,* 1977, 41, 1, p. 56-64.

Cannell, C.F. en R.L. Kahn, Interviewing, in: G. Lindzey en E. Aronson (eds.), *The handbook of Social Psychology,* volume II, p. 526-595, Reading, Mass.: Addison-Wesley, 1968.

Colombotos, J., The effects of personal versus telephone interviews on socially acceptable responses, *The Public Opinion Quarterly,* 1965, 32, p. 457-458.

Cummings, K.M., *Random Digit Dialing: a sample technique for telephone surveys,* 1979, The Public Opinion Quarterly, 43, 2, p. 233-244.

Delameter, J., Response effects of question content, in: W. Dijkstra en J. van der Zouwen (eds.), *Response behaviour in the survey interview,* Ch. 2, London: Academic Press, 1982.

Dillman, D.A., *Mail and telephone surveys: the total design method,* New York: Wiley, 1978.

Dillman, D.A., en J.H. Frey, Contribution of personalization to mail questionnaire response as an element of a previous tested method, *Journal of Applied Psychology,* 1974, 59, 3, p. 297-301.

Dillman, D.A., en J.G. Gallegos, Reducing refusal rates for telephone interviews, *The Public Opinion Quarterly,* 1976, 40, 1, p. 66-71.

Dittman, A.T., en L.G. Llewellyn, Relationship between vocalizations and head nods as listener responses, *Journal of Personality and Social Psychology,* 1968, 9, 1, p. 79-84.

Duncan, S., Nonverbal communication, *Psychological Bulletin,* 1969, 72, 2, p. 118-137.

Duncan, S., Some signals and rules for taking speaking turns in conversation, *Journal of Personality and Social Psychology,* 1972, 23, p. 283-292.

Dijkstra, W., Het interview als rolrelatie, in: A.Ph. Visser, E. van de Vliert, E.J.H. ter Heine en J.A.M. Winnubst (red.), *Rollen, persoonlijke en sociale invloeden op het gedrag,* hoofdstuk 16, Meppel: Boom, 1983.

Dijkstra, W., J. Ormel en G. van de Willige, Oorzaken van interviewervariantie in survey onderzoek, *Mens en maatschappij,* 1979, 54, p. 270-291.

Dijkstra, W., en J. van der Zouwen (eds.), *Response behaviour in the survey interview,* London: Academic Press, 1982.

Edwards, A.L., *Techniques of attitude scale construction,* New York: Appleton Century Crofts, 1957.

Ehrlichman, H., From gaze aversion to eye movement suppression: an investigation of the cognitive interference explanation of gaze patterns during conversation, *British Journal of Social Psychology,* 1981, 20, p. 233-241.

Emans, B.J.M., 'Respondent hunting': het hoe en waarom van reponse-realisatie, in: J. v.d. Zouwen, W. Dijkstra (red.), *Sociaal-wetenschappelijk onderzoek met vragenlijsten: methoden, knelpunten, oplossingen,* hoofdstuk 6, Amsterdam: VU-uitgeverij, 1989a.

Emans, B.J.M., Het interviewen van bejaarden, in: J. Kleijnen, A. Visser en B. Breemhaar (red.), *Het interviewen van ouderen: ervaringen met het afnemen van enquêtes in sociaal wetenschappelijk onderzoek onder ouderen,* Verouderingskatern no. 7, p. 18-26, Maastricht: Rijksuniversiteit Limburg, 1989b.

Freeman, J., en Butler, E., Some sources of interviewer variance in surveys, *The Public Opinion Quarterly,* 1976, 40, 1, p. 79-91.

Frey, J.H., *Survey research by telephone,* Newbury Park, California: Sage Publications, second edition, 1989.

Fuller, C., Effect of anonimity on return rate and response bias in a mail survey, *Journal of Applied Psychology,* 1974, 59, 3, p. 292-296.

Gorden, R.L., *Interviewing, strategies, techniques and tactics,* Homewood, Illinois: The Dorsey Press, 1969.

Gorden, R.L., *Interviewing, strategies, techniques and tactics,* Homewood, Illinois: The Dorsey Press, 1980 (3e ed.).

Groendendijk, H., en Sombeek, S., *Als je begrijpt wat ik bedoel,* Leiden: Sociologisch Instituut der Rijksuniversiteit Leiden, 1977.

Groves, R.M., Actors and questions in telephon and personal interview surveys, *The Public Opinion Quarterly,* 1979, 43, 2, p. 190-205.

Groves, R.M., en R.L. Kahn, *Surveys by telephone. A national comparison with personal interviews,* New York: Academic Press, 1979.

Hackett, P., *Interview skills training,* London: Institute of Personal Management, IPM House, 1981.

Hagenaars, J.A., en T.G. Heinen, Effects of role-independent interviewer characteristics on responses, in: W. Dijkstra en J. van der Zouwen (eds.), *Response behaviour in the survey interview,* Ch. 4, London: Academic Press, 1982.

Harrigan, J.A., en J.J. Steffen, Gaze as a turn-exchange signal in group conversations, *British Journal of Social Psychology,* 1983, 22, p. 167-168.

Hart, H. 't, *Vragen naar feiten, mogelijkheden en wensen,* Inaugurale rede, Utrecht: Rijksuniversiteit Utrecht, 1983.

Heberlein, Th. A., en R. Baumgartner, Factors affecting response rates to mailed questionnaire: a quantitative analysis of the published literature, *American Sociological Review,* 1978, 43, 4, p. 447-462.

Henson, R., Effects of instructions and verbal modeling in a survey interview setting, *Social Science Research,* 1974, 3, p. 323-342.

Himmelfarb, S., en C. Lickteig, Social desirability and the randomized response technique, *Journal of Personality and Social Psychology,* 1982 (oktober), 43, 4, p. 710-717.

Hout, A.C. van den en F.P. Wester, *Wat vraag je me nou?,* Nijmegen: Sociologisch Instituut Katholieke Universiteit, 1978.

Janz, T., Initial comparisons of patterned behavior discription interviews versus unstructured interviews, *Journal of Applied Psychology,* 1982, 67, 5, p. 577-580.

Johnson, W.T., en J.D. Delameter, Response effects in sex surveys, *The Public Opinion Quarterly,* 1976, 40, 2, p. 165-181.

Kahn, R.L., en C.F. Cannell, *The dynamics of interviewing,* New York: Wiley, 1957.

Kendon, A., Some functions of gaze direction in social interaction, *Acta Psychologica,* 1967, 26, p. 22-63.

Kinsey, A.C., W.B. Pomeroy en C.E. Martin, *Sexual behavior in the human male,* Philadelphia/London: Saunders, 1948.

Klecka, W., en A.J. Tuchfarber, Random digit dialing: a comparison to personal interviews, *The Public Opinion Quarterly,* 1978, 42, 1, p. 105-114.

Koomen, W., en L. van Ravensteijn, De aanwezigheid van een ander tijdens interviews, *Mens en Maatschappij,* 1968a, p. 533-536.

Koomen, W. en L. van Ravesteijn, Invloed van aanwezigheid van anderen op het beantwoorden van interviewvragen, *Sociologische Gids,* 1968b, p. 87-91.

Kooy, G.A., *Sexualiteit, huwelijk en gezin in Nederland,* Deventer: Van Loghum Slaterus, 1978 (2e).

Kraut, R.E., S.H. Lewis en L.W. Swezey, Listener responsiveness and the coordination of conversation, *Journal of Personality and Social Psychology,* 1982 (oktober), 43, 4, p. 718-731.

Kviz, F.J., Random digit dialing and sample bias, *The Public Opinion Quarterly,* 1978, 42, 4, p. 544-546.

Lammers, E., H. van der Molen en F. Verheij, *Practicumboek gespreksvoering voor tweedejaars psychologiestudenten,* Groningen: Subfaculteit Psychologie der Rijksuniversiteit Groningen, 1977.

Leeuw, E. de, Gegevens verzamelen met behulp van de computer; computergeleid (telefonisch) interviewen, in: J.J. Hox, G. de Zeeuw (red.), *De micro-computer in sociaal-wetenschappelijk onderzoek,* p. 55-72, Lisse: Swets & Zeitlinger, 1988.

Leeuw, E. de, Een schriftelijke vragenlijst, een telefonisch interview, of een face-to-face interview? Een moeilijke keuze, in: J. v.d. Zouwen, W. Dijkstra (red.), *Sociaal-wetenschappelijk onderzoek met vragenlijsten: methoden, knelpunten, oplossingen,* hoofdstuk 2, Amsterdam: VU-uitgeverij, 1989.

Leeuw, E. de, Hox, J.J., Duijx, A.W.M. Sociale wenselijkheid bij postenquêtes; onbedoelde effecten van het Dillman-systeem, *Sociale Wetenschappen,* 1985, 28, 151-157.

McCall, G.J., en J.L. Simmons, *Issues in participant observation: a text and reader,* Menlo Park: Addison-Wesley, 1969.

MacDonald, B., en J. Sanger, Just for the record. Notes toward a theory of interviewing in evaluation, in: E.R. House, S. Mathison, J. Pearsol en H. Preskill (eds.), *Evaluation studies review annual,* volume 7, Beverley Hills: SAGE publications, 1982.

McQuown, N.A., *The natural history of an interview,* Chicago, Illinois, University of Chicago library, 1971.

Meerling, *Methoden en technieken van psychologisch onderzoek,* deel I, Meppel: Boom, 1980.

Molenaar, N.J., response-effects of 'formal' characteristics of questions, in: W. Dijkstra en J. van der Zouwen (eds.), *Response behaviour in the survey interview,* Ch. 3, London: Academic Press, 1982.
Nederhof, A.J., *Beter onderzoek, bestrijding van foutenbronnen in sociaal wetenschappelijk onderzoek,* 's-Gravenhage: VUGA, 1981
Oomkes, F.R., *Handboek voor gespreksvoering,* Meppel: Boom, 1976.
Payne, S.L., *The art of asking questions,* Princeton: Princeton University Press, 1951, 1973 (10e uitgave).
Peschar, J.L., De mens achter de telefoon. Recente ervaringen met het interview per telefoon in de Verenigde Staten en mogelijke toepassingen in Nederland, *Mens en Maatschappij,* 1972, 52, p. 396-417
Peters, J.P.M., *Het personeelsselectie-interview,* Deventer: Van Loghum Slaterus, 1981.
Piët, S., *Een vraag, een weet,* Baarn: Ambo, 1980.
Reamer, F.G., Protecting research subjects and unintended consequences: the effect of guarantees of confidentiality, *The Public Opinion Quarterly,* 1979, 43, 4, p. 497-506.
Richardson, S.A., B.S. Snell Dohrenwend en D. Klein, *Interviewing, it's forms and functions,* New York: Basic Books, 1965.
Rogers, Th., Interviews by telephone and in person: quality of responses and field performance, *The Public Opinion Quarterly,* 1976, 40, 1, p. 51-64.
Runkel, Ph. J., en J.E. McGrath, *Research on human behavior, a systematic guide to method,* New York: Holt, Rinehart, Winston Inc., 1972.
Rutter, D.R., G.M. Stephenson, K. Ayling en P.A. White, The timing of looks in dyadic conversation, *British Journal of Social and Clinical Psychology,* 1978, 17, p. 17-21.
Sande, J.P. van de, *Gedragsobservatie,* Groningen: Wolters-Noordhoff, 1984.
Sande, J.P. van de en H.C. Schouwenburg, Functies van nonverbaal gedrag in communicatie, *Nederlands Tijdschrift voor de Psychologie,* 1982, 37, p. 387-392.
Scheuch, E.K., Das Interview in der Sozial Forschung. In: R. König (herausgeber), *Handbuch der empirischen Sozial Forschung, Band 2: Grundlegende Methoden und techniken, Erster Teil,* p. 66-190. Stuttgart: Ferdinand Enke Verlag, 1973.
Schuman, H., en S. Presser, The open and closed question, *American Sociological Review,* 1979, 44, oct., p. 692-712.
Schuman, H., en S. Presser, *Questions and answers in attitudes surveys: experiments on question form, wording and content,* New York: Academic Press, 1981.
Shosteck, H., en W.R. Fairweather, Physician response rates to mail and personal interview surveys, *The Public Opinion Quarterly,* 1979, 43, 2, p. 206-217.
Singer, E., Consequences of informed consent. In: H. Bradburn en S. Sudman, *Improving interview method and questionnaire design,* San Francisco: 1979, hoofdstuk 7 (eerder verschenen als Informed Consent, *American Sociological Review,* 1978 (april), 43, p. 144-161).
Singer, E., en L. Kohnke-Aguirre, Interviewer expectations effects: a replication and extension, *The Public Opinion Quarterly,* 1979, 43, 2, p. 245-260.
Sudman, S., en N.M. Bradburn, *Response effects in surveys, a review and synthesis,* Chicago: Aldine Publishing Company, 1974.
Taïetz, P., Conflicting group norms and the 'third person' in the interview, *American Journal of Sociology,* 1962, 68, p. 97-104.
Thomas, A.P., en P. Bull, The role of pre-speech posture change in dynamic interaction, *British Journal of Social Psychology,* 1981, 20, p. 105-111.
Tull, D.S., en G.S. Albaum, Bias in random digit dialed surveys, *The Public Opinion Quarterly,* 1977, 41, 3, p. 389-395.

Vrolijk, A., M.F. Dijkema en G. Timmerman, *Gespreksmodellen,* Alphen aan den Rijn: Samsom 1972 (2e).

Warwick, D.P., en C.A. Lininger, *The sample survey,* New York, McGraw Hill, 1975.

Wildman, R.C., Effects of anonimity and social setting, *The Public Opinion Quarterly,* 1977, 41, 1, p. 74-79.

Yalch, R.F., Pre-election interview effects on voter-turnout, *The Public Opinion Quarterly,* 1976, 40, 3, p. 331-336.

Zanes, A., en E. Matsoukas, Different settings, different results? A comparison of school and home responses, *The Public Opinion Quarterly,* 1979, 43, 4, p. 550-557.

Zouwen, J. v.d., Methoden van waarneming in het bijzonder via ondervraging, in: J. v.d. Zouwen, W. Dijkstra (red.), *Sociaal-wetenschappelijk onderzoek met vragenlijsten: methoden, knelpunten, oplossingen,* hoofdstuk 1, Amsterdam: VU-uitgeverij, 1989.

Zakenregister

Paginanummers verwijzen naar plaatsen waar op enigerlei wijze aandacht besteed wordt aan de betreffende zaak. Op de cursief aangeduide pagina's zijn definities te vinden.